交錯する宗教と民族

交流と衝突の比較史

鹿毛敏夫[編]

勉誠出版

〈アジア遊学257〉

交錯する宗教と民族

交流と衝突の比較史

【目次】

［はしがき］

異宗教・多民族世界の混沌——その歴史と現在

鹿毛敏夫

世界は、様々な宗教を信仰する人々と、多様な民族出自を有する人々であふれている。地球上に存在するこの異宗教と多民族は、過去において、時に激しく対立し、また交流と融合を繰り返しながら、現代までの歴史を紡いできた。この共同論集では、そうした宗教と民族の対立・交流の歴史およびその現在を相対的に検証・評価し、二十一世紀のグローバル化した世界における宗教と民族の共存のあり方を考究したい。

その目的のために、私たちは「宗教と民族の対立・交流の現代歴史学的研究」をテーマとする共同研究グループを、二〇一七年に立ち上げた。四年間の研究計画を定め、具体的には、地球上に存在する異宗教と多民族を原因とした対立と交流の歴史とその現在を、日本・アジア・ヨーロッパの三地域に分けて相対的に検証・評価することとした。

ただし、異宗教と多民族の対立・交流・融合の分析と考察は、多様な分野から多角的な視野のもとで行う必要があるため、歴史学・文学・社会学・文化人類学・言語学・地域学・宗教学等の各専門研究者による各々の個別分野研究での分析手法を融合させる手法をとった。専門分野の異なるメンバーによる学際的研究会や講演会を毎年開催するとともに、日本国内では名古屋（愛知県）や岡谷（長野県）、海外ではミャンマーやオーストリアの考察対象地を選定して共同学際調査を実施し、現地で異なる学問領域それぞれの研究手法を実践し、その手法を批判し合いながら、人文社会学の総体としての成果の掲出を心がけた。この手法は、当初描いていた以上の相乗効果があったと思われる。例えば、二〇一八年に実施したミャンマー学際調査では、多民族国家における少数民族の活動家への社会学的インタビュー調査に、文学・歴史学・文化人類学の研究者も参加して意見交換するとともに、十六世紀の南蛮貿易や十七世紀の朱印船貿易で日本にもたらされた伝統的マルタバン壺窯跡の歴史調査にも、社会学・文学・文化人類学の研究者が同行するなどして、事象の多角的視野からの複眼的考察に努め、また、人文社会学の多様な研究手法を融合することで見えてくる新しい世界観について現地で議論を深めることもできた。

その成果としての本書は、以下の構成として編むこととした。

まず**第1部「流動する民族社会」**では、歴史学・文学・社会学から見た「民族」の移動と越境・交流の実態、そしてその現代的共生の課題について考えたい。

「鎌倉北条氏と南宋禅林――渡海僧無象静照をめぐる人びと」（村井章介）では、鎌倉時代の十三～十四世紀初頭の日本禅宗黎明期に、十九歳の若年で入宋して中国の高僧に随侍し、帰国後に時の政権北条時頼と関わった無象静照という僧侶に着目し、従来ほとんど言及されていないその事蹟を詳細に跡づけるとともに、その時代に日本――中国間を往来した「渡海僧」「渡来僧」と鎌倉武家政権の関係を考察する。次に、「ドイツ語圏越境作家における言語、民族、文化をめぐって」（土屋勝彦）では、ヨーロッパにおけるユダヤ系ロシア人移民作家や東欧出身移民作家、トルコ人作家等、ドイツ語圏移民作家たちの民族性とその意識について、「越境」する文学という観点から考える。このようなアジアとヨーロッパの東西における人の移動と民族の越境・交流の歴史は、近現代には一段と活発化し、都市の国際化を進展させた。「近代名古屋にとっての中東――実業界との関係を中心に」（吉田達矢）では、日本におけるそうした国際都市の一例としての名古屋に着目し、特に、明治から昭和中期にかけての名古屋の実業界と中東の関係について分析する。そして「民族をめぐる対立と交流の位相――滞日ビルマ系難民の国際移動の事例から」（人見泰弘）では、滞日ビルマ系難民の本国離脱から日本滞在、そしてこの十年ほどで見られ始めた本国への帰国に至る過程を通じて、民族をめぐる対立と交流がいかに顕在化するのかを捉え、第1部の展望とする。

続く**第2部「宗教の断絶と叡智」**では、社会学や文化人類学、宗教学等の観点から、「宗教」の融合と衝突・断絶の歴史、および「宗教文化」の多様性・多元性理解に基づく共存への叡智について考える。

宗教の受容と対立の問題は、現代に至る日本の文化に様々な影響を及ぼしてきた。「ボーダレス化する世界と日本の宗教文化」（井上順孝）では、特に二十世紀末からのグローバル化と情報化の加速度的進行がもたらした日本の宗教文化の変容に着目し、ボーダレス化時代における宗教の多様性への柔軟的思考について宗教社会学の観点から考察する。一方、宗教の断絶と融和の実態解明については、個別地域における文化人類学的観点からの考察も有効である。「ラダックのアイデンティティ運動――もうひとつの「カシミール問題」」（宮坂清）では、インド北部のラダック地方におけるチベット仏教徒による宗教ナショナリズムを取りあげ、十九世紀から現代にかけてのムスリムとの衝突と融和、および近年のヒンドゥー・ナショナリズムの伸張について論じる。また「インドネシア・アチェ州のイスラーム刑法と人権」（佐伯奈津子）では、東南アジアで最初にイスラームを受容したインドネシア西部のアチェ州をフィールドに、現代イスラーム法による鞭打ち刑やキリスト教会閉鎖等、少数者への不寛容・排外主義の実態を明らかにする。そして、最終の「宗教と平和――宗教多元社会における戦争」（黒柳志仁）では、宗教学、特に旧約聖書学の観点から、宗教と戦争・政治の問題を取りあげる。ユダヤ教、キリスト教、イスラーム等の一神教がもつ信仰と教義の相違や、ヨーロッパ社会における政治と宗教の関係、および宗教多元社会における閉鎖性の問題を検討して、第2部のまとめとする。

第3部「個の相克と相対化される「国家」」においては、前部までで明らかにしてきた地球上の異宗教と多民族の対立・交流・融合の根源にある、個々の人間の想いとその相克、さらにそこから相対化される「国家」意識の具体的深層について、各分野から検討する。

「戦国大名の「国」意識と「地域国家」外交権」（鹿毛敏夫）では、有史以来、中華世界の周辺国の一つとして中国皇帝から「日本国王」に冊封されることで維持してきた日本の国家外交が、十六世紀半ば以降に「国」意識を成熟させた戦国大名による「地域国家」外交権の行使によって、脱中華志向へと性質転化していった実態を歴史学的に明らかにする。また「日本中世の「暴力」と現代の「教育」」（メイヨー・クリストファー）では、日本とヨーロッパ社会における中世的刑罰、特に身体刑の存在に着目し、暴力への耐性の高い社会と国家の特徴およびその意味について、歴史的に考察する。一方、「亡命作家の軌跡：西欧キリスト教世界の対岸から――ファン・ゴイティソーロのバルセロナ、サラエヴォ、マラケシュ」（今福龍太）では、二〇一七年にマラケシュで没したスペインの亡命作家ファン・ゴイティソーロを題材に、西欧キリスト教世界の非寛容からの決別とイスラーム民衆世界への浸透の軌跡について論じる。そして、最後の「保育園で働く看護師の語りから考える多文化共生」（梶原彩子）では、現代日本総人口の約二パーセントに上り増加の一途をたどる在住外国人を念頭に、保育園現場看護師の「語り」（ライフストーリー・インタビュー）から、コミュニケーション・生活支援の課題、および多文化共生の地域づくりに向けた問題点についてまとめる。

『日本宗教史』全六巻（吉川弘文館、二〇二〇～二一年）の刊行等、宗教と民族のあり方を模索する研究は、活発かつ重厚な研究史をもつが、本書が目指すような、多分野の研究者による異なる分析手法を駆使した考察を融合させて整理しようとする書物は、意外に多くない。同一学問分野の研究者が集った共同研究とその成果論集は、確かに研究対象を深く掘り下げて考察する奥深さがあるものの、一方で、研究のベクトルが同一のため予定調和的な結論になりがちである。宗教と民族の課題は、多種多様な広がりをもつことに最大の特徴があり、例えば、実証主義の歴史学では分析できない事象が、人間の心象に切り込む文学からの分析によって、容易に課題解決できることがある。読者には、地球上の「異宗教」と「多民族」が織りなす混沌の世界をむしろ堪能しつつ、そこから生じる課題に多様な角度から切り込んでいく人文学の諸学問分野の特徴も感じ取りながら、各論考を読み進めていただきたい。

鎌倉北条氏と南宋禅林

——渡海僧無象静照をめぐる人びと

村井章介

むらい・しょうすけ——東京大学名誉教授。専門は東アジア文化交流史。主な著書に『日本中世の異文化接触』（東京大学出版会、二〇一五年）、『東アジアのなかの日本文化』（北海道大学出版会、二〇二一年）、編著書に『東アジアのなかの建長寺——宗教・政治・文化が交叉する禅の聖地』（勉誠出版、二〇一四年）、『日明関係史研究入門』（勉誠出版、二〇一五年）などがある。

禅僧無象静照は北条得宗家や鎌倉の聖・俗界と南宋禅林を繋ぐキイパースンである。北条時頼の近親で、東福寺円爾に学び、一二五二～六五年に入宋して高僧石渓心月・虚堂智愚に随侍し、また渡来僧蘭渓道隆・大休正念・無学祖元と親交を結んだ。時頼の子宗政の菩提寺浄智寺は、無象が住持のとき鎌倉五山に列せられた。

はじめに——ふたつの伝記史料

無象静照（むぞうじょうしょう、一二三四～一三〇六）は、日本禅宗の黎明期に入宋し、帰国して「法海派」という小門派の祖となった。入宋時に十九歳という若年にもかかわらず、南宋禅林で嘱目され、石渓心月《しっけいしんげつ》・虚堂智愚《きどうちぐ》ら高僧に随侍した。また、渡来僧大休正念・無学祖元とは宋地で知己となり、帰国後には蘭渓道隆とも親交を結んだ。その結果、国宝「破れ虚堂」や重文「天台石橋頌軸序」（大休筆）をはじめとする墨蹟の優品群が、無象との関わりで今日まで伝えられている。

周知のように、日本禅宗は僧たちが日中間を往来するなかで確立していった。しかもそこには、鎌倉北条氏による禅宗摂取——もっとも直接的には著名な禅僧の招聘——の強い指向が働いていた。南宋禅林と鎌倉武家政権との関係を考えようとするとき、北条時頼（一二二七～六三、七歳年長）の「近族」である渡海僧無象は、キイパースンといえよう。

鎌倉に生まれた無象は、弱冠にして出家し、上洛して、宋から帰ってまもない東福寺開山円爾《えんに》（一二三五～四一入宋）に師事し、みずからも一二五二年入宋した。翌年蘭渓が建長寺開山となって以降は、鎌倉で蘭渓に師事し渡海を志す者が圧倒的に多くなり、桃渓徳悟のように九州出身者にさえその例が見られる。これに対して蘭渓以前は、無象や武蔵生れの山叟慧雲《さんそうえうん》（一二一七〜一三〇一）、信濃生れの無関普門《むかんふもん》（一二一二〜九二）のように東国出身であっても、京都で円爾に導かれ中国への眼を開かれた。[1] このような渡海僧の動向の転換点にあって、無象は円爾・蘭渓の両者とただならぬつながりがあった。こうしたよりミクロな観点からも、無象は注目に値する。

しかし従来ほとんど無名の存在で、『国史大辞典』には立項さえなく、『日本人名大辞典』にも一四〇字ほどのおざなりな説明があるのみだ。唯一玉村竹二氏が、『五山文学新集』第六巻（東京大学出版会、一九七二年）に「無象静照集」として語録ほかを翻刻し、その解題でかなり詳細に事蹟を跡づけており、それを圧縮した小伝が同氏著『五山禅僧伝記集成』（講談社、一九八三年）に収められている。禅宗史の碩学による依拠すべき業績だが、遺憾ながら基本的な部分で事実誤認が散見される。[2]

その後、葉貫磨哉氏が一九七六年の論文「武蔵村山正福寺濫觴考——北条氏と無象静照との関連において」[3] において、標題のような観点から無象の事蹟に相当の紙幅を割いており、虚堂智愚の事蹟を詳細に跡づけつつ無象との関係に及んだ佐藤秀孝氏の最近の仕事もある。[4] また、「無象照公夢遊天台偈軸」「仏光禅師行状」など無象の行跡に関わる史料についての考証も現れている（別掲「無象静照年譜」の注を参照）。しかしその生涯や人物像の全体については、さほどの進展が見られない。

そこで本稿では、無象の事蹟を先行研究との重複をいとわず詳細に跡づけることとした。そのために、（一）かれの基本的な伝記史料であるA『碧山日録』長禄三年（一四五九）八月三十日条——東福寺太極が京都仏心寺長老敬中の語る「其の祖昭無蔵（無象静照）の生縁曁《およ》び師承」を筆記したもの——（以下「碧山」と略称）の全文と、B法孫西隠善金の著した「浄智第四世法海禅師無象和尚行状記」（以下「行状記」と略称）[5] の主要部分を掲げ、（二）それに注記するかたちで裏づけ史料・関連史料を「一」以下の本文中に引用し（❶〜❿）、（三）それらをもとに作成した「無象静照年譜」（以下「年譜」と略称）を別掲し、そのなかにA・Bや❶〜❿以外で重要と思われる史料を《 》で括って加えた。

なお、史料はすべて漢文だが、基本的に読み下しで掲げた。ただし漢詩（偈頌《げじゅ》）については、押韻の状況を見やすくするため原文のままとした。

A『碧山日録』長禄三年八月三十日条

吾祖（無象静照）、生縁は相州の人なり。平氏時頼公の近族なり❶。生れながら穎敏《えいびん》にして、纏志《てんし》（宿願?）を出すこと有り、竟《つい》に父母に薙染《ちせん》（剃髪）を白《もう》す。因りて廼《だい》祖一国師（聖一《しょういち》国師円爾）に普門に謁す❷。師、之れを見て器許す。後、師を辞して入宋す。師、数帖を裁し、之れを宋国の諸耆宿《きしゅく》に薦む。尤も虚堂和尚に従事すること二十〔十カ〕年なり。後、月石渓の室に入り、玄要を問ふ(6)。石渓、示すに趙州《じょうしゅう》（従諗《じゅうしん》）が放下着《ほうげちゃく》の話《わ》を以てするに、言下に旨を得、口を銜きて一偈を呈す。石渓、其の所証を印《しる》すなり❸。竟に工に命じて石渓の像を刻し、而して船に載せて帰朝し、之れを仏心寺に安んず。現今も之れ在り。一時台徒相議し、吾が禅道を毀《こぼ》たんと欲す。師（無象）、《興禅記》❹を作り、以て之れに示すに、台徒乃ち厥の猖獗を熄《や》む。之れに依り王臣の化に趨《おもむ》くこと帰するが如し。晩に相州に帰り、浄妙〔智〕の真際菴に安棲し、衆の為に《屏岩清規《しんぎ》》を講ず。殊に闍維《じゃゆい》〔荼毘〕の章を詳《つく》すなり。蓋し石渓の会《え》は、屏岩禅師の叢規を以て則と為せばなり。講終りて幾《いくば》くならずして示滅するなり。法海禅師と勅諡《ちょくし》す❺、蓋し仏海（石渓心月）の諡《おくりな》を襲ふなり。

B「浄智第四世法海禅師無象和尚行状記」

文暦元年甲午（一二三四）誕生。相城の人、姓は平氏。諱《いみな》は静照、字《あざな》は無象、諡して法海禅師と曰ふ❺。弱歳にして出家し、適《ゆ》きて洛の東福に在りて、博く書伝を学ぶ。時に此の事を歛《かん》念（念願）する有り。宋に大善知識有りと聞き、建長四年壬子（一二五二）、遥かに渡海して宋に到る。逕《ただ》ちに径山《きんざん》仏海禅師（石渓心月）に参じ、即ち言下に於て省有り、因りて嗣法伝衣す。此の年十九歳なり。宝祐二年甲寅（一二五四）、仏海師の会裡《えり》に在りて、仏源禅師（大休正念）と聚首して家裡の事を説く。事、《石橋頌軸序》に見ゆ❻。此の時平将軍時頼の請簡至る矣。同二〔三〕年乙卯、楊〔榻〕棟、《伝衣閣之記》を作る。径山（石渓）、師（無象）に示すに法語を以てす。同四年丙辰春三月辞す。師に頌有り、径山も又送行の偈有り❼、無学（祖元）も亦無象号の頌有り矣。径山、法衣に年月日を自書せるを以て、師に付す。伝へて本朝に到り、洛の仏心正宗塔下に留在す。纔《わず》かに径山に侍師すること五載なり矣。景定元年庚申（一二六〇）、育王山に掛錫《かしゃく》し、知賓の職を司る。賀頌有り、堅棠林序を作り、虚《き》舟《しゅう》(普度《ふど》)焉《これ》に跋す❽。同三年壬戌九月五、石橋に登り、尊者に薬〔茶〕供を作《な》すに、盞々《さんさん》異花乱れ墜ち、五百の声聞こえ、幻出して相見ゆ。之れに因りて頌有り、諸大尊宿其れに和すること若干首❾。同四年癸亥、虚堂、師に示すに法語を以てす❿。同五年甲子秋、師、洞庭に游び、頌有りて云ふ、「雁落洞庭芦岸秋、楚天雲淡画図幽、孤舟游泳波心月、七十二峯一目収」と。咸淳元年乙丑(一二六五)虚堂を辞す。頌有りて云ふ、「十載従師幾訢挙、到頭一法不曾伝、有無句蕩家私尽、万里空帰東海船」と。本朝文永二年(一二六五)帰朝す。凡そ在宋十四年なり。……文永九年壬申九月三日、衆請に応じて以て相陽の胡桃谷《くるみがやつ》法源寺に住す矣。時に比叡山徒衆、我が宗の昇盛《せいせい》(隆盛)を厭悪し、而して書を捧げて之れを闕に訴ふ。是に於て大覚禅師(蘭渓道隆)跡を甲州に寄せ、或いは奥の松島に居す。師、之れに随ひて伴と作《な》る。偏へに我が宗の廃れんと欲するを嘆き、仍て書一篇を作りて以て之れを朝に奉り、命《なつ》けて《興禅記》❹と曰ふ。……建治三年丁丑(一二七七)十月廿四日、寿福西堂寮に在りて聖福寺の請を受け、既に住して後、大慶寺を一新す焉。弘安八年乙酉(一二八五)五月十八日、仏光禅師(無学祖元)福山(建長寺)に在り、法衣を以て師に送る。頌有りて云ふ、「南岳峯頭話別時、唯憂此道日衰微、不辞万里風波悪、痛惜千年糞掃衣、烱々両将〔眸〕怜我光〔老〕、迢々屢劫会君稀、長老長老、祖翁一髪千鈞寄、為覔飜身上樹機。弘安八年五月十八日、無学野人、無象照長老に書付す。押字」と。師、答書して曰ふ、「伏して辱くも手書を恵せられ、且た諭す、〈和尚(無学)滅後法属の中に於て上樹飜身〔之機脱〕有る者を以て、我が為に焉《これ》を勘験し、真正ならば則ち此の衣を伝ふべし〉と。乃ち説偈を為《つく》り、法衣一領を以て予に寄す。予豈に重命を負はん。漫《みだ》りに偈を以て謹諾の懐を抒《の》べて云ふ、学翁托寄箇牛皮、面熱汗流且受之、今古大湯〔陽〕消息在、浮山不負鵲来時。静照、福山無学和尚大禅師に拝覆す」と。此の衣今に三会院に留在せり。……正安元年己亥(一二九九)五月、大慶寺に在りて浄智の請を受く。師便ち拒辞するも、鈞選惟れ厳しく、且つ又御書荐《しき》りに臻《いた》り、仏法を興隆せしめんと要《ほっ》し、強ひて視篆《してん》を煩はす。師已《や》むを獲ず以て浄智に住す。其の浄智をして五山の列に昇らしむるは、又師の住するに因るなり。……徳治元年丙午(一三〇六)五月十五日、化縁已《すで》に畢んぬ。臘五十五、寿七十三。頌有りて曰く、「諸仏来也如是、諸仏去也如是、諸仏来去一般、教我説也如是」と。……前大慶法孫比丘西隠叟善金、謹んで之れを記す。

【法系図】（傍線は本稿に登場する人物、太字は日本僧）

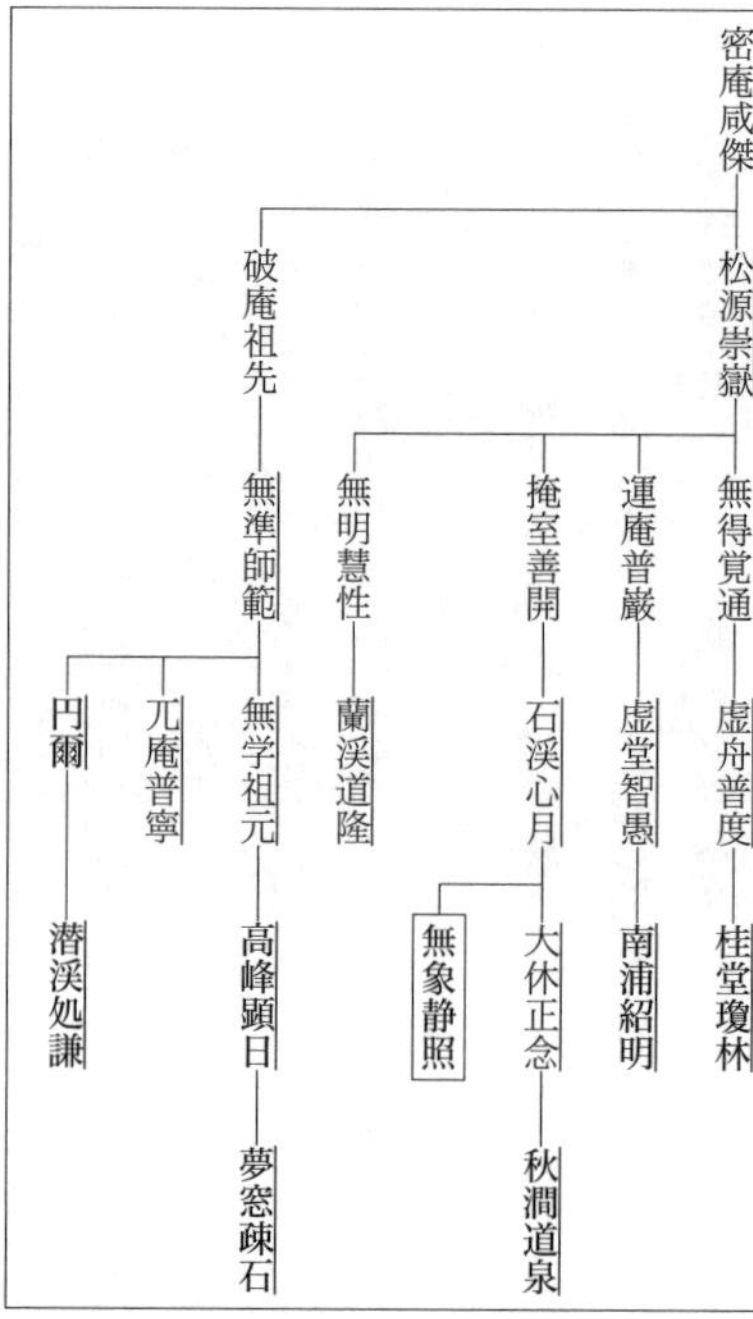

一、生い立ちから入宋まで

無象静照の生い立ちについては、Aに「相州の人なり、平氏時頼公の近族」、Bに「相城の人、姓は平氏」とあり、鎌倉の生まれで、北条一族でもかなり嫡流（得宗家）に近い血筋だったらしい。このことは、在宋十二年目の一二六三年に時頼の訃報に接して書いた追悼文（❶「悼最明寺殿頌引」『無象和尚語録』〔以下『無象録』と略称〕下・序跋）の、傍線部のような痛切な表現からも納得できる。

徳は日域に行はれ、名は宋朝に馳す。我が為には瓜葛《かかつ》（親類縁故）の幸、里閭《りりょ》（郷里）の光、公に非ずして是れ誰ならん耶。野衲《やのう》無象、遠く異郷に遊び、今や一紀（一二年）を踰《こ》ゆ矣。毎《つね》に思へり、清容と何の日《いつ》にか淡対し、以て寸懐を傾けんと。去載舶便に忽ち訃音を承る。痛心疾首（頭を痛める）、人をして癡《ち》の如くならしむ。海東を凝望して、声を呑み涙を堕し、但だ深恨を遺す而已《のみ》。

弘安八年（一二八五）には末期《まつご》の無学祖元から法衣《ほうえ》を託され、それを北条時宗未亡人潮音院に贈った（後述）。重大な遺命を背負った無象が、みずから伝授者を選ばず、僧ならぬ時宗室に託したのは、みずからも属する得宗家にとって重大事と考えたからだろう。

無象の師石渓心月は、淳祐十年（一二五〇）に径山に遷住してまもないころ、北条時頼につぎのような偈頌を贈った（「寄日本国相模平将軍」『石渓和尚語録』〔以下『石渓録』と略称〕下・偈頌）。

径山収得江西信　　径山（法欽）収得す江西（馬祖）の信
蔵在山中五百年　　蔵して山中に在ること五百年
転送相模賢太守　　相模賢太守に転送す
不煩点破任天然　　点破（喝破）に煩はず天然に任せよ

無象の法兄《ほうひん》で一二六九年来日した大休正念は、鎌倉禅興寺への入院《じゅえん》法語にこの偈を引載して（ただし首句の「収得」を「接得」に作る）、時頼の「遣使問道」に対する返書に「一円相」を画き、それに付した偈だと解説している（『念大休禅師語録』住禅興寺語録）。この「問道書」を主題とする法語が石渓の語録に見える（「日本僧馳本国丞相問道書至上堂」『石渓録』上・住径山語録）。

「一円相」とは禅宗六祖慧能の法孫馬祖道一《ばそどういつ》（七〇九〜七八八）にまつわる故事で、馬祖から円を一つ墨書しただけの紙を受け取った径山の開創者法欽《ほうきん》（七一四〜七九二）は、円のなかに点を一つ加えて送り返し、これを聞いた馬祖の師南陽慧忠（?〜七七五）が「法欽は馬祖にかつがれた」と評した、というもの。[7] 石渓は時頼を法欽、みずからを馬祖になぞらえたわけだが、円相の画かれた馬祖の信書が、五〇〇年後の当時まで径山にあり、それを時頼に転送する、という詞句は、むろんレトリックにすぎない。

無象は入宋して石渓に師事し、かの偈頌（石渓の許にあった控えであろう）を「拝観」して、つぎのような自作の偈を師に呈した。

馬師円相欽師点　馬師の円相に欽師（法欽）点ず
可殺南陽謾度量　殺《さつ》すべし南陽（慧忠）の度量を謾《まん》ずるを
仏海転為寄日本　仏海（石渓）転じて為に日本に寄す
無端雪上更加霜　端無き雪上に更に霜を加ふ

石渓はみずからこの頌を筆写し、「照上人日本従《よ》り来たり、未だ多日ならざるに此の頌を作り去る。平穏なること敬すべし。吾が郷人の一観を請ふ」という跋文を付した（大阪・藤田美術館蔵、重文、『続禅林墨蹟』三三号）。

右のように、北条時頼は石渓との間で、渡海僧を媒介者として、「問道書」を送ったり偈頌を贈られたりしていた。一二五四年ころには石渓を日本に招請する「請簡」を送った（B）が、石渓は受けなかった。[8] のちにかれの高弟大休が渡日したのはその代償かもしれない。北条政権の要路にとっての禅の意味は、無象が時宗の弟宗政の遠忌に作った法語の「悲願の力に乗じ、宰官（政治家）の身を現はす。深く西来直指の宗を慕ひ、早く即心即仏の旨を悟る」（「武州明公禅門遠忌拈香」『無象録』上・住浄智寺語録）という文章や、時頼が建長六年（一二五四）京都から鎌倉に来た東福寺開山円爾から受戒したことを語るつぎの史料に表現されている（❷「聖一国師年譜」）。

〇師（円爾）、寿福寺に居す。住持（三世大歇《だいかつ》了心）密かに平相州時頼に告ぐ。平大いに喜ぶ。翌日布薩あり、住持疾と称して師に説戒を請ふ。師固辞するも、遂に已《や》むを獲《え》ず、衆の為に説戒す。時頼預聴し、其の夕請じて私第に就きて禅戒を受く。○時頼一日問ひて曰く、「……」。師曰く、「……」。時頼之れに頷き、即ち受戒して衣鉢を受け、誓ひて曰く、「願はくは法門の外護と為り、慎み相忘るる勿からん。師須《すべか》らく早く洛陽に帰り、其の君臣に勧めて此の法門に入らしむべし」と。

鎌倉・京を問わず、宗教的救済を求めるよりは、政治の助けとするところに禅の意味を見出していたのである。得宗家出身の渡海僧無象は、士大夫社会と表裏一体の南宋禅林と、そうした宗教のあり方の輸入をはかる日本政界とを結ぶ、まさに架け橋ともいうべき存在だった。

頭脳明敏な少年だった無象は、みずから出家を志し、上京して円爾（一二〇二～八〇、三十二歳年長）に師事した（A）。在宋七年で一二四一年帰国した円爾の名声は、早くから鎌倉にも聞こえていたと思われる。加えて、時頼が建長寺建立を決意した建長元年（一二四九）、円爾は弟子十人を鎌倉へ送って寺の首途に助成した。時頼が円爾から受戒するのは無象入宋の翌々年だが、無象が円爾をめあてに上京した背景には、個人的動機よりは得宗家（なかんずく時頼）の意向が働いていたのではないか。ただし円爾の会下《えか》での活動は、Bに「博く書伝を学ぶ」と伝えるのみだ。

そして建長四年、十九歳の無象は、円爾から「宋国の諸耆宿」にあてた数通の推薦状を携えて入宋（A）、ただちに石渓の住持する径山に赴いた。円爾がかくも手厚く無象を送り出した背後にも、「器許（資質を認める）」だけでなく時頼らの根回しがあっただろう。時頼と交際のあった石渓のもとに直行したのも、「宋に大善知識有りと聞き」（B）といった個人的・一般的な動機のみによるのではなかろう。

二、石渓心月と虚堂智愚——中国での師僧たち

径山に到着した無象静照は、ほどなく石渓の導きで「言下に於て省有り、因りて嗣法伝衣」した（B）[9]。無象が石渓に嗣香を焚くのははるか降って一二九〇年だから、これはまだ正式の嗣法ではないが、『石渓録』下・偈頌に「無象」と題する「澹泊虚閑未動爻《こう》、有何単拆《たんたく》与重交《ちょうこう》、太平時代合如是、卦子逢人莫乱抛」という偈がある。意味は判然としないが、石渓が道号「無象」を付与したさいの道号頌ではあるまいか。『石渓録』に収めるつぎの法語は、『無象録』の巻頭にも掲げられており、無象が生涯宝としたことが窺われる（❸「示無象」『石渓録』新添）。「僧問趙州」より後の部分の原物が京都の北村美術館に所蔵されている（重文、『続禅林墨蹟』三二号）。

静照禅者過海して此《ここ》を訪《おとな》ひ、未だ久しからずして、動容（動作と容儀）・瞬目（まばたき）、吐露凡ならず、因りて頌を作りて示さる。敬すべし。倘《も》し前哲と跂《き》歩《ほ》（歩行）せば、之《これ》と与《とも》に手を把り同じく行かざるを患《うれ》へざる也。僧、趙州に問ふ、「一物不将来の時、如何」と。州云はく、「放下着《ほうげぢゃく》」と。僧云はく、「一物不将来、箇《こ》の什麽《なに》をか放下せん」と。州云はく、「放不下ならば担取して去れ」と。僧、言下に於て大悟す。且た道《い》ふ、「那裏《どこ》か是れ這《この》僧悟る処ならん、試みに着意して看去せよ。切に必ずしも理会せざれ。得と不得と、宜しく悟を以て則と為すべし。所謂《いわゆる》前哲と与に手を把り同じく行かざるを患へず、まさに立地《りゅうち》に（ただちに）以て構取を待つべし。照、宜しく之れに勉《はげ》むべし」と。乙卯孟冬（宝祐三年〔一二五五〕十月）[10]、径山老比丘 心月。

傍線部は趙州従諗の有名な公案「放下着（捨ててしまえ！）」である。趙州から「すべてを捨てよ」といわれたある僧が、「一物をも持たないときはどうするのか」と問い、「一物をも持たぬというその心を担いで去れ」という答えに大悟したというもの。無象はこの法語の「言下に旨を得」、「元無一物帯将来、担不起時眼豁開、海上閑游知己少、一蛇一虎却忘懐」という偈が口を銜き、石渓から印可を得た（Aおよび『無象録』下・頌古）。

同じく宝祐三年、前史臣楊棟が石渓の派祖松源崇嶽《しょうげんすうがく》の法衣を納める「伝衣閣」の「記」を作り（『石渓録』御書伝衣菴記）、石渓はこれにちなむ法語を無象に示した（B）。またある日、無象は石渓の肖像に賛を加えたが、その書き出しに「天器は厚重にして、象王回旋の威有り、霊機は峭抜にして、師子翻躑の作を得」、中ほどに「座に踞《かが》まる処八極風生じ、言を出《いだ》す時百川潮落つ、道は寰宇《かんう》（世界）に充ちて兮、月の輪を涌くが如く、徳は扶桑に芳《かお》りて兮、春の萼《がく》を開くに似たり、体《たい》は妙用《よう》は迅にして兮、電《いなづま》巻き星移り、源深く流れ遠くして兮、湍《はやせ》飛び波激《しぶ》く」とある（『無象録』下・仏祖賛）。峻烈な説法の情景がよく描写されている。

翌宝祐四年、無象は五年に及ぶ随侍を終えて、石渓の会下を辞した。Bによれば無象の辞偈と石渓の送行偈があり、前者は伝わらないが[11]、後者は神戸市の香雪美術館に原物がある（❼『禅林墨蹟拾遺』中国編一〇号）。

単提一字趙州無、三尺吹毛也不如、万別千差都斬断、白雲不敢犯清虚。

日本静照禅者、参学甚だ敬すべし。忽ち来りて相別に語を索む。是れが為此《これ》を書す。奉じて勉《はげ》み、切に中路に懈退すべからず。径山仏海老僧、凌霄不動軒に書す。宝祐丙辰（四年）三月、心月。

Bは無学祖元の「無象号之頌」もこの時のものとしている。「無象」と題して「太平不用斬癡頑、鶏犬声中白昼間、四海只知天子貴、不知天子作何顔」というもので（『仏光国師語録』〔以下『仏光録』と略称〕二）、理宗皇帝の聖代（一二二五〜六四）を讃える内容だ。一二五〇年代前半、無学は石渓の会下で無象と同席していた。[12] また、皇帝権力との関係としては、理宗の千仏を賛える韻に無象が「妙応群機、体無差別、万戸千門、一天秋月、非有非空、誰生誰滅、全超報化、剣寒照雪」と和していることも注目される（「和理宗皇帝賛千仏韻」『無象録』下・仏祖賛）。

宝祐四年（一二五六）六月九日、石渓は八十歳前後で没した。[13] 無象の「祭石渓和尚文」に「先師在りし日、祖道自《おのずか》ら隆し、嗚呼《ああ》哀しき哉《かな》、明月影を収め、浮雲蹤《あと》無し、山重なり水遠く、涙は遺容に灑《そそ》ぐ」とある（『無象録』下・小仏事）。一二六五年の帰国にさいし、無象は石渓の彫像（A）と法衣（B）を携え、のち無象を派祖とする仏海派の拠点となる京都仏心寺に安置した。[14] それらはA・Bの書かれた時点でなお仏心寺に存在した。正応三年（一二九〇）、無象は仏心寺入院に際して、石渓に嗣香を焚いた（**年譜1290**）。

無象は石渓の会下を辞したのち、浙江の名刹を遍歴した。右に見た無象の「和理宗皇帝賛千仏韻」には「時在霊隠」という細字注が付いており、杭州の霊隠《りんにん》寺にいたことがわかるが、これも遍歴の一部かと思われる。開慶元年（一二五九）雪竇山《せっちょうさん》資聖寺では張某という宋商に法語を与えた（「示張都綱使」『無象録』下・法語）。その一節に「張都綱使、本国に一別せし自《よ》り、積もりて年有り矣、遠く異域自り余に遇し、別れに臨みて語を求む」とあり、日中間を往来する貿易商人の活動の一端がうかがえる。張は無象が渡宋時に乗った船の船頭だったのではないか。

景定元年（一二六〇）、虚堂智愚（一一八五〜一二六九、四十九歳年長）の住持する育王山に到り、知客《しか》の職を得た。その祝賀の偈頌二六首を成巻したものに、棠林□堅の序と虚舟《きしゅう》普度《ふど》の跋をもらった。跋のみが断簡として残存している（❽斎藤俊子氏蔵、『続禅林墨蹟』二九号）。

> 道は本《もと》言无《な》し、言に因りて道を顕はす。予、斯の軸を覧るに、之に頌せる者二十有六首。一偈一句、一点一画、皆人の人性地霊自《よ》り、吟中に流出す。道は古今寰宇を廓す、又豈に扶桑日本而已《のみ》に止まらん哉。虚舟普度、育王照知客の為に書す。

通説では、景定元年八月虚堂は明州の栢巖慧照寺に遷り、さらに同五年杭州浄慈寺に転じた（**年譜1260・1264**）ので、無象も師に従って移動したとされる。しかし虚堂は同三年三月に慧照寺を退いて雪竇山資聖寺の明覚塔下に退隠しており、同五年（一二六四）正月、八十歳の高齢をおして禅宗五山第四位浄慈寺住持に迎えられた。無象は、後掲する同四年十月の虚堂の法語に三年会下で修行していたとあるので、虚堂への随侍は慧照寺の時期に遡り、咸淳元年（一二六五）の帰国まで続く。

いっぽうこの間虚堂には一二五九年入宋した南浦紹明（一二三五～一三〇八、一歳年少）が随侍しており、それは育王山―慧照寺―雪竇山―浄慈寺と連続していた。(15) 無象と南浦は数年にわたって学窓をともにしたことになる（無象は虚堂に常時張りついていたわけではないようだが）。無象は、のち臨済宗の大勢力となる大徳寺派、妙心寺派の源流に位置する南浦とも、浅からぬ縁を結んでいたのである。

無象は景定三年（一二六二）九月に天台山石橋を訪れ、五百羅漢に茶供を献じたところ、「盞々《さんさん》異花乱れ墜ち、五百の声聞こえ、幻出して相見ゆ」という夢幻体験をした（B）。これを二偈に詠み、四十一僧の唱和を得たものに大休が序を寄せた。序のみ原物が残り（後掲❻）、全体は貞享五年（一七四八）の写本が彰考館文庫にある（❾「無象照公夢遊天台偈」、『五山文学新集』第六巻、六三七頁以下）。

景定壬戌（三年）重陽前五日（九月五日）、石橋に登り、尊者（五百羅漢）に茶供を作《な》す。榻《とう》を橋辺に仮り、夢に霊洞に遊ぶ。歴る所は覚時と異なる無し。忽ち霜鐘を聞くも、声の何《いず》く自《よ》り発するかを知らず。因りて小偈を綴り、以て勝事を紀《しる》して云ふ。

日本　静照　拝呈す。

崎嶇得得為煎茶、五百声聞出晩霞、三拝起来開夢眼、方知法法総空花、

瀑飛雙磵雷声急、雲歛千峯金殿開、尊者家風只如是、何須賺《アザムク》我海東来、

〔以下、物初大観・虚舟普度以下四十一名が二首ずつを詠む。うち物初のみ無象の詩に和韻せず。左に大休の作のみ掲ぐ。〕

東嘉　大休正念

濃澆一盞雨前茶、満室虚明現暁霞、莫作夢中奇特見、知君眼底又添花、

橋横飛瀑跨層崖、尊者相逢笑臉開、機境一時倶裂破、又随烟雨下山来、

景定四年（一二六三）十月三日、無象は雪竇山の明覚塔で虚堂より長文の法語を与えられた。「明師」までの部分は原物が存し、兵庫県小西家の所蔵に帰している（❿重文、『続禅林墨蹟』一一四・一一五号）。「良友」以下の後半は、同家所蔵の写

によって文章のみ知られる。途中を少しはしょって引用しよう。

「心月は孤り円《まどか》にして、光は万像を呑む、光は境を照らすに非ず、境も亦存するに非ず、光と境と倶《とも》に亡ず、復《はた》是れ何《なん》物ぞ」。盤山《ばんざん》老子（宝積《ほうしゃく》）、人の会せざるを恐れ、従頭に解註して底に到る。所以《ゆえ》に要害の処は、最も是の「光境倶亡復是何物」なり。以て天下の英衲を致《し》て、老象の泥に没し脚を擡《もた》げて起《た》たざるが如くならしむ。殊に壺中の天地、別に日月有るを知らず。人天性命の学を究竟《きわ》めんと欲要《ほっ》せば、当《まさ》に生死の大事未だ明らかならざるを痛念すべし。志を立つること銀山鉄壁の如く、万里の鯨波を憚らず航海して来り、直截透関、真正の善知識に参見し、未生前《みしょうぜん》一段の大事を決択し、終《つい》に容易に動かず。……方《まさ》に之れを本色の衲僧と謂ふなり。近年叢林澹薄《たんぱく》（淡白）にして、学者既に明師・良友無く、往々文字語言に随在（追従）す。直繞《たとい》寝潤膚受して本分の事に於て了ずるも、交渉すること無けん。所以に古徳道《いわ》く、「了ずれば則ち業障本来空、未だ了ぜずんば応須《まさ》に宿債を償ふべし」と。誠なる哉《かな》是の言や。照知客、宝祐の初め日本より来り、一たび武林（杭州）に到る。首《はじ》め松源（崇嶽）の塔所に造《いた》り、誠を投じて誨《おし》へを請ふ。語音未だ通ぜずと雖も、其の根性の霊、容易に老僧（石渓心月）を点化す。育王を過《よ》ぐるに亦其の行に随ふ。後に嗣ぎ処に随ひ、衆に倍して事を弁ず。稍《やや》唐音を正しくすと雖も、則ち己事《こじ》（己の事柄）未だ甚だしくは決徹せず、屢々《しばしば》語を求む。索発の軸子已《すで》に留むること三年、未だ軽受を与へず。今は則ち乳竇山（雪竇山）深く、客況所を得たり。遂に其の請の如くす。儻《も》し能く直下に従上の窠窟《かくつ》（巣窟）を踏翻して有無の知見に落ちず、自己の家珍を運出して孤陋を賑済《じんさい》せば、亦黎ならず。景定癸亥開炉後三日、虚堂叟明覚塔に書す。

中唐の盤山宝積が「光境倶亡」――主体としての光と客体としての境が滅却され、主客の対立が完全に解消された世界をいう[16]――を論じた語（『景徳伝燈録』巻七）の引用から始めて、儒学への批判に及び、無象の渡海・参学する姿を「本色の衲僧」と讃え、初唐の永嘉玄覚《ようかげんかく》『証道歌』からの引用で前半を締める。後半は径山の石渓から育王の虚堂へという無象の遍歴をたどり、その間の語音の進歩に触れている点、興味ぶかい。無象が己事の決徹を求めてたびたび虚堂に法語を求めたのに対して、「索発の軸子」つまり本法語を三年も懐《ふところ》に温めたすえに、この日ようやく授与した。じつに懇切丁寧な指導ぶりといえよう。なお、「破れ虚堂」[17]の仇名で知られる有名な墨蹟も、このころ無象が与えられたものと思われる（東京国立博物館蔵、国宝、『禅林墨蹟』乾三一号）。

景定五年（一二六四）秋、洞庭湖に遊んで風光を偈に託し（B傍線部）、翌咸淳元年、虚堂のもとを辞して帰国の途についた。辞別の頌、とりわけ「万里空しく帰る東海の船」という末句からは、一四年間の在宋を否定的に総括するニュアンスが感じられる（B傍線部）。

無象が宋で師事した師匠は石渓心月と虚堂智愚につきる。ともに祖父と孫ほどの年齢差があり、最晩年の弟子であることも共通している（虚堂は無象帰国の四年後に八十五歳で死去）。利発な青年だった無象は両老僧の愛弟子だったろう。今に残る墨蹟の優品の数々が、そのことを語ってくれているようだ（石渓三点、虚堂二点）。

三、大休正念と蘭渓道隆――渡来僧との出会い

蘭渓道隆、無学祖元をはじめとする宋元からの「渡来僧」が、日本禅宗の確立に巨大な役割を演じたことはいうまでもない。[18] 無象静照は著作「興禅記」で、渡来僧への敬愛の念をこう語っている（❹『五山文学新集』第六巻、六三一・六三四頁）。

然るに今時の敗群邪輩、如来の衣を仮り、名を禅門に寄せ、師子の皮を披《かぶ》り、野干（狐）の鳴くを作《な》し、内に真証無く、外に邪思を馳せ、縦《ほしいまま》に奸巧を振ひ、世間を誑惑し、諸《もろ》ろの醜悪を挙げ、以て仏祖の守る所を裨販《ひはん》（切り売り）すること、塵俗の匹夫の如く、略《ほ》ぼ羞恥無し。便ち瞎（めくら）禿子の衆盲を引く有りて、盲惑の者に執し、人を争ひ我を争ふこと、譬へば蒼蠅の臭肉を聞きて聚頭闘ひ啀《ついば》むが如きに相似たり。吾が宗の凋喪は皆此れに縁《よ》り得るなり。少林（達磨）の苗種、豈に嗟傷せざらん乎。……

近く禅師有り、其の号を大覚・兀庵・無学・大休と曰ふ。皆是れ宋土の英傑、法門の棟梁なり。慈慧は外に宣べ、神機は内に湛《たた》ふ。弘法を務と為し、度生を懐と為し、鯨波を憚らず、遠く此の国に来る。夙縁を以て檀那の信心を契合し、誓願に乗りて覚王の梵刹を大啓す。禅河の余潤を酌《く》みて、普《あまね》く枯槁を霑《うるお》し、仏日の末光を輝かして、広く昏識を照らす。皆聖位の中従《よ》り来り、言は多羅の讖《しん》（予言）に叶ひ、法は流通《るずう》の時に応《あた》る者なり。

引用部分の前半で当時の日本禅宗界の低水準が舌鋒鋭く批判され、後半でその救済者・改革者として蘭渓道隆・兀庵《ごったん》普《ふ》寧《ねい》・無学祖元・大休正念という代表的な渡来僧四人の名をあげている。その評価は「宋土の英傑、法門の棟梁」ときわめて高く、かれらが渡来して檀那すなわち得宗家の信心を結集

し、その誓願により建長寺・円覚寺以下の「覚王の梵刹」が啓《ひら》かれ、禅河の余滴が枯木をも潤し、仏の光が人びとの認識の暗がりを照らし出したという。そして無象は、祖師たちが禅を興した経緯を「経論・諸録・正宗記等」から抜き書きし、「興禅記」一巻にまとめた。つぎの一節は無象自身の文で、かれの理想とする禅宗と俗権力の関係を語っている。

歴代の聖帝明王、賢臣儒道、服膺《ふくよう》して宗門に帰興する者、殫紀《たんき》（尽記）すべからず。唐の太祖は神武を以て広く度門を開き、太宗は欽明を以て深く禅奥を究む。宋の真宗・孝宗に至り、皆真乗に帰し、以て至化を助け、万邦を典御し、群品を普済す。

宝祐二年（一二五四）、無象は「仏海師（石渓）の会裡《えり》に在りて仏源禅師（大休）と聚首して家裡の事（かれらの属した法流をさすか）を説」いた（B）。無象が一二六二年に天台山石橋を訪れてえた夢幻体験を二偈に詠み、僧たちが唱和したことは前述したが、三年後かれはそれを軸装したものを携えて帰国した。さらにその四年後大休は北条時宗の招きで来日し、鎌倉禅興寺住持に就いた。文永十一年（一二七四）、無象は大休も和韻に参加していた（❽）かの詩軸を携えて禅興寺を訪れ、大休から序文をもらった（❻五島美術館蔵「天台石橋頌軸序」、重文、『続禅林墨蹟』一一五号[19]）。

唐宝祐甲寅、予、雙径《そうけい》石渓先師の座下に在り、無象照公と聚首す。先師帰寂の後、越上新昌の大石仏の首座《しゅそ》寮に寓して重会す。無象、天台石橋に遊び、夢に聖域に登りて、自ら伽陀《かだ》を述べ、諸大老韻を賡《つ》ぎて成れる什を出示す。予揆《はか》らずも亦嘗て贅語せり。別後便舸にて帰国せしと聞く。雲際濤空、音問相絶ゆ。豈に料《はか》らんや、咸淳己巳（一二六九）、予、杯（船）を東海に泛《うか》べ、扶桑の遊を為し、再び丰度《ふうど》（立派な様子）を関東巨福（建長寺）に瞻《み》んとは。手を握りて旧を論じ、喜び情に勝《た》へず。未だ幾《いくば》くならず、無象龍天推轂《すいこく》せられ、法源に瑞世す（住持となる）。日本文永甲戌（一二七四）夏、忽ち予を過《よ》ぎり、袖より頌藁一編を出し、乃ち曰く、「此れ昔大唐天台に遊ぶの什なり」と。予之れを目《み》、相顧みて咨嗟《しさ》（歎息）して曰く、「此の軸は廼《すなわ》ち公の青氈《せいせん》（宝物）の旧物なり、一別して又二十年矣、今再観するを獲《え》、亦予の復《また》故人に見《まみ》ゆる也、捧読、手より釈《はな》すに忍びず」と。無象曰く、「公能く我が為に其の始末を章首に叙せば、十襲珍蔵して、後五日（後日）に佳話を貽《のこ》すが可ならん乎」と。予、其の旧を求めて忘れざるの意を嘉《よみ》し、因りて仏鑑禅師（無準師範《ぶじゅんしばん》）を挙《こ》して曰く、「先師は節倹にして、一鉢嚢・鞋袋を百綴千補して、猶ほ之を棄つるに忍びず、嘗て曰く、此の二物は相従ひて関を出でしより僅か五十年、詎《なん》ぞ肯《あ》へて軽棄せんや」と。遠きを以て近きに譬へ、遂に其の請を諾す。予乃ち曰く、「公の昔の唐土に寓するは、亦猶ほ予の今の日域に寓するがごとし。行雲谷神《こくしん》(老子に見ゆ)、動静は心を以てせず、去来は象《かたち》を以てせず。情隔つれば則ち鯨波萬里、心同じければ則ち彼我一如。所以《ゆえ》に道《い》ふ、無辺刹境、自他毫端を隔てず、十世古今、終始当念を離れず。苟《いやし》くも者《こ》の一念子摋得《さつとく》し破せば、那《な》の一歩子踏得《とうとく》し着《ちゃく》す。妨げず、朝に西天を離れ、東土に帰る莫《な》し。天台の遊山、南嶽(懐譲)の普請(作務)、高く峩眉《がび》を掲《と》り、平らかに五臺を歩む。手は南辰を攀《よじ》り、身は北斗を蔵《かく》す。大唐国裏打皷《だく》し、日本国裏作舞《さぶ》す。田地穏密、神通遊戯、摠《すべ》て這箇《しゃこ》の時節を出でざるは、亦吾家の本分の事耳《のみ》」と。無象覚えず点頭(首肯)微笑す。予是《ここ》に於て命筆し、巻首に題す。時に文永甲戌初夏、住禅興宋大休正念拝手。

この序には二十年におよぶ交遊が語られている。師石渓が一二五六年に没してのち、ふたりは越上新昌大石仏(浙江新昌大仏寺)の首座《しゅそ》寮で再会した。無象が天台山石橋を訪れた一二六二年よりはあとのことだ。一二六九年に渡日した大休に建長寺で会って「握手論旧」し、七四年四月に詩軸を携えて禅興寺に大休を訪ねた。序中の「公の昔の唐土に寓するは、亦猶ほ予の今の日域に寓するがごとし」「大唐国裏打皷し、日本国裏作舞す」といった表現から、渡来僧や渡海僧の日中の差異を超越した意識のありようが窺えるし、「情隔つれば則ち鯨波萬里、心同じければ則ち彼我一如」の句からは、十九歳という年齢差を超えた両人の篤い友情が伝わってくる。

帰国後ほどなく無象は鎌倉の常葉《ときわ》に真際庵(趙州従諗の大師号「真際」に因んだもの)を構えて住んでいたが、文永九年(一二七二)法源寺入院《じゅえん》を経て、建治三年(一二七七)博多聖福寺の住持となり**(年譜1277)**、弘安三年(一二八〇)ころ鎌倉にもどった。同四年北条時宗の弟宗政が没すると、遺族は大休を開山のひとりとして鎌倉の山ノ内に浄智寺を開き、宗政の茶毘が行なわれた真際庵は、浄智寺境内に移転してその「本庵」となった。無象は真際庵の跡地に大慶寺を開き、大休を開山に据えた**(年譜1281)**。大休は正応二年(一二八九)七十五歳で没し、その後無象は京都仏心寺に数年住したあと、大慶寺に遷住し、正安元年(一二九九)浄智寺住持の請が届くまで勤めた。大慶寺は仏心寺とともに法海派の拠点となっていく。

蘭渓道隆(一二一三〜七八、二十一歳年長)は渡来僧としては大休の先輩だが、無象との関係は無象の帰国後に始まる。

蘭渓は一二四六年に博多に着岸したのち、翌年上洛して泉涌寺来迎院に滞在、四八年末に北条時頼から相模大船《おおふな》の常楽寺を任され、翌年以降建長寺開創とともに開山に請じられた。蘭渓の短期の在京中に無象が円爾のもとにいたとしても、両人が接触した可能性はゼロに近いだろう。

　無象は文永二年（一二六五）に帰国すると、ただちに鎌倉へ赴いて建長寺の蘭渓のもとで首座《しゅそ》に抜擢され、同年の冬至、三年の解夏《げげ》、四年の結夏《けちげ》に秉払《ひんぽつ》を勤めた（『無象録』上・巨福山首座秉払[20]）。そのころ鎌倉では、一二六〇年に蘭渓や円爾の誘いで渡来した宋僧兀庵普寧が、時頼に招かれて建長寺二世となり、六二年に時頼は兀庵の導きで悟りをひらき印可を受けたが、翌年三十七歳の若さで死去してしまう。外護者を失った兀庵は六五年に帰国し、無象の帰国時には蘭渓が建長寺に再住していた。

　モンゴルの脅威がせまった文永九年（一二七二）、無象は鎌倉胡桃谷法源寺の住持となった（B）が、このころ「台徒（天台宗徒）」による禅宗弾圧（A・B）に加え、蘭渓がモンゴルの間諜の嫌疑をかけられて甲斐・陸奥松島等に隠棲を余儀なくされ、無象はこれに随侍した（B）。この経験が前記「興禅記」の執筆に大きな動機づけとなった。無象の法源寺住山は文永十一年九月ころまで確認できるので、蘭渓との同行はそれ以後となる。

　その後蘭渓は許されて鎌倉の寿福寺住持に就き、無象もその西堂寮に仮寓した。かれが建治三年（一二七七）に聖福寺の請を受けたとき「寿福西堂寮に在」った（B）のはそのためである。その翌年、聖福寺で蘭渓の訃報に接し、上堂法語を作った（**年譜1278**）。そこには「時節忽ち来りて縁化《えんげ》窮まり、打翻筋斗して（もんどり打って）天地を動《ゆる》がす、天地を動がせ、法梁折る、優曇《うどん》の香尽きて秋風に落ち、涙雨空しく淋《そそ》ぎ恨めども竭《つ》きず」という痛切な詞句がある。

四、「仏光国師」と形影相伴ふ

　無学祖元（一二二六〜八六、八歳年長）は少年時代の無象静照の師東福寺円爾と同門で、ともに仏鑑禅師無準師範の法を嗣いでいる。無準が淳祐九年（一二四九）に七十三歳で没したあと、無学は霊隠寺に石渓心月、育王山に偃渓広聞《えんけいこうぶん》、そして径山にふたたび石渓に参じて、その会下で無象と邂逅した。その後無学は虚堂智愚にも参じているが、無象が育王山の虚堂のもとで知客となった景定元年（一二六〇）より前のことで、以後中国での接点はなさそうだ。

　無学が北条時宗の招きで渡日した弘安二年（一二七九）、無象は博多聖福寺に住していた（一二七七年入院）が、無学は中国で乗船後二か月あまりで鎌倉に到着しているから、博多での接触はあったとしても束の間だろう。無学は建長寺五世となり、弘安五年には円覚寺の開山となって建長寺と兼住した。無象は同三年に聖福寺を辞して鎌倉の真際庵にもどったとされているので、ほどなく四半世紀ぶりの再会があってもおかしくないが、確認できない。確かな史料は弘安七年（一二八四）十〜十一月と推定される「無象西堂至上堂」という法語まで下り、(21)そこで無学は、建長寺を訪ねた無象を迎え、わざわざ上堂して宋での交遊を想起し、肝胆あい照らす仲を語っている（**年譜1284**）。

弘安七年四月に北条時宗がにわかに逝去し、(22)外護者を失った無学は同年末に円覚寺住持を辞した（建長寺住持は継続）。退院《ついえん》の法語は「前年臈月此の山に住し、今年臈月此の山を離る、一去一来定度無く、碧天雲外相関はらず」というそっけないものだった（『仏光録』四・住円覚寺語録）。無象は慰問の手紙を送り、無学は返書で深謝の意を表した（「答無象和尚書」『仏光録』九・書簡）。

某、無象尊契西堂尊机に拝覆す。某、半月動静を問はず、此れ心に日《ひび》凝睇を切にし（見つめる）、正に此《ここ》に坐馳（起居）するなり。忽ち恵書を拝し、且《ま》た知る、況（＝兄）為《た》るや、道を以て自ら牧《やしな》ひ、世表に超然として、日《ひび》万象と与《とも》に法を説くを。老懐欣喜に勝《た》へず、甚だ所懐を慰む。某、円覚を退きて自《よ》り、一月の安を得、深く得計と為せり。吾が無象、反つて吾が為に憂ふ耶。是れ我を知る者に非ず。流行坎止《かんし》、当任前縁、一毫の力をも加ふべからざる也。千万多く深慮する勿れ。吾が無象、且た自ら安心せよ。未だ動静を言ふべからざる也。風波正に作《おこ》るも、静心之れを待て。世良由〔田〕日《ひび》書有り、亦其の相招の意を嘱す矣。幸《ねが》はくは且た寛処せよ。別に他禱無し。不宣。

正味わずか二年での退院という事態に無学の失意を気遣う無象に対して、無学は「むしろ安心を得て思い通りだ、大丈夫だから心配するな」と答える。「流行坎止、当任前縁」とは黄庭堅の詩に「旧管新収幾粧鏡、流行坎止一虚舟」とあるのを踏まえており、物事の順・不順、時の前後をさす。世良《せら》田《だ》とは、無学の法嗣一翁院豪《いちおういんごう》（一二一〇〜八一）が住していた上野世良田の長楽寺をいう。一翁は寛元の初め入宋し、帰国後長楽寺の住持となり、兀庵普寧・無学に師事し、無学の法を嗣ぎ、弘安四年死去した。長楽寺は無学の円覚寺退院の機を捉えて、一翁の跡の住持に招こうとしていたらしい。

そのほか両人の交誼を語る事蹟としては、無学の弟子松嶺知義が持参した「無学和尚法語」に無象が跋を書いたり

（「跋無学和尚法語」『無象録』下・序跋）、無学の頂相に無象が賛を加えたり（「讃無学和尚」『無象録』下・仏祖賛）、もある。前者の抜粋と後者の全文を掲げる。

無学老、諸英（無準師範の弟子たち）の中に在りて、巨擘《はく》（親指）と称さるる也。凡そ片言隻字をも之れを得る者、連城之璧（十五の城に匹敵するとされた名玉）を獲るが如き也。道の人を感ぜしむる、鏘然《しょうぜん》（玉の鳴る音）として此《かく》の如し。義公（松嶺知義）、枯志勤労して老翁に執侍すること、積もりて年有り矣。親を省し里に帰るに因り告別の期、其の提抜（選りすぐり）の妙偈を得、以て至宝と為す。一言の誨益《かいえき》、千載の佳声と謂ふべき也。

道は両朝（日宋）を震はせ、法は偏見を超ゆ。一句に全て提《さ》げ、星移り電《いなづま》巻く。胸を劈《さ》き拳下に重関を破り、妙用なる機輪轆轆《ろくろく》と転ず（『碧巌録』第七九則に「他機輪転轆轆地、全無阻隔」とある）。無象稽首讃揚するも、大いに虚空に面を画くに似たり。

弘安八年（一二八五）五月、無学が自己の法衣の伝受者の人選を無象に依頼し、無象がその法衣を時宗未亡人潮音院に贈ったことは前述した。Bにこの件をめぐる無学・無象の往復書簡の原文が引用されており、日本の初期禅林における往復書簡の例としても貴重なものだろう。その後の経緯が「行状記」の末尾附記にこう書かれている。

伝衣の二偈、収めて天龍三会院に在り。後来絶海和尚（中津）此の二偈を書く。紙末に云はく、「仏光老人（無学祖元）、衣を無象禅師に托す。師、之れを潮音院に贈る。院、仏国老師（高峰顕日）に贈る。師、夢窓国師（疎石）に授くと云云」。

「伝衣の二偈」はかの往復書簡に引載されている（B波線部）。無学は無象にその偈を附して、「和尚（無学）滅後、法属の中に於て上樹翻身（自在に振る舞うこと）の機有る者を以て、我が為に焉《これ》を勘験（選抜）し、真正ならば則ち此の衣を伝ふべし」（B）と負託した。法嗣でないどころか法流上さほど近い関係でもない無象に、嗣法に関わる遺品を託するのはよほどのことだろう。この法衣が仏光派にとってまたとないレガリアとなったことはいうまでもなく、潮音院の手より無学の後継と目された高峰顕日、さらに高峰の法嗣夢窓疎石へと伝えられた。その経緯を、夢窓の法嗣で五山文学作家として名高い絶海中津（一三三六～一四〇五）が、二偈を写した紙の奥に書き付けた。法衣とその紙が夢窓の塔所臨川寺三会《さんね》院に存在する（B）ことは、夢窓派こそが仏光派の正統であることの何よりの証拠となっただろう。

弘安九年三月のある日、無学は禅僧たちと鎌倉の山中に遊び、華厳塔の立つ高所に登った。無象もそれに列して、勝地を践んだ興趣を七言絶句に詠み、無学および諸友が和韻した。後日、無象はそれらを詩軸に仕立て、奥に「学翁游春軸後」と題するつぎの跋語を加えた（『無象録』下・序跋）。

弘安丙戌春暮、学翁、禅衲《ぜんのう》と偕《とも》に青巒幽邃《せいらんゆうすい》の中に優游し、華厳塔所に攀登し、積翠の間を賞観し、数点の花を遺す。余、其の列に在り、輒《たやす》く樵語一絶を成し、以て勝践の興に感ず。学翁喜びて拙韵《いん》に続《つ》ぎ、諸友各おの以て其れ和し、後世の奇絶を貽《のこ》す矣。夫れ一詠一吟、高妙簡古にして、出格の風有る者也。予の誦せる色空三昧の句は、連城之璧を翫《もてあそ》ぶに似る也。嗚呼《ああ》、前哲（無学）既に逝き、後生聞こゆる無し。此の語忘れず、冀《こいねが》ふ所、有心の者と成らん。

無象の詠は伝わらないが、「連城之璧」に喩えられた無学の詠は、「和無象春日游上塔韵」の題で語録に載っており、「年年春事去何窮、万緑林中一樹紅、示汝色空三昧了、更須踢倒《てきとう》（蹴り倒す）面前峯」というものだ（『仏光録』巻八・偈頌）。新緑の美しい季節、うるわしい詩交のようすが目に浮かぶが、そのわずか半年後に無学は逝った。無学の伝記「仏光禅師行状」を草したのは、嗣法の弟子たちではなく無象だった。臨終の場面には無象が「余」という一人称で登場し、無学と問答を交わしている。

八月二十六日、師、余に謂ひて曰く、「吾れに一事有り、九月に在らんことを弁《わきま》へよ」と。余曰く、「是れ何事なる耶」と。師曰く、「幻に道資（仏道の資源）を尽せり」と。二十八日、衆の為入室、罷《おわ》りて微恙《びよう》有るを示す。咲《わら》ひて曰く、「逝山の時至る也」と。……（九月）初三日、斎前に報謝の偈を書す。……斎後に徒弟に語りて云はく、「吾れ此の土に臨んで苦を受くること八年。且喜《しゃき》すらくは今夜快怡《かいい》し去らん」と。……宴息の間、師忽ち云はく、「壁外は何の声也や」と。余曰く、「衆の慧命《えみょう》を保つ誦経の声なり」と。師曰く、「吾れ住世の縁尽く、今夜手を撒《はな》して便ち行くこと決せり矣。但だ勉むるに各宏道を以てせよ。是れ吾が意也」と。……亥の初め、更衣端座して筆を索《もと》め偈を書して云はく、「来るも亦前ならず、去るも亦後ならず、百億毛頭に師子現じ、百億毛頭に師子吼《ほ》ゆ」と。筆を置き泊然として（平静に）逝く。

行状の末尾で無象は「嗟呼《ああ》、宗社の梁《はり》は折れぬ矣、少林の遺芳は尽きたり矣。有志の衲子、哀恨何ぞ已《や》まん」と哀切の叫びをあげる。さらに正応五年（一二九二）の七回忌には、京都の仏心寺にあってつぎのような拈香法語を誦した（『無象録』上・住仏心寺語録）。

名は宋地を動《ゆる》がし、全機は活にして電《いなづま》巻き、化は扶桑に行なはれ、用処は妙にして龍弄ぶ。於戯《ああ》、前住建長無学和尚大禅師、天倫《さだ》まり義重し。我を捨て何《いず》くにか回《かえ》る。正宗は淡薄せり、禅林は凋摧《ちょうさい》（しぼみ衰える）せり。老残の不幸、鶴唳《さけ》び猿哀《な》く。

おわりに――浄智寺・大慶寺・正福寺

無象静照の最終経歴は、正安元年（一二九九）六十六歳のときに就いた鎌倉浄智寺の四世で、[23]「仏法を興隆せしめんと要《ほっ》し、強ひて視篆《してん》を煩はす」という北条貞時の懇請に応えたもの。就任時に同寺が五山第四位に列せられたのは、Bが「又師の住するに因る也」と述べるように、無象に対する配慮のあらわれだろう。黎明期の五山制度を知るわずかな史料のひとつだ。浄智寺住山は死の二年前、嘉元二年（一三〇四）の北条宗政二十三回忌までたどることができる**（年譜1304）**。

ただし無象と浄智寺との関係は、寺の開創時に遡って深いものがあった。弘安四年（一二八一）時宗の弟宗政が二十九歳の若さで没したとき、茶毘は無象の住居真際庵で執りおこなわれたと推定される。宗政の遺族が宗政のために鎌倉の山ノ内に浄智寺を開いたとき、真際庵が常葉から同寺の境内に移転してその「本庵」となったのは、「謹んで茶毗の壇に就き浄梵の宇を営建」するという遺族の素意（「為武蔵守殿百日供養御堂仏経普説」『念大休禅師語録』告香普説）を体したものだろう。宗政の禅の指導者は、語録に宗政のための法語多数を収める大休正念だったが、その法弟無象の役割も小さくなかったらしい。

浄智寺は兀庵普寧・大休・南洲宏海《なんしゅうこうかい》の三人が開山とされているが、これは遺族が南洲を開山に迎えようとしたところ、まだ四十一歳の南洲はもう日本にいない嗣法師の兀庵を開山に勧請《かんじょう》し、なお「宗政の帰依僧であり、さらに当時六十七歳という長老大休正念を請ぜられんことを檀越に願」い、みずからは準開山に留まった結果らしい。[24]さらに大休は、宗政の三回忌にあたり、寿福寺に住したまま「浄智寺開山陞座拈香」を焚いた（『念大休禅師語録』住寿福寺語録）。南洲の浄智寺準開山は実質にとぼしく、大休も結局浄智寺に入寺していない。これは、真際庵を茶毘に提供した無象への遠慮からではないか。確証はないが、無象自身が開山となるのを固辞して、大休に譲ったのではないか。いま真際庵の後身である浄智寺に行っても、大休・南洲の頂相《ちんそう》彫刻と兀庵の位牌はあるが、無象の影は跡形もない。

無象は真際庵の跡地に大慶寺を開き、大休を開山に据えた**（年譜1281）**。「行状記」に「聖福寺の請を受け、既に住して後、大慶寺を一新す焉」、同追記に「聖福寺に住するの後、新たに大慶寺を開きて住す」と、建治三年（一二七七）の聖福寺入院後無象が大慶寺を開いたと記されているのは、大慶寺の実質的な開山が無象だったことを物語る。[25] 無象は一二九五年前後にいたって大慶寺住持となった。いま大慶寺の本堂には、本尊の左に「大慶寺開山仏源禅師大和尚」すなわち大休、右に「当庵開祖法源禅師大和尚」すなわち無象よりあとに大慶寺に住し塔頭方外庵を開いた秋澗道泉《しゅうかんどうせん》（大休の法嗣、一二六三〜一三二三）の頂相彫刻と位牌が祀られているが、ここにも無象の姿はない。

武蔵国野口村（現、東京都東村山市）の臨済宗建長寺派正福寺は、開基を北条時宗、開山を石渓心月として、弘安元年（一二七八）に開かれたと伝える。中心伽藍の地蔵堂が国宝に指定されており、これも寺伝では時宗創建とするが、現存の建物自体は尾垂木の墨書から応永十四年（一四〇七）の建築と考えられている。安政六年（一八五九）の棟札に「開山法祖者法海禅師也」とあり、明治期の過去帳「日課法名」の十五日の項にも「当山初祖法界《ママ》大和尚　五月」と記されている（無象の命日は五月十五日）。以上より、当寺は無象が文永二年（一二六五）の帰国後、得宗家の外護のもと開き、師の石渓を開山に勧請したものと考えられる。[26] 弘安元年時宗開創という寺伝は、信じてもよいのではないか。

以上三つの寺と無象との関わりを見たが、いずれも寺の実質的な創始者でありながら、嗣法師の石渓あるいは法兄の大休を立てて開山とし、自身は黒子に徹するという、共通した行動様式が見られる。その結果、無象の歴史的記憶は、じっさいに果たした役割に比してきわめて淡いものになってしまった。

嘉元四年（一三〇六）五月十五日、無象静照は「諸仏来也如是、諸仏去也如是、諸仏来去一般、教我説也如是」という遺偈を残して、七十三歳で没した（B）。七回忌を浄智寺大檀那「亀山殿」が営み、前出の秋澗道泉が陞座《しんぞ》法語を作った**（年譜1312）**。「亀山殿」とは得宗貞時の娘で、宗政の子師時（時宗の猶子、一三〇一〜一一執権）の正室。ほんらいなら師時が忌辰を仕切るべきところ、前年十一月に三十七歳で死去したため、後家尼にお鉢が回ってきたのである。無象は死後もなお得宗家の一員として歩みを続けていた。

嘉暦年間（一三二六〜二九）、後醍醐天皇から無象に勅諡号「法海禅師」が贈られ、南禅寺住持潜渓処謙（円爾の法嗣）が法語を作った（❺「潜渓和尚語録」住南禅寺語録）[27]。

　朝廷に勅して詔を下し、仏心寺開山無象和尚に諡《おくりな》して、法海禅師と曰ふ。闕を望みて恩を謝し勅黄（黄紙に書いた勅）を捧げ、衆に示して云く、「文彩未だ瑑然の一句を彰せず。昭昭然として万法の根源に透徹し、霊霊焉として毛端の刹海に超出す。之れを正法眼蔵と謂ひ、之れを海印三昧と謂ふ。乾坤は此の恩力を承けて覆燾《ふっき》（復活）し、日月は此の恩力を承けて照臨す。仏心開山老師、此の恩力を承けて、不起大寂宝（この一句意味不弁）、塵刹沙界に色身を示現す」と。且た道《い》ふ、「如何是れ此の恩力」と。勅黄を度与して云ふ、「妨げず、人天衆前に分明に宣揚するを」と。

注

（1）村井章介『日本中世の異文化接触』（東京大学出版会、二〇一三年）二二〇頁以下。

（2）①石渓は無象の文才を認めて派祖松源崇嶽から受け継いだ法衣を納める「伝衣閣」の「記」を撰文させたとするが、「行状記」（注5参照）は撰文者を宋の官僚楊棟と明記（類従本は「楊楝」と誤っているが）。②建治三年（一二七七）博多聖福寺に入院したさいに石渓に嗣香を焚いたとするが、「行状記」によれば京都仏心寺に入院した正応三年（一二九〇）のこと。③正応元年（一二八八）鎌倉大慶寺在住中に浄智寺の請を受け、さらに同三年上洛して仏心寺に入院したとするが、「住浄智寺語録」によれば浄智寺遷住は正安元年（一二九九）で、入院は仏心寺→大慶寺→浄智寺の順。④丹波宝林寺を開創したとするが、「行状記」に「丹後州佐野先生又拠一宇以奉師、師号之曰宝林寺」とある。⑤示寂の場所を仏心寺と憶測するが、「行状記」末尾附記に「無象和尚入滅於相州真際庵」とある。

（3）『日本歴史』三三九号、一九七六年。「無象静照と正福寺の濫觴」と改題して同氏『中世禅林成立史の研究』（吉川弘文館、一九九三年）第三章第二節に再録。

（4）佐藤秀孝「虚堂智愚の住持期の動静（二）」「同（三）」（『駒沢大学禅研究所年報』二八・二九号、二〇一六・二〇一七年）。

（5）『続群書類従』九輯上所収本を底本として他本で校訂を加えた。諸本の所在については榎本渉『南宋・元代日中渡航僧伝記集成 附 江戸時代における僧伝集積過程の研究』（勉誠出版、二〇一三年）七二～七三頁参照。

（6）Aは無象が石渓と虚堂に随侍した順番を誤って逆に書いている。

（7）田中博美『中国禅僧列伝――禅語をうんだ名問答』（淡交社、二〇〇三年）四五頁。

（8）文脈上は大休が招聘の対象とも読め、その解釈を採る論もあるが、それ以前の時頼と石渓とのやりとりから考えて、石渓と判断した。

（9）石渓と無象の「交往」を論じた専論に江静「宋僧石渓心月与無象静照交往考」（『浙江工商大学学報』一三〇期、二〇一五年、中国語）がある。さきに見た「馬師円相」について、「静照偈語顕示他已悟出〝馬師円相欽師点〟这則公案所蘊含的禅機妙義、明白了禅宗〝依義不依語〟的根本精神、这顕然頗得心月賛許」という理解を示している（三〇頁）。

（10）『五山文学新集』第六巻、五一八頁ではなぜかこの「乙卯」に延祐二年＝正和四年（＝一三一五年）と傍注している。

（11）『無象録』は「行状記」の末尾に「語録三帙弁興禅記、鏤梓して世に行なはる」とあって、もと三巻あったことを知るが、現存本は二巻である。主として偈頌を収める第三巻が散佚したのだろう（『五山文学新集』第六巻、一一二八頁）。

(12) 無象自身の撰した無学の伝記「仏光禅師行状」は、淳祐十年（一二五〇）に石渓が径山に住してのち、「次第、再び径山に上りて石渓に見ゆ《まみ》。偶たま松源の普説を閲し、打牛車の話《わ》を看《み》、頓《とみ》に所得を忘ず」という行跡を記している。佐藤秀孝「無学祖元の伝記史料――無象静照撰『仏光禅師行状』の訓注」（『駒沢大学禅研究所年報』二四号、二〇一二年）一五九～一六二頁、参照。

(13) 前掲注4佐藤論文（二）、一二〇、一三五～一三六頁。

(14) ここで、本稿のテーマからやや離れるが、無象を開山とする三つの寺院にふれておこう。すべて「行状記」のBで省略した部分による。**仏心寺**は京都一条大宮にあったが、いまは廃寺となっている。円海という渡海僧が、育王山で目撃した無象の卓越した能力に驚嘆し、無象と同船で一二六五年帰国後、「六孫王の遺廟地」を買得して寺を建て無象に奉った。遅くとも文永八年（一二七一）には存在したことが確認できる（**年譜1271**）。卓越した能力とは、攘災祈禱の疏語を作って封筒に入れておいたのを、白紙にすりかえられたが、一字もたがわず朗々と誦してのけた、というもの。やや説話的だが、法力よりは記憶力と機転で衆目を集めていたことが窺える。無象がじっさいに当寺に住したのは降って正応三年（一二九〇）で、このとき石渓心月からの嗣法を宣明した。**宝林寺**は、丹後久美浜にあった石清水八幡宮領佐野庄の領主「佐野先生」が、宮津の近くに建てて無象に奉ったもの。これも廃寺となっているが「法蓮寺」の小字が残る。今枝愛真『中世禅宗史の研究』（東京大学出版会、一九七〇年、二〇三・二四七～八頁）によれば、永享九年（一四三七）四月二十二日以前に諸山に認定された。雪舟「天橋立図」に「諸山宝林寺」という墨書を伴って描かれる。**興禅寺**は「常州吉源入道善行」が建てて無象に奉り、寺名は「興禅記」から採った。現存の有無、所在地などは未詳。『特別展正福寺展・改訂版』（東村山ふるさと歴史館、二〇〇九年、七頁）は「興禅寺（高萩市）」とするが、根拠は不明。

(15) 前掲注4佐藤論文（三）、一三四～一三五頁。南浦は一二六七年虚堂のもとを辞して帰国し、三年後に虚堂の法を嗣いだ。佐藤秀孝「虚堂智愚と南浦紹明――日本僧紹明の在宋中の動静について」（『花園大学禅文化研究所紀要』二八号、二〇〇六年）参照。

(16) 小河隆「光境俱亡」（ブログ「ひとりZEN寺」、二〇一九年五月十一日閲覧）http://one-zen-temple.blogspot.com/2014/10/blog-post_20.html

(17) 伊藤松編『鄰交徴書』初篇巻之二の編者註に「有人鬻此書、二人争買、竟破之、因俗曰破虚堂書、真書雲藩蔵」とある。「雲藩」とは出雲松江藩主松平不昧をさす。なお、玉井竹二氏はBに「同（景定）四年癸亥、虚堂示師以法語」とあるのを「破れ虚堂」に同定し（『五山文学新集』第六巻一一一六～一一一七頁）、西尾賢隆氏もこの説を踏襲する（『中世禅僧の墨蹟と日中交流』吉川弘文館、二〇一一年、五七頁）が、「破れ虚堂」は年記を欠いており、小西家蔵の❿こそBの「法語」にあたると考える。

(18) 村井章介「渡来僧の世紀」（同著『東アジア往還――漢詩と外交』朝日新聞社、一九九五年、第二章）。

(19) ほかに無象に関わる文化財としては、京都鹿苑寺に無象の賛を持つ重文「洞窟達磨図」がある。賛は、円覚寺蔵「無象静照法衣銘」の自署・花押（『五山文学新集』第六巻口絵）を除けば、唯一残存する無象の自筆である。賛文は「黙々坐九霜、孤風更没双、熊峯涼夜月、清影落千江」というもので、『無象録』下・仏祖賛に収録されている（ただし涼夜を深夜に作る）。

(20) それぞれの行事の年代推定は、前掲注3葉貫論文、一五二頁による。

(21) 『仏光録』三・住建長寺語録は、時系列が前後したり紛れこみが疑われる部分もあるが、入寺から示寂直前までおおむね時間順に排列されており、各記事の年次が推定できる。そのなかで「無象西堂至上堂」は弘安七年の部分に位置し、十月五日の初祖忌上堂と十一月七日の冬至小参の間にある。存疑の事例をあげると、①弘安五年部分で最明寺殿忌日上堂（十一月二十二日）が三月十八日の仏鑑禅師忌日拈香と四月四日の浴仏上堂の間にある。②同四年部分に除夜小参が前後二つあり、前者は除夜の記事がない同二年か七年からの紛れこみかと思われる。また、弘安五年十二月から正味二年分が重なる『仏光録』四・住円覚寺語録とくらべてみると、おなじ日に両寺で仏事を執行している例がいくつか見られ、また建長寺語録のほうがくわしく無学は基本的に建長寺で執務していたらしいことがわかる。なお、『本朝高僧伝』巻二一に「仏光禅師、開㆓円覚寺㆒、屈㆑照分座、為㆑衆説法」（『延宝伝燈録』巻三は傍線部を「師（無象）乃解㆑印居㆓第一座㆒、扶㆓其（無学）道家㆒」に作る）とあり、これに依拠した記述も見かける（『新版 禅学大辞典』等）が、より確かな史料で裏づけがとれない。

(22) 時宗の禅への傾倒については、村井章介『北条時宗と蒙古襲来――時代・世界・個人を読む』（NHK出版、二〇〇一年）第五章「時宗と日中禅宗世界」を参照。

(23) 彰考館文庫本「無象照公夢遊天台偈」の「日本 静照」に加えられた細字注記に「住金峯〔宝〕山浄智寺、後住寿福」とある（『五山文学新集』第六巻、六四〇頁）。無象の寿福寺住は『扶桑五山記』に記事なく、また無象七回忌の法語に「前住浄智無象大和尚」とある（同書、七六頁）から、寿福寺住持の経歴はなかったとみてよいだろう。

(24) 葉貫磨哉「浄智寺開創考――その三開山並称の経緯」（『日本歴史』二二六号、一九六七年）。前掲注3葉貫論文、第二章第三節に「北条宗政と浄智寺の開創」と改題して再録、一二四頁。

(25) 前掲注3葉貫論文、一五四～一五五頁に「無象が大慶寺を開いてもおのずから開山の地位につかず、法兄大休正念を勧請して無象は二世に居したのではなかろうか。……つまり無象は大休に開山の地位を譲ったと見るべきであろう。大休は名目的に開山となっても大慶寺には進住せず、依然として大慶寺は無象の庵居する所であった」とある。

(26) 前掲注14所引『特別展正福寺展・改訂版』八頁。同書に写真版が載る徳蔵寺（正福寺の近隣にある臨済宗大徳寺派寺院）所蔵「千躰地蔵菩薩略縁起」（享和二年〔一八〇二〕頃の木版）に、「(時宗公は）忽鎌倉より飛騨内匠を被召、即当寺（正福寺）御建立あり、法海禅師ヲ請して為住職、是故ニ唐の経《ママ》山興聖禅寺本師仏海禅師を勧請して開山とし、方丈ニハ千手千眼観世音菩薩を安置し奉ル、元ノ雲専の作也」とある。

(27) この法語の作製年代は、嘉暦元年潜渓処謙が南禅寺十世となってより、「潜渓和尚語録」で法語のつぎにある「奉聖旨陞座拈香」の作られた同三年十月二十九日までの間である。

無象静照年譜

年月日	西暦	齢	事　蹟	典　拠[1]
文暦1年	1234	1	相城（鎌倉）に誕生。姓は平氏、北条時頼の近族。	碧山、行状記
この間			自ら父母に剃髪を願い、京都普門院に円爾に謁して器許される。	碧山、行状記
建長4年	1252	19	円爾から宋朝諸耆宿への推薦状数帖をもらい渡海。	碧山
淳祐12年	1252	19	径山の石渓心月の会下に属し、趙州の「放下着」の話をもって開悟する。	『無象録』p.518、行状記
宝祐2年	1254	21	石渓の会下で大休正念と聚首して家裡の事を説く。このころ、北条時頼から石渓のもとに招聘状が届く。	行状記
宝祐3年	1255	22	石渓、史臣楊棟作「伝衣閣之記」に因んだ法語を無象に示す。	行状記、「御書伝衣菴記」『石渓和尚語録』下
乙卯孟冬（宝祐3年10月）	1255	22	石渓から開悟の情景を盛りこんだ法語「示無象」を贈られる。	『石渓和尚語録』新添、『無象録』p.518
宝祐4年3月[2]	1256	23	石渓の会下を辞す。無象の頌、石渓の送行偈、無学祖元の道号頌あり。石渓より年月日を自書した法衣を付される（のち京都仏心寺の正宗塔下に納められる）。	行状記、『仏光録』p.145
このころ			皇帝理宗（在位1225-1264）の千仏を賛する韻に和す。	『無象録』p.585
開慶1年結制後三日（4月17日）	1259	26	雪竇山資聖寺印止堂に在り、張都綱使に法語を示す。	『無象録』p.595
景定1年	1260	27	虚堂智愚の住する育王山に掛錫し、知客となる。賀頌あり、棠林□（シカク堅が序、虚舟普度が跋を書く。	行状記、斎藤俊子氏蔵「虚舟普度墨蹟跋語」
景定1年8月25日	1260	27	虚堂が柏巌慧照寺に遷住、これに随侍するか。	『虚堂和尚語録』三 慧照寺語録
景定壬戌重陽前五日（3年9月5日）	1262	29	天台山石橋で得た夢幻体験を2偈に詠み、41僧の唱和を得る。[3]	五島美術館蔵「天台石橋頌軸序」、無象照公夢遊天台偈軸幷序、行状記
このころ			浙江新昌大石仏寺の首座寮で大休と再会、天台石橋の偈什を見せる。	五島美術館蔵「天台石橋頌軸序」
景定癸亥開炉後三日（4年10月3日）	1263	30	前年3月に雪竇山の明覚塔下に退隠していた虚堂の下を訪れ、法語を与えられる。	小西新右衛門氏蔵「虚堂智愚墨蹟 法語」、行状記
このころ			虚堂、無象に法語を与える（「破れ虚堂」）。《世路多巇嶮、無思不研窮、平生見諸老、今日自成翁、認字眼猶綻、駐譚耳尚聾、信天行直道、休問馬牛風、日本照禅者、欲得数字径、以述褭贈之、虚堂叟知愚書》	東京国立博物館蔵「虚堂智愚墨蹟 偈頌」
景定5年1月16日	1264	31	虚堂が杭州浄慈寺に入院、これに随侍する。	『虚堂和尚語録』三 浄慈寺語録
景定5年	1264	31	前年11月22日に没した北条時頼の訃報が宋に達し、追悼の頌を賦す。	『無象録』p.584
景定5年秋	1264	31	洞庭湖に遊んで一頌を賦す。	行状記
咸淳1年	1265	32	虚堂の会下を辞す。一頌あり。	行状記

年月日	西暦	齢	事　　蹟	典　　拠
咸丑（咸淳1年）脩禊事（3月）五日	1265	32	四明大休正念、無象に法語を贈る。《有無象照兄典賓、遠従日本航海而至、遍歴諸老門庭、尋究此片田地》	『無象録』p.517
文永2年	1265	32	在宋14年にして帰国。石渓の法衣と彫像を将来（のち仏心寺に納める）。鎌倉に赴いて、建長寺の蘭渓道隆会下、冬至・解夏・結夏に秉払を勤める。	行状記、碧山、『無象録』p.558
文永2年	1265	32	日本僧円海、育王山で知客として奮闘する無象を見て、寺を建て無象に捧げることを決意、無象と同船帰国。後年、京都の六孫王（源経基）遺廟地を買得して仏心寺を建立。	行状記
文永4年以後[4]	1267	34	鎌倉の常葉に竜華山真際精舎（真際庵）を構えて庵居す。	行状記
文永辛未（8年）書雲後	1271	38	仏心寺の賀韶侍者の軸に序を寄せる（仏心寺の存証）。	『無象録』p.582
文永9年9月3日	1272	39	鎌倉胡桃谷法源寺に入院。	『無象録』p.519、行状記
文永10年以後	1273	40	渡海僧桂堂瓊林の請により、桂堂の嗣法師虚舟普度のための普説を書く。桂堂、帰国後、南宋の意を受け日本に対するモンゴルの外交活動を妨害。	『無象録』p.571、碑文「贊皇復県記」
文永甲戌初夏（11年4月）	1274	41	鎌倉禅興寺住持大休正念、1262年の「無象静公夢遊天台偈」に序を寄せる。[5]	五島美術館蔵「天台石橋頌軸序」
建治3年10月24日	1277	44	寿福寺西堂寮にあって博多聖福寺入院の請を受ける。	『無象録』p.528、行状記
このころ			蘭渓道隆の鎌倉退去、甲斐・松島行に同行し、のちこれを契機に「興禅記」を著し、朝廷に捧げる。	「興禅記」、碧山、行状記
このころ			常陸吉源入道善行、興禅寺を建てて無象に奉じる。	行状記
弘安1年7月24日以後	1278	45	蘭渓道隆の訃報（弘安1/7/24寂）を聞き上堂。《松源的伝孫、無明破家児、来占福山頂、斬新立雄基、故我建長第一世開山和尚蘭渓大禅師、窮徹万法之根源、敲出千聖之骨髄、‥‥時節忽来縁化窮、打翻筋斗動天地、動天地、法梁折、優曇香尽落秋風、涙雨空淋恨不竭》	『無象録』p.533
弘安3年か	1280	47	鎌倉に帰り真際庵に居す。	『無象録』上 住法源聖福浄智小参、行状記[6]
弘安4年8月9日	1281	48	北条宗政（時宗弟）没す。ついで遺子師時、大休を開山として山ノ内に浄智寺を開き、真際庵は移転してその本庵となる。無象、真際庵の跡地に大慶寺を開き、大休を開山に勧請する。[7]	行状記・同追記、「為武蔵守殿百日供養御堂仏経普説」『大休念禅師語録』告香普説
弘安7年10〜11月	1284	51	建長寺に無学を尋ね、無学、上堂して旧交を語る。《白雲庵裏、太白峯前、有一句子、落在你辺、無学老漢、也是窮曹司、検旧案、十万里水面、要尋此句、上窮碧落、下入黄泉、六七年内、方得見面、見則見了、不可得而説、不可得而言、只得低頭覰地、仰面看天、冤憎会苦、黒蜜黄連、卓拄杖云、無象無象、尚余骨面堪承掌、不用重施肋下拳》	『仏光録』p.160（弘安7年10月5日の初祖忌と11月7日の冬至小参との間に排列）

年月日	西暦	齢	事　蹟	典　拠
弘安7年12月	1284	51	無学、円覚寺を退住、ついで無象の慰問の書簡に返書。	『仏光録』p.172、p.230
弘安8年5月18日	1285	52	無学、無象に書簡を送り、法衣の伝受者の人選を依頼。ついで無象返簡して法衣の受領を承諾。	行状記・同追記、『鹿苑日録』長享3年1月3日条
弘安丙戌春暮(9年3月)	1286	53	無学とともに「青巒幽邃之中」に遊び、「華厳塔所」に登って一絶を成し、無学らこれに唱和する。	『無象録』p.583、『仏光録』p.225
弘安9年9月3日	1286	53	無学没し、無象後日その行状を草す。	『仏光録』p.241[8)]
弘安年間?			北条時宗の外護により、石渓を勧請開山として武蔵国多摩郡野口村に正福寺を開く。	「千躰地蔵菩薩略縁起」、正福寺蔵「日課法名」
年月日未詳 a			無学の弟子松嶺知義、無象に「無学和尚法語」の跋を求める。	『無象録』p.583
年月日未詳 b			無学の頂相に賛を加える。	『無象録』p.592
正応2年[9)]	1289	56	丹後佐野先生、宝林寺を剏いて無象に奉じる。	行状記
正応3年3月21日	1290	57	京都仏心寺に入院、石渓の法を嗣ぐことを宣明。《此一瓣香、得処辛懃、収来悪辣、無端嗅著毒気、直得喪尽平生、四十年来、最有苦屈処、今対人天衆前、不敢嚢蔵被盖、前住大宋径山万寿禅寺、臨済正派、掩室嫡嗣、石渓和尚仏海大禅師、爇向爐中、用酬法乳之恩》	行状記追記、『無象録』p.534
正応4年結制後五日(4月19日)	1291	58	「仏祖宗派図」に序を寄せる。	『無象録』p.581
年月日未詳 c			「洞窟達磨図」に賛を加える。《黙々坐九霜、孤風更没双、熊峯涼夜月、清影落千江》	鹿苑寺蔵「洞窟達磨図」、『無象録』p.589
正応5年9月3日?	1292	59	無学和尚忌(七回忌か)に拈香。	『無象録』p.535
永仁2年4月24日?	1294	61	蘭渓和尚忌(十七回忌か)に拈香。《挙香云、慈雲靄々擁東州、覚樹孤芳元不死》	『無象録』p.537
この間			相模大慶寺に入院。	『無象録』p.539
正安1年5月	1299	66	大慶寺に在って住浄智寺の請を受ける。これに際して北条貞時、浄智寺を五山に列す。	『無象録』p.541、行状記
浄智寺住山中			貞時の文殊菩薩供養にて拈香。《皇風永扇、祖道遐昌、正当恁麼時、大檀那、有何祥瑞、曇萼春芳仙苑裏、清凉宝月照扶桑》	『無象録』p.554
嘉元2年8月9日	1304	71	北条師時、浄智寺で父宗政(弘安4/8/9没)の遠忌(二十三回忌)を営み、無象、拈香法語を作る。《惟我故武州明公禅門、乗悲願力、現宰官身、深慕西来直指之宗、早悟即心即仏之旨、随縁而生々本不生、随縁而滅々本不滅、窮其本躰、無変無易、所以道、体竭形消而不滅、金流朴散而常存、塵々普現威光、物々全彰面目》	『無象録』p.554
晩年			浄智寺真際庵にあって「屏岩清規」を講じる。	碧山

年月日	西暦	齢	事　　蹟	典　　拠
徳治1年5月15日	1306	73	真際庵で入滅。臘五十五、寿七十三。語録三巻と「興禅記」刊行されて世に行われる。	行状記
正和1年5月15日	1312		北条師時（前年11/3没）後家尼、無象の七回忌を浄智寺にて挙行。大休の法嗣秋澗道泉、陞座法語を作る。《亀山殿請為無象和尚陞座。····其人両朝施声名。浮泳孤舟。便見洞庭。····今日正當前住浄智無象大和尚七年之忌辰。大檀那奉菩薩戒尼。命山野讃嘆仏経等功徳》	『秋澗泉禅師語録』中 大小仏事
嘉暦3年10月29日	1328		後醍醐天皇、無象に「法海禅師」の諡号を贈る。南禅寺住持潜渓処謙、陞座法語を作る。	『潜渓和尚語録』住南禅寺語録、碧山

注

1）『無象録』のページ数は『五山文学新集』第六巻、『仏光録』のページ数は『大正新脩大蔵経』第八十巻のもの。
2）景定元年（1260）7月に記された『石渓録』序に「吾師石渓仏海禅師之没、且六年矣」とあり、これに従えば石渓の没年は1255年となって、行状記と矛盾する。
3）王燁「漂流到扶桑的宋人佚詩—日本《無象照公夢遊天台偈軸》考証」（中国芸文研究会『学林』48号、2008年）。
4）葉貫磨哉『中世禅林成立史の研究』（吉川弘文館、1993年）152頁参照。
5）玉村竹二「大休正念墨蹟『石橋頌軸序』に就て」（同『日本禅宗史論集』上、思文閣、1976年）。
6）注4書、154頁参照。
7）注4書、154頁参照。
8）佐藤秀孝「無学祖元の伝記史料—無象静照撰『仏光禅師行状』の訓注」（『駒沢大学禅研究所年報』24号、2012年）。
9）年次は宮津市広報誌677号（2013/1）所載「みやづ歴史紀行第19回安国寺と宝林寺」による。

ドイツ語圏越境作家における言語、民族、文化をめぐって

土屋勝彦

つちや・まさひこ――名古屋学院大学国際文化学部教授。専門はドイツ現代文学・比較文学。主な著書に『反響する文学』（編著、風媒社、二〇一一年）、『越境する文学』（編著、水声社、二〇〇九年）、『オーストリア文学小百科』（共編著、水声社、二〇〇四年）などがある。

ドイツ語圏の越境文学においては、異なる宗教・民族・文化間の衝突と相互影響の諸相が描かれるとともに、他者の意識から生まれる言語表現の革新性や規範的言語からの逸脱、さらには混成的言語表出に至る場合もあり、それが「国民文学」の多様性と豊饒性、そして世界文学への参与を促進する可能性をもたらしている。

はじめに――ドイツ語圏越境文学の状況

ドイツ文学史においては、多言語性や越境性を体現する作家として、ロマン派のシャミッソーをはじめ、多民族国家たるハプスブルク帝国に出生し、複数言語状況のなかでドイツ語を創作言語としたリルケやカフカ、カネッティ、ツェランといった作家たちの名前をあげることができる。現代では、とくに一九八〇年代以降に越境・移民文学作家がドイツ語圏の文学界に登場し始め、ドイツ語圏現代文学の大きな一翼を担ってきている。こうした「越境文学」の定義をめぐっては、「外国人文学」や「外国人労働者文学」から「移民文学」や「移住文学」「移動文学」を経て、「マイナー文学」「インターカルチュラルな文学」「トランスカルチュラルな文学」「多言語性の文学」といった概念に移行し、ドイツ語圏の文学研究および批評界で広く普及・定着してきた。「越境文学」は「他者」や「文化衝突」を主題とし、その表現の新奇性、革新性、異質性を特徴とするが、文学的な表出・表現は、日常的なディスクールを凌駕する創造的な異質の言語感覚から生

ずる。この言語・文化的な違和感こそ「国民文学」を揺るがすとともに豊饒にする大きな契機となった。

ドイツにおける移民の現状を見れば、ここ二十年ほどの社会的、経済的、政治的な発展に伴い、ドイツはすでに増大するエスニックな文化的異種性を受容する移民国家になりつつある。二〇〇七年五月号の雑誌『シュテルン（Stern）』に載せられた記事によれば、現代ドイツの移民の人数は一五三〇万人で全人口の一八・六パーセント、つまり五人に一人を占め、ヨーロッパ随一の移民国といえる。さらにその後の難民流入を経て二〇一七年末には「移民を背景とする人」の割合が二四パーセント、つまり四分の一となった。それとともに文学界においてもドイツ語を母語としない作家たち、あるいは移民的な背景を有する作家たちへの関心と比重が高まり、アカデミズムにおいても注目される研究分野になっている。それはいわゆる「国民文学」という民族的アイデンティティ志向へのアンチテーゼともいえる領域であり、ポストコロニアリズム文学やポストモダン文学の拡大・浸透とも関わる現象でもあろう。ドイツ語圏に限らず、居住国の言語を異化し挑発する異郷者による「移民・越境文学」の表現形式が、異種混交、コラージュ、モザイクといった特徴を有するハイブリッド性に彩られ、ナショナルな「正統的」言語構造を変革していくひとつの起爆剤となってきたことは明らかである。本稿では、とくに民族と宗教に関する主題をめぐって数名のドイツ語圏越境作家を取り上げたい。二〇〇九年十一月に筆者が主催した国際シンポジウム「アイデンティティ、移住、越境」において討議された諸問題を中心に、ドイツ語圏移民作家における離散、越境、民族、宗教の主題について検討する。

一、越境作家たちのプロフィール

このシンポジウムには多和田葉子（日独両言語作家）、エズダマ（トルコ人ドイツ作家）、ヴェルトリープ（ユダヤ系ロシア人オーストリア作家）、カミーナー（ロシア人ドイツ作家）、ツァラク（トルコ人ドイツ詩人）という五名のドイツ語圏越境・移民作家が一堂に会し、ドイツ語圏「移民文学」の諸相とその可能性についての討議が行われた。[1]

まずドイツにおける移民作家の状況について整理しておきたい。大きく分けると東欧からやって来たドイツ語作家たちとトルコ人ドイツ語作家たちに分けることができるが、その受容の実態は異なる。つまりドイツ語がその歴史的かつ文化的社会的背景を色濃く持った規範性の強い言語であるという性格により、ドイツ人読者にとって文化的な異質性をより感じさせるのが後者のトルコ人作家（イスラム教国出身）の場合であることが多い。英語やスペイン語といった「世界言語」ではないドイツ語圏の場合には、より文化的な異質性を有するイスラム圏の作家たちに対して開かれた「多文化性」を強調するドイツ文学界の傾向が見られるのである。

ここで簡単に先に挙げた作家たちのプロフィールを紹介する。日本語とドイツ語の両方で創作する多和田葉子の場合には、自由意志に基づく「移民」であり、その関心はむしろ審美的言語的な方向に向いている。「言語警察」たるドイツ語の規範性に対しては批判的であるが、日本語の規範性に対する抵抗としての言語遊戯ないし言語解体への革新的試みは、そのドイツ語作品における表現にはあまり見当たらない。むしろ言語獲得のプロセスにおいて発見される言語の表現可能性を問い直し、多言語的な「エクソフォニー」の現場をくぐり抜け飛翔していこうとする。トルコ人作家エズダマの場合にも、母語を喪失し新たな言語を獲得する際の様々な発見と観察を、少女の目を通しての新鮮な驚きとして作品に投影しているが、そこにトルコ文化やアラビア文化に遭遇していった自己のプロセスを異化された言語体験として作品化している。同じトルコ人詩人ツィラクの場合には、そうした言語的な違和感はほとんど見られず、むしろトルコ語に対して距離を取りドイツ語による詩的テクストの構築に向かう。またユダヤ系ロシア人作家ヴェルトリープの場合には、旧ソ連からの亡命者としてイスラエル、オランダ、オーストリア、イタリア、アメリカ合衆国、そしてまたオーストリアへと移動し続けたその経歴からも推察できるように、故郷喪失者としてのアイデンティティ形成過程とヨーロッパ近現代史の相克とが重層する重厚かつ広大な世界を描出している。同じくユダヤ系ロシア人カミーナーは、ベルリンのロシアンディスコを舞台に自らの他者性を前面に出して、他者からみたドイツ像をユーモアと諧謔のセンスで活写するストーリーテラーである。

二、規範言語に対抗する文学言語

以上の作家たちとの討論の中で、印象深い発言をいくつか取り上げる。まず作家と編集者との間のドイツ語表現の「修正」についての質問に対して、エズダマはこう述べている。

物語を書いたときも、自分が意図的に間違いを入れたこともあります。あるいは話を飛ばしたりしたり、穴のようなところをあけたこともあり、それを意識的に作ったわけです。それは別なレベルで、読者にも言葉を失った人と同じ経験ができるように、意識的に描写したわけです。私のケースでは、幸い自分で出版社を探す必要はなく、出版社のほうから話があり、私があるところで出したものを読んで感激して、ぜひ出版したいという話になったので、そのため、言葉に関しては、ほかの編集者よりも慎重深く編集してもらえたのではないかと思います。言葉の間違いをそのままで印刷することは勇気のいることだったと思います。間違いを残しておいたということは、アイデンティティの一つなのです。自分の母語ではないから間違えることは当然のことで、それを意識的に入れたわけです。それが逆に、高い評価を受けることになりました。(2)

つまり、意識的な「間違った」言葉の使用法が、逆に文学的な表現になりえたという。この点についてはまたヴェルトリープもこう述べている。

標準的な言葉という話が出ましたが、それは実は存在していないのではないかと思っています。マスメディアの中ではある程度まであるかもしれませんが、文学の中では、標準というものはなく、言葉は美的な意識、あるいはセンス、文学的な基準に合っているものであればよいのであり、文学的な言葉というのは作家自身が作っているもので、そのためみんながそれぞれ個人的な言葉を持っているということになるわけです。標準的な言葉とは何かということは、作家自身が定義することになります。それを読者たちが、どこまで受け入れるかということが、問題となるだけです。…意識的にロシア語で使われている言い回しや語り方を、ドイツ語に訳して入れたわけです。ある程度まではドイツ語の流れやメロディに合わせたのですが、しかしロシア語の言い回しをそのまま、直訳のような形で残しておいたわけです。それに編集者が口を出したりもしたのですが、私はその言い回しをそのまま使いたいと思い、戦ったことがよくありました。(3)

いずれも、母語による言語干渉によって新鮮な表現が現れることがあり、作家はそれを創造的文学表現として残すべきであることを示唆している。

さらに多和田葉子はこうした革新的表現志向についてこう述べる。

外国語で書いた場合、間違いを犯すのではないか、もちろん文法的なことなど間違えるんですが、それを編集者に直させる、直させない、ということをどういう風にしているのか、という質問が出たと思うんですけれど。それで、日本ではまだ外国語の習得ということが非常に、学習という面から観察されていて、それというのもある言語を完璧に話す、あるネイティヴというものを想定していて、それよりも劣っている、その外国語を新しく習った人たち、そのマイナス面をどうするかという、そういう考え方で外国語を学習している方が多いかと思うんです。けれども、たとえば芸術の手段としての外国語ということを考えた場合には、間違っているかどうかという基準ではなく、最初に来る問いとは、その言葉をなぜ書いたのか、またその言葉を書いたことによってどういうことが起こるのか、言語に、また人の心に、そういうことを基準にして、それが間違っているか間違っていないか、ということについては、本当に長い議論で、ネイティヴの人に聞いてみてもいろいろ意見が分かれると思うんですけれども、あと意見が分かれないで、本当の間違いの場合もあるんですけれども、わかっていても間違えることはたくさんあります。…多くのドイツ人がそれはすごく変なんじゃないか、でも説明はできない、そういうレベルまで、すべて含めて、それは学習としての外国語ではなくて、アートとしての外国語であり、どういうことかというと、その言葉を書くことによって何かが起こるのではないかと思うんですね。その言葉を書くことによって、自分にとって、またはそれをいった相手に何かが起こるかどうか、ということを基準にして言葉を選んでいくという、そういう基本的な態度があった場合に、出版社によっては、大きな出版社やベストセラーを出したい出版社が、そういう言葉がいっぱい出てくると読みにくいからやめてほしいといって直させる場合もあるし、私の出版社は非常に小さいので、私の判断で、もちろんいろんな人に意見を聞いて、決してわからない他者の感覚と常につきあいながらですけれども、そういう意味で直させるということはしないという、そういう場合もあると思います。(4)

これも言語における規範性への疑念と、言語芸術としての表現の自由度を指摘しており、さらに踏み込んで、多和田は、日本語が分からない人たちの前で日本語を朗読するとき、見えなかったところが見えたりして、多言語が一つの言語に隠されていることに気がついたという。それがエクソフォニーであり、ヨーロッパの様々な言語が網のように繋がっているイメージである。そして芸術の手段としての外国語は、間違っているかどうかの基準ではなく、この言葉によって何が起こるかが重要だと主張する。

ヴェルトリープは、作家活動を始めた頃、ロシア系、ユダヤ系作家とか、ユダヤ系オーストリア作家とか、イスラエルのドイツ系作家とか呼ばれたが、自分にとって大事なのはあくまでテクストの普遍性だと思ったという。自分の出自から言えば、ロシアからローマ、ウィーン、オランダ、パリ、イスラエル、ボストン、ウィーンなど諸国を移住してきた経緯から「他者」である意識は常にどこでもあった。ドイツ語も母語も今でも不安を持っているが、移民という背景を持つトラウマは、より正確な表現を求める作家としてのエネルギー源にもなっている。そして言葉が虚構的なところで出会う可能性を信じおり、想像した話が現実より真実性を持つこともあると考えるという。これはトラウマという本来ネガティブな心的状況を虚構的世界構築のバネにする決意表明ともいえる。

以上の各報告に対してエズダマは、十二歳から女優としてトルコの舞台に出ていて、ブレヒト演劇を演じたいと思ってドイツに渡り、初めて書いたのが『ドイツにいる黒い目』という戯曲だったことを述べ、舞台に出る前に絵を描いてことばを覚え、外国語は言語を解体する前衛的なダダイズムの面から見ており、言語規範のことは気にしなかったという。ベルリンとイスタンブールを往復する列車の中で聞こえてくる「つたないドイツ語」「外国人労働者ドイツ語」が、新しいドイツ語だと気がついて、そのドイツ語で劇を書こうと思ったという。処女作の戯曲作品は、ある農夫がロバを連れてドイツに行くとそのロバが言葉がしゃべれるようになり、マルキストになったりインテリになったりするというシュールな物語であるが、その表現言語こそクレオール的な労働者言語だったという。以上二人の話がメルヘンのように聞こえたとカミーナーから発言があり、言葉のテーマについていえば、自分は詩人ではないので言葉は道具であり、話したいことがあればどの言葉でも伝えることができると述べ、さらに自分がトランクになり別の人の話を一杯詰め込んでいくという比喩を使って自己の物語文学を説明した。一方、ツィラクは、書いた人の履歴より文学自体のほうが大事だという立場をとるという。エズダマとヴェルトリープが異質な言語感覚によって創造する言語表現の独自性と反規範性ないし脱国民言語を語るのに対して、カミーナーとツィラクは、違和感よりも内容的な面白さや詩的表現といった従来の文学観に重心を置いている。

三、民族、言語、文化――国民国家を超えて

このように、「移民文学」という名称に対する立場を問われることで、各作家たちの意見の共通性と相違が鮮明となった。つまり、多和田は、移民の言葉は細かく具体的で、喜びと痛みが伴っており文学論のメタファーとなることを示唆し、ヴェルトリープは、移民文学といった分類は元来学者の仕事

であるが、ときには学者の分析や解釈が創造的に作家に働くこともあると好意的な立場をとる。エズダマは、本を書くときには、古代の文明を発掘するように、自分の祖先や生い立ちを思い出して掘り出していく作業だったという。幼い頃にドイツに移住したツィラクにおいては、移民文学の当事者という意識はなく、ドイツ語が外国語とは思っていないという。詩人として普遍的なテーマで書いており、トルコ系の作家というレッテルにはなじまないのだ。例えば「自分の肩に他人の羽」という言葉は、恋がテーマの詩なのに、「私の背中にドイツが異国としてある」と解釈されたという。トルコでシンポジウムがあった際も、強引に出身地トルコに結び付けられるため、「故郷」とか「異質の」という言葉に不安を抱くことがあるという。いわば「移民文学」への違和感とカテゴリー化への批判と懐疑を示す報告であった。

カミーナーは、まずイスラエルのロシア人移民の話をした。兵役につけられるかどうかを試す、「木を描く」心理テストで、ある男性が木の上に金の鎖で繋がれた猫も描いたという。その猫が左を向くと詩を読み、右を向くと歌を歌うという。プーシキンのメルヘンから来るこの話を、試験官は、自殺の描写と受け取った。またソ連では言葉で様々な実験が行われ、「平等の社会を作る」ために文学をプロパガンダとして悪用したという。そしてカッコウは卵を他の鳥の巣に産むので、その泣き声の影響でカッコウが生まれると考え、実験したが失敗したという逸話を語ったが、それは言葉の実験と同じ結果をもたらし、ソ連の社会主義全体がこうして内部から崩壊したという。これら二つの挿話を踏まえつつ、自ら東ドイツへ逃れ、ドイツ語を学び、講演しているうちに作家になっていった経緯をユーモアたっぷりに話してくれた。鳴き声をまねしているうちにカッコウになっていくという比喩は、カミーナーの作家としての誕生プロセスを象徴的に示唆している。

エズダマは、トルコとドイツという二つの文化圏を往還する生活が、フランスで仕事することで解放されたといい、「同時に二つの国に住むには一つの国を捨てなくてはならぬ」というゴダールの言葉を引用した。また日記風に書かれたトルコ語の初期小説について聞かれ、一九六二年当時の若い女性から見た等身大のベルリンを描いた日記を下敷きに創作した例外的な作品だという。さらに、「世俗化したトルコ」の代表者と見なされることに対して肯定しつつも、独裁的な政府を擁するトルコ最大の政治的問題として、批判的な中流階級が存在しない点を挙げて、かつてのオスマン帝国という巨大国家のトラウマが続いた結果、ヨーロッパ文化を受容することができず民主主義も根付かないと述べた。また、影絵劇という伝統もあったが、残念ながら日本の伝統文化のように受け継がれていないという。多和田は、作家の出身によって「トルコの文学」と規定するドイツの系統学的な文学受容よりも、カミーナーのいうソ連でのカッコウ実験室のほうが文学的には面白いとして、エズダマ文学の普遍性と世界性を擁護した。最後にヴェルトリープから、作家としてある範疇に入れられるという現象について、無論ある文化的な背景、知識、育ちがあり、その土地の人と異なるものを持っているわけであるが、文学を書くときは、付加価値のある特別なものではなく、通常の文学に貢献すること、つまりは「通常の」という基準が、自分たちの文学的貢献によって変容するだろうと結んだ。

以上、各作家の個性と文学への情熱が伝わる実に刺激的で啓発されるシンポジウムとなったが、各作家は、他者性やアイデンティティ、あるいは越境へのスタンスがそれぞれ異なっていた。多和田がもっとも意識的にドイツ語という規範言語（言語警察）に対する挑戦と異化を戦略的に推進しようとしているのに対して、エズダマは異邦人としてのナイーブな少女の目を失わず、トルコやアラビアの「東洋的」文化的エトスを保持し、現実を童話風の幻想にまで高めていく作風において、ナショナルな言語文化を異化・革新している。ヴェルトリープは、編集者との葛藤のなかでロシア語特有の表現法を残しつつも、言語的革新を戦略的に目指すことなく、結果として「普遍的な文学」の創造に向かう。そしてツィラクの場合には、さらに「移民文学」というジャンル参入の拒絶とともに、詩人としてのドイツ語表現に拘っている。詩的テクストは本来言語的革新を伴うものであるが、彼女の場合は移民的な違和感ないし他者性を戦略的な武器とはせず、やはり「普遍的な文学」に取り組もうとする姿勢が強い。カミーナーは他者性を武器にして様々な人々の経験や生き様を再構成して文学的な味付けを行い、そこにロシア・ジョークの語りの伝統を持ち込んでいる。

異郷的な視線はときに内部にあるナショナルな言語構造と衝突し、変質してそれを揺るがす。そのとき新たな創造的表現が現出する。これは移民作家のみならず、優れた作家たちが持つ本能的な言語革新のプロセスであるが、移民・亡命作家の場合には、「他者性」の強度と言語不信ないし言語懐疑のパトスによって、より先鋭化された新たな表現性を獲得する可能性が高まる。自己疎外や居心地の悪さという感情は、多くの人々が大変革や危機の時代において強いられる情感のひとつである。緊張状況に立ち向かう人間が、自分自身と状況に対して恒久的な障害としてではなく、むしろ創造的な刺激として周囲世界に向かうとき、移動する文学的想像力による混成的表出の発露が見られるのである。

四、他者性と言語表現

では、混成的な表出ないし表現がどのように現出するのか、シンポジウムで朗読されたテクストからいくつかの具体例を挙げて検討する。

まず、エズダマの小説『黄金角湾にかかる橋』から一節を引用する。

> 仕事の間、私たちは、自分の指、蛍光灯、ピンセット、小さなラジオランプとそのクモみたいな足という、たった一つの画像の中で生きていた。この画像には独特の声があったので、そのほかの世間の声と自分の体から自分が切り離されているように感じた。背骨が消えてしまい、胸も消えてしまい、髪の毛も消えてしまった。ときどき、鼻水をすすらなくてはいけないこともある。でも、鼻をすすると、自分たちが生きているこの拡大された画像が壊れてしまうように思われて、先延ばしにした。トルコ人通訳がやってきてそのうえに影がかかると、その画像は映画のフィルムのように破れ、その音は消え、穴があいた。そして通訳の顔を見ると、ようやく、どこか空を飛んでいる飛行機の声が再び聞こえだし、なにか金属のものが工場の床に落ちて残響がするのだった。女たちが仕事を中断すると、ちょうどその瞬間に、フケが肩に落ちるのが見えた。通訳は、シェチョーのドイツ語を私たちのためにトルコ語に訳すと、書留をもってきて受け取りサインを待っている郵便屋さんのように、「オーケー」と言う言葉を待っていた。(5)

ドイツで女工として働き始めたトルコ人の主人公が、自動化された作業の相貌を画像としてとらえる。画像は身体性の消去を意味し、独特の音声だけが響きわたる画像が、命令的な声によって破壊され、自動化された作業が寸断される。ここに見られる身体性の消去と声の無機質化を映像としてとらえる視線は、エズダマのテクストに見られる一つの特徴を示している。通常のドイツ語表現とは異なり、簡潔で直接的かつ映像的な擬人化表現が多用されている。

次にヴェルトリープの小説『途中停留所』からの一節を見よう。

> お前が自由で安全な生活をできるようにするためにイスラエルから去ったのだ。自分はオーストリアを見捨てたが、それは通りでそれぞれの比較的年配の男のそばで受

け入れなければならなかったからだ、このことはドイツの占領中に死んだ自分の祖母と、あのたくさんの他の親戚たちの殺人者であるかもしれない。なぜお前をある国で生活させなければならなかったのか？　それは鉛のように過去に重くのしかかっている。オーストリアにいるユダヤ人たちは少なくとも、彼らが何を悩んでいるか知っていた。たとえ非ユダヤ市民の幾人かがそうだと認めようとしなくとも、なんと言おうとやはり、彼らはこの国育ちなのだ。それに対し私たちは、他国者でありユダヤ人として二重の意味でよそ者なのだ。それどころか、その土地育ちのユダヤ人たちは、私たちを同類と見なさない。少数派の一員であると言うだけで既に十分厳しいというのに、少数派の中の少数派であったならどうだ？(6)

ここで、父親は息子への警告としてロシアからの亡命ユダヤ人が持つ二重の疎外感を語っているが、息子は移住国のクラスメイトに自己の心情を語れない。

アメリカの職員が私たちを扱ったときとは逆に、こういう事について入国管理庁での数え切れない期日について、自由の国だと勘違いされた場所での違法の抗議者としての生活について、常に『用心すること』について、私は喜んでしゃべっただろう。もし私がそれを発言することができたなら、私は、記憶の中のイメージが如何に入り交じって変わっていくか、それを分類しておくことが如何に難しいか、それが如何に中間の世界のただ一つの感情になってしまうか、説明しただろう。この感情についてであれば私は喜んで彼らと話しただろう。(7)

うちなる「亡命」について語ることが、自己防衛と共感不能の狭間で起こる記憶のなかのイメージの変容について語ることとなる。そのとき語られた言語の記憶が脳裏に刻まれつつ抽象化されていくプロセスが言語的混成として浮上する。それをヴェルトリープは、「移住の精神的な傷」ととらえ文学的表現へと昇華するのである。表現に破格は見られないが、通常表現からの逸脱が散見される文体となっている。またユダヤ性については、うちなるユダヤ人意識は残るものの、かつて信心深いカフタン・ユダヤ人への偏見を持っていた時期もあり、反ユダヤ主義者からの批判を目の当たりにした経験から、多重化されたアイデンティティへと志向していったという。

同じロシア人ドイツ語作家でもカミーナーの場合は、他者であることを楽しみユーモアを交えて揶揄し活写する。「新しい故郷」の冒頭はこう表現されている。

ただその地の名所を見て回るためだけでなく、希望を持って知らない地域で新しい生活を始めるために、ある国から他の国へ移住するとき、あらゆる危険の中でも最も命取りとなる危険が存在する。それは、比較され始めるときに起こるようである。その比較の誘惑は非常に強力なのであり、それは疑いを通じて起こる誘惑と関連している。たいていの人はその誘惑に勝てず、もちろんその新しい故郷は最も奔放な期待に耐えなければならない。あらゆる新しいものと不慣れなものは最も厳密に評価され、その長所と短所は天秤にかけられる。習慣、商品、テレビ番組、建築物…。そして、比較されたとき常に新しい故郷は不評に終わる。そこは、期待されたものを持っていない。私が思うに、そのような批難は地球上の至る所同じであり、中国人がオーストラリアに移住し、クロアチア人がフィンランドに移住するかどうかなど、全く関係ない。ただ、私はドイツで、少なすぎる中国人とクロアチア人、しかしその代わりに非常に多くのロシア人とウクライナ人をよく知っているに過ぎない。あるロシア人がその土地の人々について話すとき、その土地の人々には心が欠けている、と言うのである。(8)

人は往々にして、移住国の生活文化を自国の文化と比べて観察し不満を述べるという素朴な印象を鮮やかな表現で描いている。しかし、カミーナーの場合「他者性」を引き受け、そこから見た文化的なズレをドイツ人読者に届けるという役割を意識的に担っており、ドイツ語という規範言語への解体・革新意識は薄く、ドイツ語表現としても逸脱はほとんど見られない。無論旧ソ連時代からの政治風刺小話であるアネクドートの伝統を継承しているのは確かであり、そこに民族的な特性が反映されている。

またユダヤ系ロシア人ドイツ語作家としては、例えばユリア・ラビノヴィチの場合、両親がユダヤ人芸術家で旧ソ連からウィーンに逃れてきたという家族史を持ち、紛争難民や亡命政治難民などを保護するウィーンのカウンセリング施設で通訳として働いた経験からも推測できるように、ユダヤ人意識に関しては強く有する。しかしその自伝的デビュー作『分裂頭』からもわかるように、故郷喪失感から新たな自己確立が主題となっており、ロシア的スラブ民族意識やユダヤ意識が前景化しているわけではない。その点では同じくウィーンに在住するイスラエル出身のユダヤ人ドイツ語越境作家ドロン・ラビノヴィチの場合には、ユダヤ性を強く打ち出しており、反ユダヤ主義的な種々の事件に対しても辛辣な批判を加える政治性の強い作家である。

最後にトルコ人ドイツ語詩人のツィラクの場合はどうであ

ろうか。詩的テクスト「歴史」には次の詩句が見られる。

記念日にはよく考えられ
記憶によって忘れられる
歴史とはいつだってそういうものだ
姿を現すとき、それが歴史だ
書かれ、語られ、ささやかれる
再び歪曲されて消えるために
感覚、味覚、そして息の中で
過去には十億の時
未来にも十億の時
その間にほんのミリメーター
この場所が
隠れるためにはそこで十分
歴史は現在の逃亡者
歴史のために堪え忍ぶ時間がある
存在する
私の前に起こること
私の後に起こることなどどうでもいい
歴史(9)

こうして歴史の風化と歪曲を語りつつ、個人の内面との乖離を自覚する。ここに「移民文学」の持つ他者性は消失し、時空を超える歴史の抽象性を揶揄する姿勢が見られる。ポエジー的な表現ゆえの逸脱は見られるが目を引く言語的な革新性はそれほど強くはない。ツィラクはまた、夫の造形作家との共作としてのポエジー、つまりは視覚芸術と言語芸術の統合を試みている。トルコ人ドイツ語作家としては、一九九五年に『カナーケの言葉』でデビューしたフェリドゥン・ザイモグルが、そのラップ調のトルコ若者ドイツ口語表現を使ったアンダーグラウンド世界描写により注目されたことが記憶に新しい。エズダマがオスマントルコの民族伝統や民話からブレヒト劇を経て演劇的な身体的表現を獲得していき、ツィラクが最初から出自のトルコ文化を離れて「西欧化」されていたのに対して、ザイモグロはむしろ若者のクレオールドイツ語を戦略的に表現することで、アメリカ合衆国のブラックパワーと同様に、本来差別用語たるカナーケの言語を逆転させてエスニックな自己解放という政治的再生を図っている。

おわりに——越境文学の今後

以上ドイツ語圏の移民・亡命・越境作家たちの言述を分析してきたが、移住者の視点を言語的な革新やナショナルな文化言語への反抗として持ち込む作家から、出自から来る越境者の立場を相対化し、言語的革新よりも「普遍的な文学」創造にこだわる作家、あるいは、言語を媒介手段として社会や人生の断面をウィットと諧謔のうちに描出することに文学創造の動機付けを見出す作家まで、越境の形態も多種多様であることが確認できた。ただし、ドイツ語文学の歴史を振り返れば、そもそもシャミッソーからカフカ、リルケ、カネッティ、ツェランにいたる越境文学の伝統があり、現代の移民作家たちもその系譜上につながるともいえる。彼らが、多元的多層的テクスト構造の背景にある異質性ないし異種混交性を自己の問題として抱えながら、結局のところ、ドイツ社会が理想化しようとする、エスニックな文化交流や多文化主義的な共生の思想に寄与することが必ずしも中心的な課題とはならず、それぞれの異郷性を発現させる文学的な磁場が問題となっている。また離散という概念についていえば、本来、元の国家や居住地から離散したユダヤ人たちに対して適用されてきたが、それがドイツ語圏の移民作家たち、例えばトルコ人作家たちやロシア人作家たちにも定住した離散集団という意味において当てはまる面はあろう。もちろんトルコ人が外国人労働者として、ドイツ系ロシア人やユダヤ系ロシア人が帰郷者としてドイツの地に足を踏み入れてきたという背景の違いはあるが、いずれも母語から離れドイツ社会に定住ないし同化していった結果として、多くの作家たちが誕生・台頭してきたのである。今後、彼らがドイツ語圏文学の規範性を打破し表現の革新性を体現し、新たな「ドイツ文学」を再構築してゆくのかどうか見守りたい。そして民族や宗教性を超え出ていく新たな越境作家たちのさらなる活躍を願いたい。

注

(1) 国際シンポジウム「アイデンティティ、移住、越境」報告記録集、二〇一〇年三月発行(科研費報告書、土屋勝彦編)。
(2) 同前書、二三〜二四頁。
(3) 同前書、二四頁。
(4) 同前書、二九〜三〇頁。
(5) 同前書、八七〜八八頁。
(6) 同前書、一〇一頁。
(7) 同前書、一〇四頁。
(8) 同前書、九一頁。
(9) 同前書、一〇九頁。

近代名古屋にとっての中東
――実業界との関係を中心に

吉田達矢

近年、名古屋にとっての中東は重要な地域のひとつといえる。それでは、名古屋と中東地域との関係はいつから始まり、どのような経過を辿ってきたのだろうか。本稿では戦前期における、両者の貿易、中東地域に対する名古屋の実業界の動向を検討するとともに、それに関連した東京・大阪の諸団体などの位置づけについても考察した。

はじめに

名古屋港のパンフレットによれば、平成三十年（二〇一八）の名古屋港の主な貿易相手国として、輸出ではアラブ首長国連邦が三位、オマーンが六位、輸入ではカタールが三位、サウジアラビアが八位、アラブ首長国連邦が九位であった。[1] また、令和元年（二〇一九）十一月には、トルコ共和国総領事館が名古屋に開設された。このように現在、名古屋と中東の関係は緊密であり、名古屋にとって中東は重要な地域といえる。それでは名古屋と中東は、いつ頃から、どのような関係が築かれ、いかなる組織（団体）や個人がいかに関わったのであろうか。名古屋と中東の関係に関して言及した書籍や研究は少ない。名古屋税関による小冊子[2]では昭和四十五年（一九七〇）以前については言及されておらず、ほかには松坂屋において昭和十五年（一九四〇）四月に開催された「回教圏展覧会」に関する論考[3]や主に貿易関係を扱った筆者の論考[4]くらいであり、いまだ不明な点は多い。そこで本稿では、近代（明治時代からアジア太平洋戦争終戦まで）を対象に、特に名古

よしだ・たつや――名古屋学院大学国際文化学部准教授。専門はオスマン帝国史、名古屋と中東地域の関係史。主な論文に「戦前期における在名古屋タタール人の交流関係に関する一考察」（『アジア文化研究所研究年報』第四八号、二〇一四年）、「オスマン帝国領エピルス・テッサリア両地方における一八五四年の騒乱に関する一考察」（『明大アジア史論集』第二二号、二〇一八年）、「外国人からみた明治時代の名古屋」（『名古屋学院大学論集：人文・自然科学篇』第五六巻第一号、二〇一九年）などがある。

図1　第一次世界大戦後の中東（宮崎正勝『早わかり中東＆イスラーム世界史』日本実業出版社、2006年）

屋の実業界と中東[5]の関係について考察する。その理由は、戦前から名古屋は「商工業都市」として発展しており、中東との関係も経済的側面が強かったと思われるからである。本稿の構成としては、前半で名古屋の実業界と中東の関係の変遷について検討する。それを踏まえて、後半では名古屋の実業界と中東の関係における、東京や大阪、名古屋市、関連諸団体（組合や協会）、民間（会社や個人）などの役割や位置づけなどを考察したい。

なお、本稿での中東とは当時の、アデン、アフガニスタン、アラビア、イラク、イラン、サイプラス（以下、キプロス）、シリヤ（以下、シリア）、トルコ、パレスタイン（以下、パレスチナ）、バーレーン諸島のこととする[6]（**図1**参照）。年号については、初出時のみ和暦（西暦）と表記し、以降は和暦のみとする。また、人名や史料の引用以外の旧字体や当時の仮名遣いはできるだけ現代風に改めた。会社の名称については、書誌情報以外の「株式会社」や「合資会社」は省略する。

一、中東への関心

（1）中東に関するイベント

本項では、これからの考察の前提として、近代名古屋における中東関連のイベントを年代順に列挙する（典拠は省略）。

①大正十三年（一九二四）十一月二十一日：志賀重昂《しげたか》（愛知県岡崎市出身の地理学者）による「世界踏査実施幻灯会」(7)（於：名古屋市中区白川小学校講堂）

②大正十四年（一九二五）：同年六月にトルコ大使に親任された小幡酉吉《おばたゆうきち》の来名

③昭和六年（一九三一）十一月二十八日：シリア、パレスチナ、バルカン、エジプト方面についての「講演映画会」（於：名古屋商工会議所）

④昭和七年（一九三二）三月二十二日：日土貿易協会愛知支部発足（同年六月一日に近東貿易協会愛知支部に改称）

⑤同年八月一〜五日：「近東貿易展覧会」（於：愛知県商品陳列所）

⑥同年八月一日：「近東市場貿易懇談会」（於：愛知県商品陳列所）

⑦昭和十年（一九三五）七月十二〜十六日：「近東事情展覧会」（於：愛知県商品陳列所）

⑧同年九月〜翌年四月：島貫武雄（名古屋陶磁器輸出組合主事）が「近東埃及《エジプト》調査員」として、イラン、イラク、シリア、トルコ、パレスチナなどを訪問

⑨同年：名古屋市が近東埃及地方に海外市場調査員三名（島貫武雄、水野萬作、松井賢次郎）を派遣

⑩昭和十一年（一九三六）一月〜翌年三月頃：名古屋近東アフリカ輸出組合（以下、近東アフリカ輸出組合）結成(8)

⑪昭和十二年（一九三七）九月二十四日：「近東経済事情講演会」（於：愛知県商工館（昭和十一年三月に愛知県商品陳列所から改称、以下、書誌情報以外は愛知県商品陳列所で統一する））

⑫昭和十四年（一九三九）三月二十二日：大日本回教協会会長主催の晩餐会（懇談会）

⑬同年十一月二十四〜二十五日：「回教徒視察団」約五十名が来名(9)

⑭昭和十五年四月四〜十一日：「回教圏展覧会」（於：松坂屋）

⑮同年四月六日：「回教圏貿易座談会」（於：松坂屋）

⑯同年四月八日：大日本回教協会名古屋支部が会長林銑十郎氏を迎えて懇親会を開催

⑰昭和十六年（一九四一）四月十四〜十八日：アフガニスタン経済使節団数名が来名(10)

⑱同年六月十一日：後述の「西南アジア事情大講演会」の講演者諸氏と名古屋市官民有力者五十人余りとの「回教圏座談会（晩餐会）」（於：名古屋商工会議所）

⑲　同年六月十二日：「西南アジア事情大講演会」（於：新愛知新聞社大講堂）

⑳　昭和十七年（一九四二）一月二十〜二十五日：「イラン国絵書展」（於：十一屋百貨店）

以上を分類すると、①と⑳は名古屋の一般の人々を対象とした中東の宣伝・啓蒙活動と思われる。⑤の開催場所は愛知県商品陳列所であったが、『愛知商工』一八三号（昭和七年十月）掲載の「近東貿易展陳列情況」という写真には「親子らしき姿が写っているので、一般の人々も見学可能だったようである。また、⑭・⑲も名古屋の一般の人々に実業界も対象に加えた中東の宣伝・啓蒙活動といえる。以上から、戦前期の名古屋での中東関連のイベントの多くは実業界向けのものであったようである。さらには、大正末には名古屋でも中東関連のイベントは行われるようになったが、実業界向けのものは昭和六年以降に行われるようになり、アジア太平洋戦争が起きる直前まで催されていたといえるだろう。

(2) 雑誌・書籍

本項では、名古屋で出版された中東関連の、実業界向けの主な機関誌（愛知県商品陳列所の『愛知商工』と名古屋商工会議所の『名古屋商工会議所月報』）に掲載された記事や書籍を年代順に列挙する。

①　大正十四年七月：小玉英一「輸出好望の天地メソポタミヤ：イラック王国の経済状態に就て」『名古屋商工会議所月報』二一六。

②　大正十五年（一九二六）五・七月：松山晋二郎「欧羅巴事情の或る一端と近東方面旅行の所感（上）・（下）」『名古屋商工会議所月報』二二六・二二八。

③　昭和三年（一九二八）七月：坂口與三松「君府に於ける日本雑貨」『愛知商工』一六二。

④　昭和十年一月：北田正元「調査報告：本邦品の販路としてのシリヤ市場考察」『愛知商工』一九五。

⑤　同年十月：山田寅次郎「帝政の土耳古と現代の土耳古」・田中正雄「近東市場に販路を求むる人へ」『愛知商工』一九八。

⑥　昭和十一年七月：島貫武雄報告・名古屋陶磁器輸出組合編『近東諸国陶磁器市場調査』、名古屋陶磁器輸出組合。

⑦　昭和十二年一月：名古屋新販路輸出協会編『近東埃及市場調査』、名古屋新販路輸出協会。

⑧　同年十月：愛知県商工館・近東貿易協会愛知支部編『最近の近東経済事情』、愛知県商工館。

以上から、名古屋で発行された実業界向けの機関誌において、中東関連の記事が掲載されるようになったのは大正末であったことがわかる。しかし、昭和三年後半から九年のあいだは、中東関連の出版活動は低調であった。名古屋における中東関連の出版活動のピークは昭和十〜十二年といえるだろう。

二、中東との貿易

本節では、名古屋（港）と中東の貿易について検討する。

(1) 名古屋港貿易の概要

本項では、名古屋（港）と中東の貿易を考察する前提として、『新修名古屋市史』[11]をもとに、名古屋港貿易の概況、特に輸出状況をまとめておく。

名古屋港は明治四十年（一九〇七）に開港した。第一次世界大戦末期に取引額は急増し、大正十年（一九二一）には五大港（他の四つは、横浜、大阪、神戸、門司）のひとつとなった。開港以来輸出が輸入を上回っていたが、大正十一年（一九二二）には輸入が逆転し、そのような構造は昭和八年（一九三三）まで続いた。昭和二年（一九二七）三月に始まった昭和金融恐慌や昭和四年（一九二九）十月からの世界恐慌の影響などから、昭和六年には輸出入ともに最低となったが、以降は昭和十二年まで輸出入ともに増加していった。特に輸出額は昭和九年（一九三四）から輸入額を超えるようになった。この背景には、世界恐慌前後から、輸出増進を目的に貿易関係の組合や団体が設立されていったことが考えられる。たとえば、日本陶磁器輸出組合（昭和四年三月）、名古屋中南米輸出組合（同年五月）、名古屋新販路輸出協会（昭和八年二月）などが設立されていった。名古屋市も輸出の振興には積極的であった。名古屋新販路輸出協会は市の斡旋によって設立され、昭和十一年には名古屋市貿易斡旋所の開設や貿易委員会を設置している。なお、開港以来、陶磁器と綿製品が主要輸出品であった。大正十二年（一九二三）から綿織物の輸出が急増し、昭和四年には陶磁器を抜いて輸出品のトップとなった。以降も、綿製品と陶磁器が輸出品の圧倒的比重を占める構造は続いた。

(2) 名古屋と中東の貿易

本項では、筆者のこれまでの研究[12]に依りつつ、新たな知見や修正も加えて、名古屋と中東の貿易の概況を述べる。

名古屋（港）との貿易が最も早く行われるようになったのはトルコで、輸入は大正十一年、輸出は大正十二年に始まった。以降、昭和五年（一九三〇）からアデン、昭和九年からパレスチナやシリアへの輸出が始まった。イラクは昭和九年から統計上の分類「其他アジア」から分離して単独の統計がなされるようになった。昭和十年には、アラビア・イラン・キプロスがそれぞれ単独で統計が行われるようになった。昭和十二年にはバーレーン諸島への輸出が始まった。しかし、昭和十五年以降、中東との貿易はほぼなくなったようである。(13)その要因としては、第二次世界大戦の勃発（昭和十四年九月）が挙げられる。

名古屋港から中東への輸出総額は、昭和十年の五七二万三五二二円が最高額であった。一方、中東への輸出額が名古屋港の輸出総額に占める割合は、最も高かった昭和十年でも約四・四パーセントであった。つまり、名古屋港からの輸出先として、中東はあまり重要な地域ではなかったといえる。昭和十一年以降輸出額が減少していった要因については、日本の輸出過多による各国・地域現地の抵抗（貿易摩擦）が考えられる。(14)

名古屋と中東の貿易は常に輸出超過であった。年毎に各国・地域への輸出額や順位は変化したものの、ほとんどの年はアデン、イラク、シリアが上位を占めていた。名古屋港からの主要輸出品は、名古屋港の主要輸出品と同様に綿製品と陶磁器であった。

輸入に関しては、昭和九年までは中東からの輸入はほとんどなく、輸出額に比べてかなり少額であった。中東からの輸入額が名古屋港の輸入総額に占める割合は、一番輸入額が多かった昭和十三年（一九三八）でも一パーセント未満だった。なお、主な輸入品は、小麦・高粱（モロコシの一種）・胡麻子（イラク）、護謨《ゴム》及樹脂（イラン）、塩・山羊毛（トルコ）であった。

三、第一・二節のまとめ

貿易を含め、名古屋の実業界と中東の関係は二十年あまりに過ぎなかった。しかし、この短い期間内でも両者の関係には時期によって「濃淡」があり、それは次のようにまとめることができる。

名古屋の実業界が中東に関心を持ち始めたのは、トルコ大使として赴任予定だった小幡の来名、『名古屋商工会議所月報』での関連記事の掲載などから、大正十年代（一九二〇年代前半）と考えられる。つまり、両者の関係の「黎明期」といえるだろう。実際、トルコとの貿易が始まったのもこの時代である。なお、この時期の中東への注目は名古屋だけではない。大正十四年十月には大阪で日土協会、翌年六月には東京で日土協会が設立されている。

昭和に入ってから昭和四年頃までは、中東関連のイベントも僅かで、「停滞期」であった。その要因としては、昭和金融恐慌や世界恐慌による不況の影響などが考えられる。貿易も、トルコへの輸出しか行われておらず、しかも少額であった。

昭和五年頃から昭和十二年九月頃までは「発展期」と位置づけることができる。この時期には、近東貿易協会（日土貿易協会）愛知支部の設立など大阪の実業界との関係を深め、その協力を得ながら、展覧会や講演会が開催された。また、名古屋市や名古屋商工会議所も中東への調査委員の派遣や近東アフリカ輸出組合の設立などを行った。貿易も、昭和五年にはアデンと始まり、トルコとの貿易も増加した。さらに、昭和十二年までには中東ほぼ全域と貿易を行うようになっていた。

昭和十二年九月頃から大日本回教協会による懇談会が開催された昭和十四年三月までの期間は「第二次停滞期」といえる。この期間には、名古屋において中東関連のイベントは一切なかった。貿易も、中東全体としてみれば、徐々に減少していった。

昭和十四年三月から昭和十六年六月頃までは、特に大日本回教協会の積極的な活動により、名古屋における中東への関心は高まった。実際、昭和十六年六月十二日の「西南アジア事情大講演会」の聴衆は一二〇〇人を超え、会場に入りきれなかったとされる。[15] 一方で、貿易は国際社会における日本の孤立化や第二次世界大戦の勃発などにより、昭和十五年にはほぼ途絶した。

四、名古屋と中東の関係における東京と大阪

本節では、これまでの考察で明らかになった名古屋の実業界と中東の関係や貿易状況を踏まえ、両者の関係における東京（中央省庁と各協会）と大阪の実業界が果たした役割、およびそれらの位置づけについて検討する。

（1）政府・東京の団体

①中央省庁・官僚

中央省庁・官僚の関わりが確認できる事柄を列挙すると、昭和十五年四月上旬の「回教圏展覧会」を外務省・文部省・商工省・拓務省・国際観光局などが後援、同年四月六日の「回教圏貿易座談会」に外務省から二人、商工省から一人が出席、昭和十七年一月下旬の「イラン国絵書展」を外務省が後援、などである。つまり、中央省庁・官僚が名古屋での中東関連のイベントを支援したのは、ほぼ昭和十五年四月だけであった。

②協会

大正十五年六月に東京で設立された日土協会には、名古屋

商工会議所会頭であった青木鎌太郎《かまたろう》が昭和十二年に、日本アンゴラ産業専務取締役の伊藤勝次が昭和十四年に入会している。[16]また、日土協会の会誌『日土協会会報』二〇号（昭和十一年十二月）には、上述の島貫武雄による「土耳古に於ける陶磁器事情」という記事が掲載されている。

大日本回教協会は、昭和十三年九月に東京において、前首相の林銑十郎《せんじゅうろう》を初代会長として発足した。補助金のほとんどは外務省から出ていたため、事実上、外務省の外郭団体であった。主要事業は、国内啓蒙活動（月刊の機関誌『回教世界』やパンフレットなどの発行）、対中東貿易助長策、回教公認運動、対外宣伝、来日したイスラーム教徒の接待などであった。[17]名古屋での活動としては、昭和十四年三月二十二日に会長主催の晩餐会（懇談会）、同年十一月二十四日には来名した「回教徒視察団」のための晩餐会を名古屋商工会議所と共同主催、昭和十五年四月上旬の「回教圏展覧会」を共同主催、同年四月六日の「回教圏貿易座談会」も共同主催で理事一人と職員三人が出席、同年四月八日には大日本回教協会名古屋支部が会長を迎えての懇親会、昭和十六年六月十一日の「回教圏座談会（晩餐会）」には「西南アジア事情大講演会」の講演者（理事の花岡止郎と会長の林など）が出席、その翌日の「西南アジア事情大講演会」を主催、などがあった。昭和十六年六月以降、大日本回教協会の名古屋での活動はみられない。その要因として、林会長期ではうまく成果を出せなかったことによる補助金の削減、林から四王天延孝に会長が交代（昭和十七年十一月）したことによる活動方針の転換などが考えられる。[18]なお、『回教世界』（昭和十四年四月に第一号刊行）を、少なくとも昭和十五年三月までは名古屋商工会議所に発送していたのに加えて、名古屋の実業家にも頒布していた[19]（後述）。また、大日本回教協会名古屋支部は、現時点では名古屋側の文献にしかみられないため、実体は不明である。[20]

(2) 大阪の実業界

昭和六年十一月の「講演映画会」には、大阪丸松メリヤス営業部長と大阪青嵩山堂専務取締役が講演を行った。また、昭和十三年十一月に大阪で設立された日本欧阿近東輸入組合に、名古屋からは服部商店と日本アンゴラ産業の二社が加入した。[21]

近東貿易協会は、大正十四年十月に大阪会議所において設立された日土貿易協会が昭和七年六月に改称した団体である。名古屋での活動を列挙すると、同年六月には愛知支部が発足、同年八月初旬には愛知支部の事業として「近東貿易展覧会」、その「近東貿易展覧会」開催初日である八月一日の「近東市場貿易懇談会」は近東貿易協会本部主事の玉木貞吉を中心にして開催、昭和十年七月中旬には近東貿易協会本部と愛知支部の主催で「近東事情展覧会」、同年十月には近東貿易協会理事長の山田寅次郎と同協会の田中正雄両氏の『愛知商工』一九八号への寄稿、昭和十二年九月に愛知県商品陳列所で開催された「近東経済事情講演会」において近東貿易協会専務理事の松井勲の講演、同年十月にはその要旨『最近の近東経済事情』を愛知支部などが刊行、などであった。なお、近東貿易協会および愛知支部の名古屋での活動は昭和十二年十月以降全くみられなくなる。(22)

五、名古屋と中東の関係における愛知県と名古屋の官と民

(1) 愛知県と名古屋市

愛知県と名古屋市が関わったイベントを列挙すると、昭和十年には名古屋市が「近東埃及地方」に海外市場調査員三名を派遣、近東アフリカ輸出組合の設立（昭和十一年一月〜昭和十二年三月のあいだ）に愛知県と名古屋市が協力、名古屋市が中東の市場調査報告書（『近東埃及市場調査』）を出版（昭和十二年一月）、昭和十四年三月二十二日の大日本回教協会会長主催の晩餐会（懇談会）に県知事と名古屋市市長などが出席、同年十一月二十四日に来名した回教徒視察団歓迎の晩餐会に県総務部長や市助役などが参加、その翌日に使節団一行が愛知県庁と名古屋市庁を訪問、昭和十五年四月六日の「回教圏貿易座談会」の開催に愛知県と名古屋市も協力し、愛知県経済部長・名古屋市産業部長・名古屋市会議員・名古屋市助役が出席、同年六月十一日の「西南アジア事情大講演会」での講演者諸氏と名古屋市官民有力者五十人余りとの「回教圏座談会（晩餐会）」は愛知県と名古屋市も開催に協力、昭和十六年四月十五日に来名したアフガニスタン経済使節団が県庁と市役所を訪問、彼らのために県・市・名古屋商工会議所共同主催で晩餐会を開催、などであった。

(2) 愛知県商品陳列所・名古屋商工会議所

①愛知県商品陳列所

県立の愛知県商品陳列所は明治四十四年（一九一一）に開所した。日土貿易協会愛知支部発足時（昭和七年三月）の支部長には愛知県商品陳列所所長の菅原省三が就任した（理事の一人として愛知県商品陳列所主筆木子政之助も就任）。その後「近東貿易展覧会」（同年八月初旬）、「近東市場貿易懇談会」（同年八月一日）、「近東事情展覧会」（昭和十年七月中旬）、「近東経済事情講演会」（昭和十二年九月二十四日）はいずれも愛知県商品陳列所で開催された。また、機関誌『愛知商工』では、一六二（昭和三年七月）・一九五（昭和十年一月）・一九八（同年

十月）各号に中東関連の論考や講演記録が掲載されている。

②名古屋商工会議所

以下では、大正後半以降の会頭毎に、名古屋商工会議所が関わった中東に関するイベントを列挙する。

上遠野《かどの》富之助（名古屋電気鉄道、名古屋株式取引所）会頭期（大正十年一月〜昭和二年十一月）：トルコ大使に親任された小幡酉吉が来名（大正十四年）して、名古屋商工会議所の者たちと会見し、中東諸国との経済発展の抱負を話して協力を求めた。彼らは小幡を評価し、商品見本を彼に託した。

伊藤次郎左衛門（祐民《すけたみ》）（松坂屋）会頭期（昭和二年十一月〜昭和八年一月）：昭和六年十一月の「講演映画会」での講演者二人は、名古屋商工会議所が招いた。

岡谷惣助（清治郎）（岡谷商店）会頭期（昭和八年一月〜昭和十一年十二月）：近東アフリカ輸出組合の設立に名古屋商工会議所が協力。

青木鎌太郎（愛知時計電機）会頭期（昭和十一年十二月〜昭和十五年十月）：昭和十四年三月二十二日の大日本回教協会会長主催の晩餐会（懇談会）には青木が出席している。同年十一月二十四日に来名した回教徒視察団のための晩餐会は名古屋商工会議所で行われ、少なくとも高松定一副会頭が出席した。昭和十五年四月六日の「回教圏貿易座談会」には、名古屋商工会議所から二人が出席している。同年六月十一日の「回教圏座談会（晩餐会）」は名古屋商工会議所で開催され、高松副会頭が出席した。

高松定一（師定商店）会頭期（昭和十五年十一月〜昭和十八年（一九四三）八月）：昭和十六年四月十四日に来名したアフガニスタン経済使節団は、翌十五日に名古屋商工会議所を訪問した。同日には、県や市と共催で晩餐会も行われた。

以上から、青木会頭以前は名古屋商工会議所が関わった中東関連のイベントは少なかった。名古屋商工会議所が本格的に中東に注目するようになったのは、青木会頭期以降、さらにいえば昭和十四年三月以降であったといえる。なお、岡谷の場合は、後述するように自身が社長を務める岡谷商店が日土貿易協会愛知支部発足時に理事に就任したにもかかわらず、会頭期には中東関連のイベントはほとんどない。

（3）会社

①百貨店

昭和十四年十一月二十五日には、前日に来名した回教徒視察団のための午餐会が松坂屋主催で行われた。昭和十五年四月上旬の「回教圏展覧会」は松坂屋七階ホールにおいて催された。また、その開催中の四月六日には松坂屋六階社交室にて「回教圏貿易座談会」が行われ、その座談会に名古屋松坂屋から二人が出席した。また、昭和十七年一月下旬の「イラン国絵書展」は十一屋百貨店にて開催された。

②新聞社

昭和十四年三月二十二日の大日本回教協会会長主催の晩餐会（懇談会）には、いずれかの新聞社が招待された。昭和十五年四月上旬の「回教圏展覧会」を大阪毎日新聞名古屋総局が後援している。同年四月六日の「回教圏貿易座談会」には、大阪毎日新聞名古屋総局から三人が出席した。昭和十六年六月十二日の「西南アジア事情大講演会」は新愛知新聞社大講堂を会場として行われた。昭和十七年一月下旬の「イラン国絵書展」は名古屋新聞主催で開催された。

③貿易関連会社

以下では、名古屋に本社がある貿易関連会社を取りあげる。昭和七年三月二十二日に日土貿易協会愛知支部が発足した時、理事には、井元商店（陶磁器）、岡谷商店（銅鉄機械など）などが就任した。同年八月一日の「近東市場貿易懇談会」には、日本碍子《がいし》（碍子・陶器など）、服部商店（繊維）、野田製鋼、岡谷商店、田代商店（陶磁器）などが出席している。また、『愛知県会社総覧　昭和十三年版』(23)において、名古屋に本社を置く会社のなかで中東との繋がりが明記されているのは、岡谷商店、近藤紡績所、豊田紡織、服部商店であった。そして、昭和十五年四月六日の「回教圏貿易座談会」には、田代商店、愛三商船、豊田自動車が出席している。

次に、これらのなかでひとつの事例として、服部商店（現興和）を取りあげる。なお、以下の記述は主に興和の社史(24)に依っている。

服部商店は、明治二十七年（一八九四）に綿布問屋「服部兼三郎商店」として名古屋で創業し、大正元年（一九一二）には株式会社となった。服部商店が販路の開拓のために積極的に世界各地に社員を派遣するようになったのは、三輪常次郎が専務取締役に就任した大正十年以降とされる。社員を最初に中東に派遣した時期は不明であるが、大正十四年七月発行の『名古屋商工会議所月報』(25)に、社員である小玉英一のイラクに関する論考が掲載されているので、これ以前と思われる。ただし、当初は、兼松商店、日本綿花、鈴木商店、三井物産などの国内の大手商社を通じて綿製品は輸出された(26)。昭和十三年九月には、現在はレバノンの首都であるベイルートに駐在事務所が設置された。主な商品は、知多・泉州・播州産の太鼓天竺、双鷺細布、捺染天竺、ギンガムなどの綿織物で、イラクの商人の手を経て中東諸国へ出荷された。第二次世界大戦が勃発すると、フランスの委任統治領であったベイルートでは対日圧力が強まっていったため、昭和十四年十二月にベイルート駐在事務所は閉所され、イラクのバグダードに移った。しかし、バグダード駐在事務所も昭和十六年八月には閉鎖となった。

（４）個人

本項では、二人の人物を事例として取りあげる。

まず、大日本回教協会との関係が見出せる人物として、大正から昭和戦前期の名古屋における有力な実業家の一人であった下出《しもいで》義雄がいた。下出義雄寄贈資料約一万六〇〇〇点による「東邦学園下出文庫」[27]（以下、下出文庫）内には、多数の『回教世界』や大日本回教協会が発行したパンフレットがある。筆者が令和元年九月に下出文庫を調査したところ、『回教世界』の多くには表紙に「贈呈」という印が押されてあり、パンフレットの多くには「大日本回教協会調査部長海軍少将匝瑳《そうさ》胤次《たねひろ》殿？ヨリ贈ラル」と手書きで記されていた。匝瑳が来名したのは、昭和十四年三月二十二日の大日本回教協会会長主催の晩餐会の時なので[28]、下出はその最中か前後に、大日本回教協会が発行したパンフレットを大量に贈呈されたと思われる。また、『回教世界』が全号ではないが、第一号（昭和十四年四月）から第三巻第十二号（昭和十六年十二月）まで下出文庫には存在しているので、その期間は下出のもとに大日本回教協会からほぼ定期的に『回教世界』が送られてきたと考えられる。ただし、下出自身あるいは彼が社長を務めた会社（大同電気製鋼所など）と中東の実際の関係は見出せない。

次に、名古屋と中東の貿易の展開にかかわった人物として、伊藤九郎がいる。伊藤が名古屋と中東の貿易関係の構築に関係した事例として、近東アフリカ輸出組合結成の準備段階では、名古屋中南米輸出組合常務理事であった伊藤が中心になって行われた[29]。また、昭和十五年四月六日の「回教圏貿易座談会」において、当初は伊藤が座長となる予定であったことが、大日本回教協会理事の花岡止朗および同協会職員の原田十兵衛の座談会中の発言からうかがえる[30]。このような伊藤の経歴としては、大正十五年から昭和二年にかけて中南米方面に商工省の補助を得て調査に赴き、さらに昭和五年七月からも商工省の嘱託で約九ヶ月にわたり中南米で市場調査を行った。昭和六年には日本陶磁器輸出組合に所属していた[31]。また、昭和十一年の彼の主職業は、「貿易商、名古屋陶磁器輸出組合、名古屋中南米輸出組合常務理事」とされている[32]。さらに、昭和十二年九月より約半年間、商工省貿易局の海外調査員として中東に行っていた[33]。つまり、伊藤は、陶磁器貿易の専門家として、中南米を中心に世界各地の市場を何度か調査していた。そして、伊藤の名声は、大日本回教協会にも知られていたと考えられる。このため、名古屋と中東の貿易について協議する場では、伊藤の経験が頼りにされたのであろう。つまり、名古屋の実業界が中東に経済的進出をするにあたっては、中南米への販路拡大の先例が重視されたといえる。実際、昭和十三年時点での近東アフリカ輸出組合の理事長は、名古屋中南米輸出組合の理事長であり、「中京陶磁器貿易商の重鎮」[34]として知られ、東南アジアなど世界各地に進出していた井元商店の社長でもあった井元爲三郎《ためさぶろう》であった。[35]

おわりに

以上を踏まえて最後に、名古屋の実業界と中東の関係のなかで、様々な組織や団体などが果たした役割や位置づけについて、「名古屋の外」と「名古屋の内」にわけて検討したい。

まず「名古屋の外」、すなわち大阪と東京が、名古屋の実業界と中東の関係に与えた影響は非常に大きかったといえる。実際、大阪と東京いずれかがほとんどのイベントに関係した。昭和六年頃から昭和十二年九月までは、大阪の実業界（特に近東貿易協会）の影響力が強かった。その要因としては、昔からの大阪と名古屋の地理的近さや関係性、既に中東への進出を果たしていた大阪の実業界の援助が必要だった[36]ためであろう。そして、名古屋から中東への輸出が昭和九・十年頃に増加したことを踏まえると、大阪の実業界の協力が名古屋と中東の貿易の推進に幾らかの効果をもたらしたと推測される。ところが、昭和十二年十月以降、近東貿易協会の名古屋への関わりは途絶え、愛知支部が存続したのかも不明である。昭和十二年十月以降も大阪の実業界との関係がなくなってしまったわけではないが、少なくとも関係が弱まったことは確かだろう。この問題については今後の課題としたい。一方、昭和十四年三月以降は東京、特に大日本回教協会の関わりが強くなる。大日本回教協会の積極的な活動は名古屋において中東への関心を広げるのに貢献したと思われるが、一方で、名古屋と中東の貿易にどの程度の影響を与えたかは不明である。大日本回教協会は様々なイベントを開催し、機関誌を名古屋商工会議所や実業家たちに頒布していたが、積極的に関わりを持ち始めた昭和十四年以前より名古屋の幾つかの会社は中東に進出しており、さらには既に中東との貿易は減少傾向にあり、その後も回復しなかったからである。政府（中央省庁や官僚）については、名古屋におけるイベントに関わったのはほぼ昭和十五年四月だけであり、その果たした役割はきわめて限定的だったと思われる。

次に、「名古屋の内（愛知県・名古屋市・諸団体・民間）」について検討する。まず、東京や大阪が加わっていない、「名古屋の内」のみで行われた中東関連のイベントは、出版活動を除けば、昭和十年の調査員の派遣と近東アフリカ輸出組合の設立くらいである。すなわち、名古屋市も諸団体も、東京や大阪の協力なしで、中東関連のイベントを行うほどの「実力」も「継続的な意欲」もなかったと考えられる。実際、名古屋市が中東を新販路として関心を持ち始めたのは昭和十年であり、愛知県も昭和十一年からは名古屋市と一体となって中東関連のイベントに関わったが、いずれも「後発」といえる。そして、大阪の近東貿易協会の関与がみられなくなってから東京の大日本回教協会が「来名」するまでの期間は、中東関連のイベントは名古屋では全く行われなかった。さらにいえば、少なくとも名古屋市は昭和十～十二年前半頃までの期間では中東を有望な輸出先として本格的に関係を強めようとしたが、そのような方針は長続きしなかったようである。実際、昭和十四年三月以降の中東関連のイベントの中心は大日本回教協会であり、名古屋市も愛知県もそれらの「支援」にとどまっていたと考えられる。各団体に関しては、昭和七～十二年九月頃までは愛知県商品陳列所が中心となるイベントが多かった。ただし、近東貿易協会と愛知県商品陳列所の関係は前者が「主導」していたと思われる。近東貿易協会の名古屋での活動がみられなくなった後は、中東関連のイベントにおいて愛知県商品陳列所が関わった形跡はみられないからである。一方、名古屋の実業界と中東の関係がみられた約二十年間を通じて、両者の関係に最も貢献した団体は名古屋商工会議所といえる。ただし、名古屋商工会議所の活動も「ムラ」があった。それでは、中東との貿易の中心的存在として設立された近東アフリカ輸出組合はどのような存在だったといえるだろうか。実は、近東アフリカ輸出組合は設立されたものの、具体的にどのような活動をしたのかは不明である。つまり、名古屋と中東の貿易にほとんど影響を与えなかったのかもしれない。その要因としては、理事長となった井元爲三郎もその部下であった伊藤九郎も元々は名古屋中南米輸出組合の理事長と常務理事だったために、近東アフリカ輸出組合の活動に集中できなかった（しなかった）可能性がある。つまり、トップが「中東の専任」ではなかったために、近東アフリカ輸出組合は名古屋の実業界と中東の関係における中心的存在とはなれず、その役割も果たせなかったのかもしれない。会社については、それぞれ中東との関係は異なっていた。大正末からアジア太平洋戦争が起きる直前まで中東との貿易を模索し続けた服部商店や、大坂の日本欧阿近東輸入組合と東京の日土協会両方に入会した日本アンゴラ産業のような会社があった一方で、中東関連のイベントに一度しか参加しない会社もあった。やはり、名古屋のほとんどの会社にとって中東は「遠すぎる新販路」であり、進出するにしても「名古屋の外」や名古屋市などからの支援が必要であったが、いずれの支援も限定的であった（継続的なものではなかった）。また、百貨店や新聞社が中東関連のイベントに協力するようになるのは昭和十四年以降だった。

以上をまとめると、継続的に牽引するような強固な中心は存在しないながらも、大阪や東京、名古屋市や各団体や会社が時と場合に応じて協力相手を変えながら、名古屋の実業界と中東の関係は続いたといえるだろう。そして、本稿で考察した関係継続のための模索も、国際社会の趨勢に加え、中東地域からもたらされるモノ（輸入品）や人の往来が僅かであったことから、名古屋の実業界全体の動向からみれば些細な活動にとどまり、名古屋市民が中東地域に広く関心を持つことにも繋がらなかった。結局、戦前期の名古屋にとって中東は、「縁遠い地域」・「商品の輸出先」以上にはならなかったといえる。

最後に、終戦直後の名古屋と中東地域の関係について簡単に触れつつ、今後の研究課題を示しておきたい。既述のように昭和十五年から両者のあいだでの貿易はほぼ途絶したが、名古屋（港）から中東地域への輸出は昭和二十三年（一九四八）に再開した。[37] 昭和二十六年（一九五一）一月には名古屋で近東アフリカ貿易振興会が設立された。[38] つまり、昭和二十年代半ばには、名古屋の実業界は中東地域に再び注目するようになったと考えられる。戦後の名古屋と中東地域の関係に対して、戦前期の関係との連続する点あるいは異なる点は何であったのか。そして、冒頭で述べたように、近年の名古屋にとって中東は緊密な関係を持つ地域のひとつといえるが、関係が再開した昭和二十年代半ばから現在までの約七十年のあいだ、両者の関係はいかなる経緯を辿り、どのような企業や団体や人物が担っていったのかという問題は、稿を改めて検討することとしたい。

注

（1）名古屋港管理組合編『Port of Nagoya 2019-2020』（名古屋港管理組合、二〇一九年）。また、名古屋港管理組合公式ウェブサイト（https://www.port-of-nagoya.jp/）に掲載されているデータによれば、アラブ首長国連邦とオマーンへの主要輸出品は「完成自動車、自動車部品」、カタールとサウジアラビアからの主要輸入品は「原油、ＬＮＧ（液化天然ガス）」だった（最終閲覧：令和二年（二〇二〇）八月三十一日）。

（2）名古屋税関『名古屋港の対中近東貿易』（名古屋税関、一九七七年）。

（3）重親知左子「松坂屋回教圏展覧会の周辺」（『大阪大学言語文化学』十二、二〇〇三年）。

（4）拙稿「昭和前半期における名古屋港から中東への輸出」

（『名古屋学院大学論集：社会科学篇』五二―四、二〇一六年（以下、拙稿二〇一六A）：同「二〇世紀前半における名古屋と中東との関係」『名古屋学院大学論集：人文・自然科学篇』五三―一、二〇一六年（以下、拙稿二〇一六B））。

（5）　現在の中東にあたる地域を表す言葉として、当時は「近東」や「西南アジア」などが使われていたが、本稿では書名や史料をのぞき、現代で一般的な中東を用いる。

（6）　現在はイエメン南部の港湾都市であるアデンは、二十世紀初頭には世界で有数の国際貿易港であり、昭和十二年にイギリス本国の直轄植民地となった。アフガニスタンは、大正八年（一九一九）にイギリスから独立した。アラビアについては正確な地理範囲は不明であるが、現在のサウジアラビア王国（昭和七年成立）、オマーン、イエメン、クウェートなどをあわせた領域と考えられる。イラク王国は昭和七年にイギリスから独立したが、イギリスの影響は残存した。当時のイランは、パフラヴィー朝（大正十四年成立）が支配していた。なお、昭和十年には国号がペルシアからイランに改称されたが、本稿ではイランに統一した。キプロスはイギリスが統治していた。当時のシリアは、現在のシリア・アラブ共和国だけでなく現在のレバノンやトルコの一部も含まれており、フランスの委任統治領であった。トルコ共和国は大正十二年に成立した。当時のパレスチナは、現在のイスラエルとパレスチナ自治区をあわせた領域であり、イギリスの委任統治領であった。バーレーン諸島は現在のバーレーンにほぼ重なると思われる。十九世紀後半以降、イギリスが外交と国防を代行する事実上の保護領であった。

（7）　志賀は大正十三年に中東を調査旅行したので、この時も中東について話しをしたと思われる。

（8）　昭和十一年一月二十四日には創立打合会（この時の名称は名古屋近東アフリカ雑貨輸出組合）が開かれ（『中外商業新報』昭和十一年一月十七日号）、『官報』三〇六五号（昭和十二年三月二十四日）では、昭和十二年三月二十二日付で商工省より設立が認可されたと記されている。おそらくこのあいだの期間で設立されたと思われる。なお、『中外商業新報』の利用にあたっては、神戸大学付属図書館デジタル版新聞記事文庫のウェブサイト（http://www.lib.kobe-u.ac.jp/sinbun/）を利用した。

（9）　視察団のなかにはイエメン王国の宗教大臣アル・キブシー、その従者ハツジ・ホセイン、アフガニスタン人の学者ムサー・ジャルヲがいた。視察団一行の名古屋でのスケジュールは、二十四日午後六時に名古屋駅到着、その後、大日本回教協会と名古屋商工会議所の共同主催で名古屋商工会議所において晩餐会、観光ホテルに宿泊。二十五日は、愛知県庁や名古屋市庁を訪問、名古屋城見物、松坂屋主催午餐会、東山動物園見物、回教礼拝堂（＝名古屋モスク）参拝、午後六時二〇分に名古屋駅を出立した（大日本回教協会編『記録　回教圏展覧会：全世界回教徒第一次大会来朝回教徒視察団』（大日本回教協会、一九四〇年））。

（10）　アフガニスタン経済使節団の名古屋でのスケジュールは、次のとおりであった。十四日：名古屋着（観光ホテル投宿）、十五日：県庁、市役所、名古屋商工会議所訪問、日本陶器見学、県・市・名古屋商工会議所共同主催で晩餐会（於：観光ホテル）、十六日：日本毛織見学、十七日：名古屋城見物、服部養鶏園見学、揚輝荘において伊藤家主催午餐会、東山公園見物、安藤七宝店見学（日本貿易振興協会編『日本アフガニスタン通商懇談会報告』（日本貿易振興協会、一九四一年））。

（11）　新修名古屋市史編集委員会編『新修名古屋市史』第六巻（名古屋市、二〇〇〇年）。

（12）　前掲注4拙稿二〇一六A・B。

（13）『名古屋商工会議所外国貿易年報』は、昭和十五年以降のものは発行されなかったため、昭和十五年の名古屋港の貿易については不明である。昭和十五年の『名古屋商工会議所々報』各号では、中東各地との「外国文に依る商取引照会件数」が記されているが、その数はごく僅かである。

（14）たとえば、JACAR（アジア歴史資料センター）、Ref. B09040119100、各国関税並法規関係雑件／「シリア」ノ部、昭和九年十二月十八日〜昭和十年一月七日（外務省外交史料館）。およびJACAR、Ref. B09040171200、各国関税並法規関係雑件／土国ノ部、昭和十年四月十二日〜同年五月二日（外務省外交史料館）などで、名古屋からの輸出品に対する関税問題が取り扱われている。このような問題は、日本からの輸出全般に対して中東各地で起きていた。イラクに関しては、保坂修司「第二次世界大戦以前の日本・イラク関係史」（『中東協力センターニュース』二〇一六年一月号）、トルコに関しては、三沢伸生「戦間期のイスタンブルにおける日本の経済活動（5）――コンスタンチノープル日本商品館（イスタンブル日本商品館）に関する研究」（『アジア文化研究所年報』四五、二〇一〇年）で言及されている。

（15）内務省警保局編・石堂清倫解題『外事警察概況』（復刻版）、第七巻（昭和十六年）（不二出版、一九八七年）：『名古屋新聞』昭和十六年六月十三日号。

（16）のちに日本アンゴラ産業事務取締役になった児玉利武も昭和十六年三月までには入会している。各人の入会については、『日土協会会報』（三沢伸生監修『日土協会会報』（CD-ROM版）東洋大学アジア文化研究所、二〇〇九年）で確認した。

（17）島田大輔「昭和戦前期における回教政策に関する考察――大日本回教協会を中心に」（『一神教世界』六、二〇一五年）。

（18）島田大輔「「全方位」回教政策から「大東亜」回教政策へ――四王天延孝会長時代の大日本回教協会1942―1945」（『次世代アジア論集』八、二〇一五年）。

（19）名古屋商工会議所図書館編『和漢図書分類目録』（名古屋商工会議所、一九四二年）。

（20）名古屋市会事務局編『総合名古屋市年表（昭和編二）』（名古屋市会事務局、一九六六年）。

（21）『日本欧阿近東輸入組合事業史』（日本欧阿近東輸入組合事業史編纂所、一九四三年）。

（22）ただし、大阪商工会議所編『昭和十五年版　大阪商工名録』（大阪商工会議所、一九四〇年）では、「財団法人近東貿易協会」が記されていることから、少なくとも昭和十五年までは近東貿易協会は存在していたと考えられる。

（23）名古屋毎日新聞社編『愛知県会社総覧　昭和十三年版』（名古屋毎日新聞社、一九三八年）。

（24）興和紡績株式会社・興和株式会社編『興和百年史』（興和紡績、一九九四年）。

（25）服部商店のアフリカへの進出は、青木澄夫「昭和前半期における名古屋経済人のアフリカへの関心――名古屋商工会議所の活動を中心に」（『アリーナ』四、二〇〇七年）を参照。

（26）一方で、三輪のやり方として、「近東・アフリカなどへも次々と人を送り、綿布の売り捌きにあたらせた。売れる見込みの有無などたしかめる前に、まず商品を送るという強引な商法だった」ともされている（城山三郎『創意に生きる――中京財界史』（文藝春秋（文春文庫）、一九九四年））。

（27）愛知東邦大学地方創造研究所『東邦学園下出文庫目録』（二〇〇八年）（https://www.aichi-toho.ac.jp/wp-content/uploads/2016/10/shimoide_mokuroku.pdf）。

(28) 「大日本回教協会業務報告」（『回教世界』一―五、一九三五年八月）。
(29) 『中外商業新報』一九三六年一月十七日号。
(30) 「回教圏貿易座談会」（『回教世界』二―六、一九四〇年六月）。
(31) ここまでの伊藤九郎の経歴については、伊藤九郎「中南米に旅して」（『名古屋商工会議所月報』二七五、一九三一年四月）。
(32) 名古屋経済調査会編『名古屋紳士録　昭和十二年版』（東邦書林、一九三六年）。
(33) 伊藤九郎「貿易の振興に就て」（『大日本窯業協会雑誌』四七―五五四、一九三九年二月）。
(34) 前掲注23名古屋毎日新聞社編。
(35) 名古屋商工会議所編『名古屋商工案内　第十三版』（名古屋商工会議所、一九三八年）。
(36) 商工省は昭和三年九月に、トルコのイスタンブルにコンスタンチノープル日本商品館の開設と、その経営を日土貿易協会に委託することを決めた。そして、コンスタンチノープル日本商品館は昭和四年九月一日に開館した（三沢伸生監修『日土貿易協会『コンスタンチノープル日本商品館館報／イスタンブル日本商品館館報』』（DVD版）（東洋大学アジア文化研究所、二〇〇八年））。
(37) 昭和二十三年には、アデン、イラク、イラン、シリア、パレスチナに輸出が行われた（愛知県総務部統計課編『昭和二十三年愛知県統計書』（愛知県、一九五〇年））。
(38) 名古屋市会事務局編『総合名古屋市年表（昭和編三）』（名古屋市会事務局、一九六七年）。

民族をめぐる対立と交流の位相
——滞日ビルマ系難民の国際移動の事例から

人見泰弘

ひとみ・やすひろ——武蔵大学社会学部准教授。専門は国際社会学。主な編著に『難民問題と人権理念の危機——国民国家体制の矛盾』（明石書店、二〇一七年）、論文に「ASEANのトランスナショナリズム」（西原和久・樽本英樹編『現代人の国際社会学・入門——トランスナショナリズムという視点』有斐閣、二〇一六年）、「戦後日本の難民政策——受入れの多様化とその功罪」（移民政策学会設立10周年記念論集刊行委員会編『移民政策のフロンティア——日本の歩みと課題を問い直す』明石書店、二〇一八年）などがある。

民族現象を自他集団間の境界構築作用から捉えるとき、滞日ビルマ系難民には二つの境界形成がみられた。すなわち多民族的背景と迫害経験に基づく民族集団間の境界形成と、移住経験の有無に基づく民族集団内の境界形成である。民族集団内外における境界形成は、受け入れ国日本での同化や統合とともに出身国ビルマの動向によっても大きく変わってゆくだろう。

はじめに——難民と民族

二〇二〇年春先から生じた地球規模の感染症の広まりは、国境を越える人々の国際移動を大幅に制約する事態をもたらした。いずれの国々も他国からの感染症の流入と国内でのさらなる感染拡大を避けるために自国の入り口を閉ざし、外国首脳の会談も企業間の人的交流も、出稼ぎ労働者や留学生の行き来も停止せざるを得ない状況が生じることになった。グローバル化が進む現代社会において「国際移民の時代[1]」と呼ばれるほどに国境を越えた人々の国際移動は世界各地に浸透しており、国際移動の停止は移民受け入れ国のみならず移民送り出し国においても深刻な状況をもたらしつつある。

国際移民は外国人労働者のように労働目的で移動する人々に限らない。いま一つの大きな潮流として、本国における戦争や紛争、人権侵害といった政治混乱から逃れた難民の国際移動がある。二〇一〇年代に入り、シリアを含む中近東での内戦や政情不安に伴う難民流出が続いた。アジアに目を向ければ、本稿とも関わりを持つビルマ（ミャンマー）西部に位置するラカイン州における人権侵害を契機に、ロヒンギャ系難民が近隣のマレーシアやインドネシアに流出する事態が生じた。世界各地で難民流出が続いた結果、二〇一九年末の時点で保護を求める人々の総数は七八五〇万人と過去最大にまで増加するに至った。[2] 難民問題は今後の世界情勢を捉えるうえで避けては通れない国際問題の一つと言えよう。

難民にとって、本書の中心テーマの一つである民族は密接なかかわりを持つものだ。そもそも、戦後国際社会において一九五一年に成立した国際的な難民保護の基準や処遇を規定した難民条約（難民の地位に関する条約）では、難民を「人種、宗教、国籍もしくは特定の社会的集団の構成員であることまたは政治的意見を理由に迫害を受けるおそれがあるという十分に理由のある恐怖を有すること」（難民条約第一条）と定義している。この定義が示すように、まさに難民は人種や宗教といった民族的背景ゆえに迫害を受け、難民化した人々と捉えられることになる。[3]

難民問題を理解するうえで民族は重要な意味を持つとして、そもそも民族をどのようなものと理解すればよいだろうか。ここではその手がかりとしてエスニシティ論の知見にふれておきたい。エスニシティの捉え方は様々なアプローチがありうるが、本稿ではフレデリック・バルトに代表される自他集団の象徴的な境界形成に着目するアプローチをふまえ、[4] エスニシティを「集団の起源を始めとしたいくつかの文化的項目によって内集団と外集団との境界を設定する制度」[5] と捉えておきたい。そのうえで民族集団がいかにして自他集団の境界を作り出していくのか。その境界を何を通じて表明していくのか。その起源をどこに求めるのか。民族という集団形成を自他集団との区別や境界性に着目しつつ、難民と民族との関係を捉えていくことにしたい。

本稿は、一九九〇年代より難民として日本に滞在する滞日ビルマ系難民コミュニティを事例として考察する。二〇一九年末の時点で、日本に滞在する滞日ビルマ人は三万三七九〇人となり、[6] この十年ほどで大幅に増加した。この間では技能実習生や留学生として来日した若者たちが目立つが、実は古くから滞在するビルマ人のなかには、政治的理由から祖国を逃れざるをえなかった難民が数多く含まれている。[7] 後述の通り滞日ビルマ系難民は、民族をめぐり様々な対立と交流を経験してきた歴史的経緯を持つ難民集団である。この事例を通じて、民族をめぐる境界がどのように表れてくるのか。難民という国際移動が境界形成にどう関わるのかに着目しつつ論じていきたいと思う。

以下では、滞日ビルマ系難民の本国離脱から日本滞在、そしてこの十年ほどで見られ始めた本国への帰国に至る過程を通じて、民族をめぐる対立と交流がいかに顕在化するかを捉える。第一節では、ビルマ系難民の離脱背景として多民族国家ビルマの成り立ちをふりかえり、民族がビルマ社会を構成する主要な社会的属性となっていること、そして民族にまつわる迫害が難民化をもたらす要因のひとつであったことを確認する。第二節では、ビルマ系難民が組織する政治団体の組織目標や活動に着目し、政治組織の活動が政治的主張と関連しつつコミュニティ内部で民族間の境界を構築する機能を伴っていたことを確認する。第三節では、ビルマ系難民の本国帰国という現象に着目し、移住者と非移住者という境界がビルマ人の民族集団内部で立ち現れてきたことを確認する。ビルマ系難民をめぐり民族集団間及び民族集団内部に様々な境界形成が生じる事実を示し、民族をめぐる対立と交流の今後について考察を加えたい。

一、ビルマにおける民族的背景
――多民族国家ビルマ

ビルマは、人口五一四八万人を擁する東南アジアに位置する国である。(8) 多民族国家と評されるように、公式発表では一三五の民族集団を抱えている。民族的にマジョリティであるバマー系のほか、カレン、カイン、カチン、チン、シャン、モン、ラカインといった様々な民族集団から構成されている。またバマー系を中心に仏教徒が多数派を占めるなか、キリスト教徒（カレン、カチン、チンなど）、ヒンドゥー教徒やイスラム教徒（英国植民地時代に移住してきたインド系など）、土着の精霊信仰の信者もみられるなど多宗教の国家でもある。ビルマを訪れると金色に輝く仏教寺院が目に入るが（**写真1**）、市街地のあちこちにはカトリックやプロテスタント教会、ヒンドゥー系寺院やモスクも点在している。ビルマはまさに多民族を体感する国家なのである。

しかしこうした民族的な多様性のなかで、国家としての統合をいかに平和的に実現していくかは今日までビルマが抱える国家的課題であり続けている。そもそも一九六二年の軍事クーデターにより始まった軍政期においては、ビルマ軍政が政治・経済・社会のビルマ化と呼ばれるナショナリズム色が強いビルマ式社会主義を採用した際に、ビルマ語や仏教を優先する一方、少数民族の言語、文化、宗教などに対する諸権利が制約される事態が生じた。(9) マイノリティである少数民族に対する様々な迫害がみられ、ビルマは複雑な民族関係を内部に抱えこむことになった。

写真1　ビルマ仏教のシンボルであるシュエダゴンパゴダ（2017年2月ヤンゴン市にて筆者撮影）

その後一九八八年になると、軍政期における政治的抑圧や経済的困窮を背景に、ビルマ国内で大規模な民主化運動が全国的に広まった。しかしビルマ軍政が民主化運動を激しく弾圧したため、民主化運動の主要な担い手であった民主化活動家や大学生などの若者たち、様々な民族的背景を持つ人々が隣国タイや日本を含む海外に離脱していくことになった。後述するようにビルマは二〇一一年になって民政移管に向けて進み始めるが、それまでに至る約四半世紀もの間、ビルマ国内は厳しい政治情勢が続くことになったのである。

このように多民族国家であるビルマは、その多様性を包括しうるような国家としての統合を未だ模索している段階にある。そして政治、民族、宗教などに根差す対立は、ビルマ系難民の海外移住後の経験にも影響をもたらすものとなった。

二、滞日ビルマ系難民コミュニティと民族——難民政治組織の活動から

ビルマにおける政治迫害が深刻さを増した一九九〇年代以降、日本にもビルマ系難民の第一陣の来日が始まった。[10]滞日ビルマ系難民コミュニティにおいて、民族は様々な側面で確認することができる。ここではビルマ系難民が組織した難民政治組織の活動に注目したい。[11]移民研究が紐解くように、移

民が自助組織や同胞組織などを作り上げ、移住後の経済的苦境や受け入れ社会で直面する差別や排除といった社会的困難に対処してきたことはよく知られている。滞日ビルマ系難民コミュニティでも早い段階から社会活動や宗教活動を担う自助組織が立ち上がり活動を続けてきた。そしてこれとは別に活発な活動を展開してきたのは、本国の民主化を訴えるビルマ系難民政治組織であった。難民政治組織はビルマ軍政の民主化運動に対する弾圧を批判し、民主化を求めてメディアを通じた情報発信や路上でのデモ行進、関係機関に対するロビーイング活動などに取り組んできた。一九八八年の民主化運動直後に設立された在日ビルマ人協会（ＢＡＩＪ：Burmese Association in Japan）を皮切りに、二〇〇〇年代には当時ビルマの野党であった国民民主連盟（ＮＬＤ：National League for Democracy）日本支部やビルマ民主化同盟（ＬＤＢ：League for Democracy in Burma）などが民主化を求めて政治活動を展開し、例年ビルマで民主化運動が発生した八月八日には東京都内でも大規模なデモ行進が続けられてきた（**写真2**）。加えてこの時期に少数民族系団体の活動も活発に見られるようになってくる。カレン、カイン、カチン、チン、シャン、モン、ラカインなどの各民族団体は独自に政治組織を設立し活動を広めていった。そして多くの少数民族系団体が加盟する連合組織として在日ビルマ少数民族協議会（ＡＵＮ：Association of United Nationalities in Japan）が設立される。少数民族団体は、マジョリティであるバマー系民族集団や仏教徒からの民族や宗教に関連する政治迫害を訴え、少数民族問題への対応と民族的権利の擁護を求めていく。そして将来のビルマでは民主化の達成のみでは不十分だとして、ビルマ政府に少数民族の権利を保障する連邦制国家の実現を求めていくことになる。

写真2　滞日ビルマ系難民組織によるデモ行進
（2013年8月都内にて筆者撮影）

これら少数民族系団体の動向とは別に、滞日ロヒンギャ系難民も政治組織を形成して活動を続けてきた。イスラム教徒のロヒンギャ系難民は他の少数民族とは異なり、ビルマではビルマ国民ではなくバングラデシュからの移民であると主張されている。[12] これに対してロヒンギャ系難民は独自に難民政治組織の活動を通じてビルマ国民であることを内外に主張し、その容認をビルマ政府に求める運動を展開していった。[13]

このように滞日ビルマ系難民コミュニティにおいては、民族は各民族集団の政治迫害を示すものとして内外に表明されており、ビルマ系難民コミュニティ内部で自他集団を区分する一つの境界を作り出す作用を伴っていた。民族集団の立ち位置の違いから連邦制国家の実現や国民としての容認といった主張を込めつつ、それぞれの民族集団が独自に組織活動を展開していった。こうした組織レベルの活動を通じて民族的境界は来日後も表明され続けていくことになる。

とはいえ政治的主張が異なる多数の難民組織が活動するなか、難民組織間で対立ばかりが続いていたわけではない。二〇〇七年にビルマ国内で生じたサフラン革命[14]や二〇〇八年に巨大サイクロンナルギスの上陸によりビルマ国内で多数の犠牲者が生じたとき、滞日ビルマ系難民組織は共同実行委員会（JAC : Joint Action Committee）という連合団体を立ち上げ、街頭で本国の民主化支援やナルギス被害に対する救済を訴えていた。政治的行事や自然災害に対する緊急支援を契機として、組織間の連携を深める取り組みも進んでいたと言える。そして、二〇一一年以降にビルマでは突如として民政移管が進み、二〇一六年にNLD政権が樹立された。[15] これを受けて同年には新たに在日ミャンマー人市民協会（MCA : Myanmar Citizen Association in Japan）が設立された。同協会では、滞日ビルマ人の生活支援や葬送支援を行うなど、従来の本国政治に対する政治活動とは異なり、日本国内における生活支援を重視した組織活動が展開されるなど、難民組織を横断した活動が続いている。ただし付言するならば、この活動にロヒンギャ系難民組織は参加してはいない。その観点からすると滞日ビルマ系難民組織の民族を横断した交流や連携は、一部の範囲で行われているものと捉える必要があるだろう。[16]

ビルマ軍政に対する民主化要求という点で共通した主張を持つビルマ系難民組織は、一方でその内部に民族的な主張を展開する基盤として難民政治組織を形成してきた。少数民族組織が求める連邦制国家の実現や、ロヒンギャ系組織が求める国民としての承認は、いずれも民主化というスローガンに埋没してはならない民族集団の主張であった。それはまた、少数民族出身者であるビルマ系難民が日本において難民として法的保護を求める要件の一部をなすという側面を持ち合わせていたことも重要だろう。こうした主張を展開するうえで民族集団ごとの難民政治組織の存在意義が立ち上がり、民族集団間の境界が表明され続けてきた。一方で難民政治組織が常に分断を抱えていたというわけではなく、本国の政治情勢や自然災害に対する緊急援助などを契機に組織間の交流や連携もその範囲に限定はあるにせよ見られてきたことも事実である。民族関係は様々な変化を伴いつつ、難民コミュニティ内で存続してきたと言えるだろう。

三、滞日ビルマ系難民と出身国社会
——移住者と非移住者との境界

一九九〇年代から来日した滞日ビルマ系難民の間では、民政移管が生じるまでに二十年近くもの時間が経過し、すでに人生の大半を日本で過ごした人々も少なくはない。今回のビルマ本国における民政移管は、遠く海外に暮らす滞日難民に対しても影響を与えるものとなった。その一つの表れは、政治迫害を受けて祖国を離脱した難民の本国帰国という現象に見いだせる。そもそも海外移住者の帰国をめぐる実情は、移住者と本国との関係性から一様ではない。出身国政府は海外移住者の帰国を歓迎して迎えたり、無関心を装ったり、ないしは犯罪者化して警戒するといった反応がみられる。[17] これに即して言えば、反政府活動に参加して軍政と政治対立を続けてきたビルマ系難民は、出身国政府にはまさに警戒する存在として映っていただろう。事実、難民の一時帰国が始まった当初より、軍政の影響が残る祖国ビルマへの帰国をめぐっては、滞日ビルマ系難民コミュニティの間でも評価が分かれていた。またビルマ軍政側でもこれまで対立を深めていた難民側に対する警戒心があったことも事実であり、帰国が容認されないビルマ系難民もみられた。両者の不信感はすぐに解消されるわけではなく、難民側と軍政側の間で関係修復を模索する動きが生じることとなる。[18][19]

とはいえ、長年にわたり待ち望んだ帰国を果たした難民のなかには、数十年ぶりの祖国で懐かしい家族や友人と再会した人々も見られた。しかし慣れ親しんだはずの祖国への帰国は、滞日ビルマ系難民に様々な違和感を発見させる出来事でもあった。長期間に及ぶ出身国社会との離別は、難民帰国者の社会的な立ち位置を変えてしまったのである。ここで同化(assimilation)と異化(dissimilation)をめぐる問題が生じてくる。[20] 人々や集団が社会との共通点や類似性(similarity)を増していく過程を同化(assimilation)と捉えるとき、移住先の社会で生活し、当該の社会や成員と類似性が高まるならば、同時に出身国社会と残った非移住者との差異は広まることになる。[21] 出身国社会に残された人々や集団からすれば、他国に滞在していた帰国者は特異な存在と映り、越境者を指す独自の呼称

が生じたり、帰国者に対するスティグマが貼られたりする事態がみられることになる。(22)

長期間に及ぶ日本での生活を経て祖国に帰国したビルマ系難民は、帰国後の祖国において様々な違和感を感じ取っていた。民政移管後に何度かビルマに一時帰国したAさんは、海外で生活した人々は習慣や仕草をみればすぐにわかるものとして次のようにその違いを語る。

「帰って来た人は、歩きかただって違う。日本に長いから、歩きかたも変わっちゃう。ロンジー（ビルマの腰巻）の巻きかたも違う。見た目も顔の色もビルマ人だよ。変わんないと思ってる。でもビルマの人から見ればわかるんだ。お金の数えかたも日本と違う。日本では指で大きく数えるでしょ。ビルマでは擦るように数えるから。そんなところも違っている」（Aさん）(23)

このようにAさんは、日常的な仕草の中にも日本という異国で暮らしていた経験が染みついており、ここから海外移住経験者であることをうかがい知ることができると話している。

海外移住者と祖国に残る非移住者との差異は、このような見た目の所作に限るものではない。二十年間近く日本で暮らし、数年前に家族でヤンゴンに永住帰国したBさんは、日本での経験をふまえて、海外移住者と非移住者との違いを次のように捉えた。

「海外で暮らしていた人たちと残った人たちとではぜんぜん違う。二十年から二十五年海外にいた人は、国に残っていた人たち、国に『洗脳』された人たちとは違うよ。そういう人たちからは外れていると思われる。帰国した人はこっちに残っていた人とはずれがあると感じる。それにこっちの人たちからすれば、俺たちバカにするなよ！って怒られる。海外にいた人はいろいろなもっといいことをよく知ってる。ニュートラルに考えることもできる。でもこっちの人にすれば、こっちの問題あたわかんないねってなる。人権問題、人種差別、宗教差別とか、いろんな問題（が）つねにある。その問題（の）なにが大変か、こっちに残っている人はよくわかっていない。だから（日本から）こっちに帰ってきた人はカルチャーショック受けるもの」（Bさん）(24)

Bさんは自分たち海外からの帰国者と「国に残っていた」非移住者とを対比し、両者の間に「ずれ」を見出す。自分たち海外移住経験者が他国にてよりよいもの学んできたとし、ビルマ国内に残る人権問題や差別といった課題の深刻さを理解できない非移住者との違いを表明している。Bさんは日本での民主化運動に参加し、民主主義や表現の自由といった政治的価値や規範を学んできた。Bさんは、発展を目指す祖国に「足りない」と感じるものを見出していく。自分たち移住経験者と祖国に残した非移住者との間の政治状況や社会問題に対する態度の違いを感じながら、両者の間に境界があると語るのである。

これらの事例が示すように、身振り手ぶりのような仕草から政治的価値観まで、すなわち表面的差異から内面的差異に至るまで、移住者はその立ち位置から非移住者との差異を見出し、両者の間に境界の存在を感じ取っていくのである。

ビルマ系難民の帰国は、長年祖国を離れざるをえなかった難民が慣れ親しんだ祖国に帰国する望ましい帰結の一つと言いうる。しかし実際には、日本社会に適応してきたがゆえに、日本的な思考や行動様式、文化や態度などに馴染み、日本社会に積極的に適応してきた人々ほど、むしろビルマ社会との違いに敏感ともなる。その意味で難民の祖国への適応は帰国することによって自然と達成されるものとは言えず、帰国後の出身国社会への再統合問題として捉え直す必要があろう[25]。

難民の帰国は、同じビルマ人という民族集団内部に移住者と非移住者という区分を生じさせるものとなった。それはこれまで見たようなバマー系と少数民族、少数民族間における区分とは異なり、いずれの民族集団でも見出される社会的境界と言える。難民という国際移動は新たな差異を国境を越えて生み出す契機でもあり、国境を越えた移動が活発化するなかで、今後も広くみられる境界の一つとなっていくと考えられる。

おわりに

本稿では、滞日ビルマ系難民の国際移動の事例から、ビルマ本国における移住背景、来日後の難民政治組織の活動、民政移管に伴う祖国への帰国を通じて、民族をめぐる対立と交流がどのような形で現れるのかをみてきた。最後に各節の内容を手短にまとめて結論としたい。

まずビルマ系難民の離脱背景を理解するため、出身国ビルマにおける民族関係を確認した。政府の公式見解として示されるように、ビルマはさまざまな民族が暮らす多民族国家であった。まさに民族は社会的属性を示す主要な指標の一つであったと言える。独立後に樹立されたビルマ軍政の時代には、ナショナリズム色が強いビルマ化が進められた結果、少数民族の権利は大幅に制約されるに至った。民族に対する迫害は、民族集団間の境界を対立的なものとすることでもあった。多民族国家ビルマで民族的多様性を伴いつついかに国民統合を達成していくかは未だに大きな課題となっている。

民族集団間の境界は、来日後の難民コミュニティでも引き続きみられた。滞日ビルマ系難民は難民組織を通じて政治迫害を与えてきたビルマ軍政に対する民主化を要求する政治活動を展開してきた。同時に少数民族系団体は、自らの民族性に根差す政治迫害への抵抗を示す行為を含みつつ組織活動を展開した。各民族集団の主張を組織的に表明し、少数民族の権利を保障する連邦制国家の実現を目指して活動を続けてきたのである。これとは別に少数民族系団体のうちロヒンギャ系難民組織は、自分たちがビルマで国民とみなされないことからビルマ国民としての承認を求めて組織活動を展開してきた。各民族集団は民族集団の利害を組織活動を通じて表明しており、これらの組織が難民コミュニティ内部で民族集団間の境界を提示する役割を持っていた。

そして民族をめぐる境界は、民族集団間のみならず民族集団内部でも生じうる。その境界は移住者と非移住者の間に引かれるものであった。長期に及ぶ日本での亡命生活は、難民が民主化や自由、政治的価値などを学ぶ機会でもあった。数十年ぶりに祖国に帰国した難民は、日本滞在時に習得した規範や価値との差異に敏感となり、祖国に残してきた家族や友人との間で矛盾や違和感を感じとり、衝突につながることすらあった。移住者である難民と祖国に残った非移住者との間には政治的思考や生活様式などをめぐり様々な差異が見出され、両者の間に新たな社会的境界が立ち上がりつつある。難民化の経験を軸として、民族的境界を横断する形で新たな境界形成が見出されるのである。

それでは民族をめぐる内外の境界は、今後どう展開していくのか。ひとつに、民族集団間の境界がどう維持されていくかがある。日本での滞在が長期化する場合に、民族集団ごとに世代を超えて民族的境界を維持できるかは今後の社会状況に依存しうる。日本社会への同化が進展し、言語や宗教、習慣といった民族文化の継承が難しくなれば、各民族集団のアイデンティティを継承することは容易ではなくなってしまうだろう。現状では少数民族の文化行事[26]や母語教室[27]などを通じて次世代に民族アイデンティティを継承する動きがある。それぞれの民族系コミュニティが文化継承に必要な資源を提供できるかどうかは、民族集団の維持や形成に大きな影響を与えてくるものとなろう。

二つ目に、移住者と非移住者との境界がある。ビルマ政府は民政移管後にビルマからの労働力輸出として海外就労を積極的に促進しており、今後さらに海外経験を持つビルマ人の増加が見込まれる。海外移住者が移住先で新たな規範や価値を習得し、それを本国に持ち帰ることは充分に考えられよう。

そして今後の海外就労者の増加をふまえると、移住者がビルマ社会にもたらす影響は決して小さくはないと思われる。移住経験者と非移住者との関係が対立となるか交流の機会を持ちうるか。従来より祖国に残る非移住者にとって、移住者は海外就労を通じて獲得する高い経済力や本国よりもリベラルな価値観を持つ他者と映りがちだ。移住者の存在を特別視し続けるか否かは、ビルマ社会の行方を占うテーマともなるだろう。それはビルマという国家が様々な差異や多様性を包摂する共生社会をどのように実現していくかに関わる問題とも言える。出身国ビルマ、そして受け入れ国日本における動向を捉えながら今後の境界形成のあり方をを捉えていく必要があるだろう。

注

（1）Castles, Stephen, and Mark J. Miller, *The Age of Migration: International Population Movements in the Modern World 4th edition*, Basingstoke, UK: Palgrave Macmillan, 2009.（関根政美・関根薫訳『国際移民の時代　第四版』名古屋大学出版会、二〇一一年）。

（2）UNHCR, *Global Trends: Forced Displacement in 2019*, 2020（二〇二一年一月五日アクセス。https://www.unhcr.org/5ee200e37.pdf）。

（3）本稿では民族という観点から議論を展開している。難民と宗教との関係については、つぎの論考を参考にされたい（人見泰弘「滞日ビルマ系難民のキリスト教――宗教文化とエスニック・アイデンティティ」三木英・櫻井義秀編『日本に生きる移民たちの宗教生活――ニューカマーのもたらす宗教多元化』ミネルヴァ書房、二〇一二年、二九～五三頁）。

（4）Barth, Frederik, 'Introduction', Frederik Barth ed. *Ethnic Groups and Boundaries: The Social Organization of Culture Differences*, Boston: Little Brown and Company, 1996, pp. 9-38.（内藤暁子・行木敬訳「エスニック集団の境界」青柳まちこ編・監訳『「エスニック」とは何か』新泉社、一九九六年）。

（5）樽本英樹、『よくわかる国際社会学　第二版』（ミネルヴァ書房、二〇一六年）。

（6）法務省出入国在留管理庁『在留外国人統計（二〇一九年十二月末）』より。ここでは総在留外国人数を指す。

（7）滞日ビルマ系難民は政治的保護を求めて来日後に難民申請を続けてきた。その状況や困難さについては、つぎの論考を参考にされたい（人見泰弘「難民化という戦略――ベトナム系難民とビルマ系難民の比較研究」『年報社会学論集』二一号、二〇〇八年、一〇七～一一八頁）。

（8）二〇一四年にビルマで実施されたセンサスより。ビルマでは実に三十年ぶりに国勢調査が実施された。センサスについては次の資料による（Department of Population, Ministry of Immigration and Population Myanmar, *The 2014 Myanmar Population and Housing Census: The Union Report, Census Report Volume 2*, Nay Pyi Taw, Department of Population, Ministry of Immigration and Population Myanmar, 2015）。

（9）Smith, Martin, *Ethnic Groups in Burma: Development, Democracy and Human Rights*, Anti-Slavery International, 1994.（高橋雄一郎訳『ビルマの少数民族――開発、民主主義、そして人権』明石書店、一九九七年）。

（10）人見泰弘「ビルマ系難民の政治組織の形成と展開」（『現代

社会学研究』二〇号、二〇〇七年、一～一八頁)。

(11) 本節は前掲注10人見論文の一部を基に、フィールドワークから得た知見をアップデイトして再構成している。

(12) 日下部尚徳・石川和雅編『ロヒンギャ問題とは何か――難民になれない難民』(明石書店、二〇一九年)。

(13) 前掲注10人見論文を参照。

(14) 当時ビルマ国内のガソリン代高騰などをきっかけに、僧侶が中心となって政府の方針に反対の意思を示した全国的な社会運動のこと。僧侶が着用する法衣の色がサフラン色であることから、サフラン革命とも称された。仏教徒が多数を占めるビルマで僧侶の社会的地位は高く、当時ビルマ国内外で注目を集めた出来事であった。

(15) 永井浩・田辺寿夫・根本敬編『「アウンサンスーチー政権」のミャンマー――民主化の行方と新たな発展モデル』(明石書店、二〇一七年)。

(16) ロヒンギャ系難民が周辺国に離脱して国際社会で大きな社会問題となった頃、日本のメディア報道ではロヒンギャ系難民はビルマ人であるとして、ビルマ政府が保護の責任を持つという論調が目立った。これに対して二〇一七年秋頃、滞日ビルマ系難民コミュニティではロヒンギャ系は国民ではなく移民であるとして、メディアに対する反対運動を都内で展開する動きがみられた。

(17) Hagan, Jacqueline Maria and Joshua Thomas Wassink, 'Return Migration Around the World: An Integrated Agenda for Future Research', *Annual Review of Sociology*, 46 (7), 2020, pp. 533-552.

(18) 人見泰弘「滞日ビルマ系難民と祖国の民政化――帰還・残留・分離の家族戦略」同編『難民問題と人権理念の危機――国民国家体制の矛盾』(明石書店、二〇一七年、二七一～二九〇頁)。本論考では、難民側と政権側との間の関係修復をめぐり、日緬間の難民の国際移動と法的地位との関係性に着目して論述している。

(19) なおビルマで国民とみなされていない滞日ロヒンギャ系難民にとって、帰国の見通しは未だ立たないままである。またビルマ北部カチン州では、民政移管後も国内で武力衝突が続いており、カチン系難民が日本で難民として保護を申請する動きが続いている。ビルマ系難民コミュニティ内部を見通せば、政治的理由や民族的背景により本国帰国が未だ困難な状況が続いている(人見泰弘「滞日ビルマ系難民――コミュニティの時間・空間・階層の観点から」小林真生編『変容する移民コミュニティ――時間・空間・階層』明石書店、二〇二〇年、四二～四五頁)。

(20) FitzGerald, David Scott, 'The Sociology of International Migration', Caroline B. Brettell and James F. Hollifield eds. *Migration Theory: Talking across Disciplines 3rd edition*, Routledge, 2015, pp. 115-147.

(21) 出身国社会との間でどのような差異が生じるかは、受け入れ社会における同化の状況に依存する。

(22) 海外移住者に対する特異なまなざしに関しては数多くの指摘がある。Guarnizo はニューヨークに暮らしアメリカ化されたドミニカ系移民を指すドミニカンヨーク(Dominicanyork)という呼称に着目している(Guarnizo, Luis E., '"Los Dominicanyorks": The Making of a Binational Society', *Annals of the American Academy of Political and Social Science*, 533, 1994, pp. 70-86)。また滞日ベトナム系難民の場合でも、ベトナム本国では越境者を示す「越僑」と呼称され、ある種のスティグマ化される事例が紹介されている(川上郁雄『越境する家族――在日ベトナム系住民の生活世界』明石書店、二〇〇一年)。このほか前掲書(Hagan and

Wassink 2020）も参照されたい。

(23) 二〇一七年八月に東京都内にて実施したAさんへの聞き取りから。Aさんは日本で難民認定を受け、二〇一二年以降に数回ほどビルマに一時帰国をしている。

(24) 二〇一七年二月十七日にヤンゴンにて実施したBさんへの聞き取りから。Bさんは日本で難民認定を受け、現在はヤンゴンに永住帰国をしている。なお、引用中の（ ）は著者が補った部分である。

(25) このように考えると、とりわけ子どもは出身国社会と受け入れ社会との間の類似と差異の影響を受けやすい存在と言える。日本での生活様式に慣れ親しんだ子どもにとって、自分のルーツを持つ国への帰国であってもそこでは再適応の問題が生じる。日本で成長した難民の子どもと帰国をめぐっては次の論考も参考にされたい（人見泰弘「民政移管後の滞日ビルマ系難民の教育戦略――日緬両国の狭間で」『名古屋学院大学論集（社会科学篇）』五五巻二号、二〇一八年、二六一～二七〇頁）。またこの観点からすると、日本社会においてビルマ文化を再現したり、子どもに継承したりする活動は、遠く離れた出身国社会との社会的差異が広がりすぎないようにする試みという側面を持つとも言える。

(26) 少数民族系組織は、各民族の文化やルーツに関する文化行事を東京都内や東海圏で開催している。民族舞踊の披露や民族の英雄を称賛するなどし、民族文化を再確認する行事が行われている。

(27) 東京都内には、同胞組織や僧院などで子どもを対象にビルマ語の母語教室が複数催されている。少数民族のなかには、各民族言語を介して宗教活動を行うコミュニティもみられる。後者に関しては前掲注3人見論文を参照のこと。

謝辞　本稿は、以下の研究助成から得られた成果の一部である。名古屋学院大学研究助成「宗教と民族の対立・交流の現代歴史学的研究」（代表・鹿毛敏夫）、科学研究費補助金（19K02054、17KT0030）、二〇一九年度三菱財団研究助成（代表・人見泰弘）。末尾ながら記して感謝したい。

ボーダレス化する世界と日本の宗教文化

井上順孝

二十一世紀には日本社会でグローバル化や情報化が急速に進行している。ボーダレス化現象はさまざまな形で生じ、宗教現象にも及んでいる。日本宗教が欧米やアジアなど世界各地に広がり、国外から多様な宗教が到来している。宗教習俗にもボーダレス化は起こっている。多様な宗教文化への配慮が強く求められる時代を迎えている。

はじめに

二十一世紀は宗教文化にもボーダレス化が進んでいる。これまで民族ごと、あるいは国ごとに特徴をもって継承されていた宗教文化であっても、短期間に他の民族や国へと広がり、しかもそれが受け入れた人びとの日常生活の中にすぐ溶け込むという現象が起こっている。それぞれの国における宗教文化はもともと可変的である。日本の宗教文化の場合も、歴史的に外来のものを多く受け入れ、日本の環境に合った形に変えてきた。

日本の宗教文化は固有のものであり、古くから基本的なところに変化はないといった理解には根強いものがあるが、実際はそうではない。正月には人口の七割ほどの人が初詣に行く。お彼岸やお盆に墓参りする人も多い。しかし有名な神社への初詣は近代以降の現象である。代々の家の墓を大事にするのも、檀家制度（寺請制度）が確立した江戸時代以降である。これらは日本に特徴的とは言えても、その歴史は意外に短い。

いのうえ・のぶたか――國學院大學名誉教授。専門は宗教社会学、認知宗教学。主な著書に『グローバル化時代の宗教文化教育』（弘文堂、二〇二〇年）、『世界の宗教は人間に何を禁じてきたか』（河出書房新社、二〇一六年）、『宗教社会学を学ぶ人のために』（編著、世界思想社、二〇一六年）などがある。

すっかり年中行事になっているクリスマスは、西洋起源で近代にもたらされた。少数だがイスラム教徒（ムスリム）になった日本人がラマダーンの断食をするという例も珍しくなくなってきた。外来のものを受け入れ、日常的な宗教習俗にすることも多い。これは日本だけの現象ではなく、習俗化した宗教文化は容易に変わりやすい。

現代の特徴はその変化の速度がきわめて早く、またどの宗教文化から影響を受けるかも多様になってきたことである。こうした現象をもたらしている背景には大きく二つのことが関係している。一つは交通手段、とりわけ航空機の利用の大衆化によって、人の移動形態のボーダレス化が急速に進行したことである。もう一つはインターネットの大衆化により、あらゆる文化の相互影響のスピードが早くなったことである。宗教文化は人と人の関係の中で伝わり、情報技術に依存して伝わる。現代におけるこの二点の急激な展開は、宗教文化のボーダレス化にかつてないほど大きな影響を及ぼしている。

日本では一九八〇年代以降、外国人入国者、留学生、外国人居住者、国際結婚などが急増し、日本社会は非常なスピードでグローバル化が進んでいる。モスクのように今まではあまり日本で見かけなかった宗教施設が、各地に建てられている。一九九〇年代後半以降はインターネットが一般にも普及し、二十一世紀に入ってからはSNSの利用が広がり、世界の宗教や宗教文化についての情報に接する機会も格段に増えた。その一方で日本の伝統的な宗教文化について触れる機会は減ってきているという側面も見られる。二十世紀末以来の日本社会のグローバル化と情報化を確認しながら、それによって生じているボーダレス化の具体的様相を、宗教文化の相互影響に焦点を当てて見ていく。

一、ボーダレス化が宗教にもたらす影響
――国境を越える人々と情報

(1) 日本に入国・在留する外国人の急激な増加

最初に二十世紀末からの観光などで入国する外国人や日本に居住する外国人の増加が、どのような曲線を描いているかを確認しておく。法務省の統計によると、一九八〇年には一年間に一二九万人の外国人が日本に入国したが、十年後の一九九〇年には三五〇万人と倍以上に増えている。さらに十年後の二〇〇〇年には五二七万人と五〇〇万人を超えた。そして二〇一〇年に九四四万人である。二〇一八年には三〇〇〇万人を超えた[1]（**グラフ1**参照）。

東アジアからの入国者数はとくに増加しており、韓国、中国からは二〇一〇年代に急増している。二〇一九年には韓国

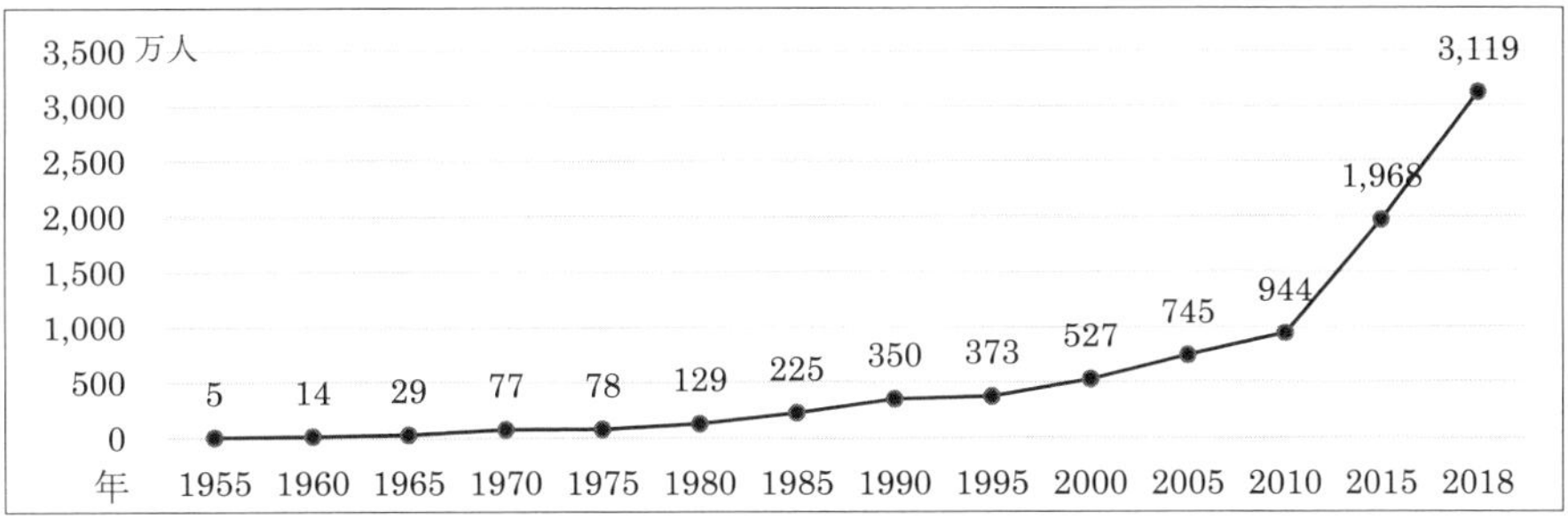

グラフ1　外国人入国者数（法務省統計）

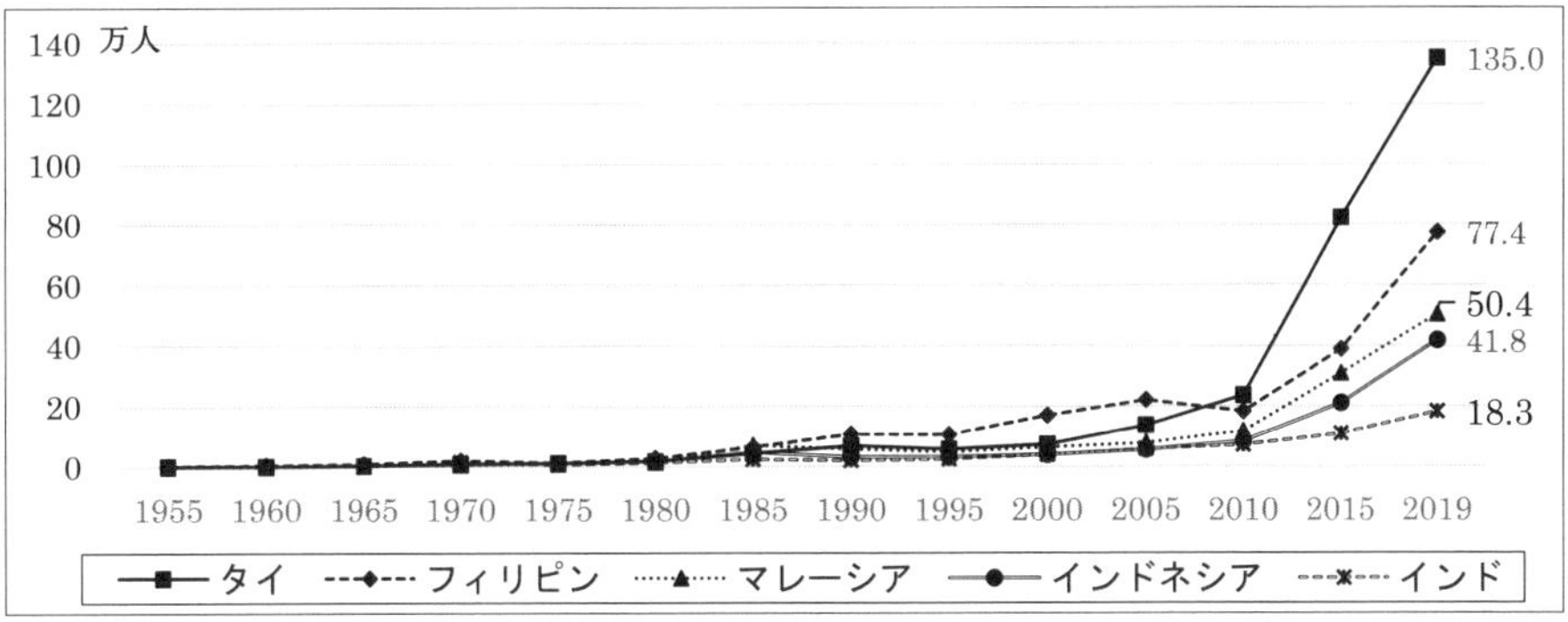

グラフ2　南アジア・南東アジアからの入国者数（法務省統計）

からの入国者は約五八八万人であり、中国からの入国者は約八四八万人である。欧米からは米国を除いて東アジアほどの伸びはない。比較的多い英国、ドイツ、フランスでも二〇一九年時点で二十万人から三十万人程度である。米国からは約一七五万人ほどが入国している。

　日本における宗教のボーダレス化を考える上では、とくに南アジア、東南アジアからの入国者数の増加について注目する必要がある。近代化以来、日本は欧米のキリスト教とは一世紀半の交流がある。カトリック、オーソドックス、プロテスタントのキリスト教の大きな三つの流れのうち、とくにカトリックの修道会が多く来日し、プロテスタントは多くの教派が来日した。東アジアの国々とは、はるかに長い歴史のスパンで宗教文化の面で交流があった。中国で形成された儒教、道教、そして中国で広がった大乗仏教は、東アジアに古代から共有された宗教文化である。

　これらに比べると、南アジアの人々との人的交流や宗教文化における交流は、二十世紀後半に至るまで比較的乏しかった。ヒンドゥー教や東南アジアの

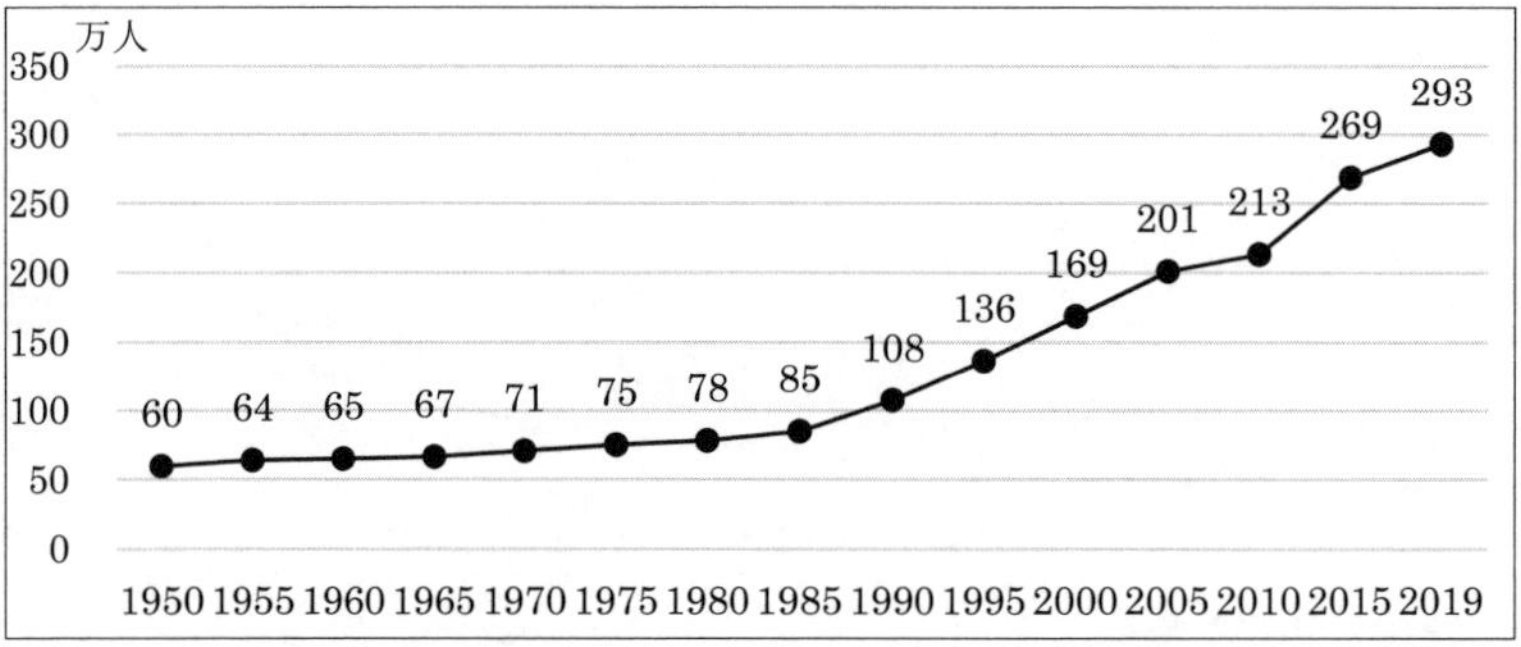

グラフ3　在留外国人数（法務省統計）

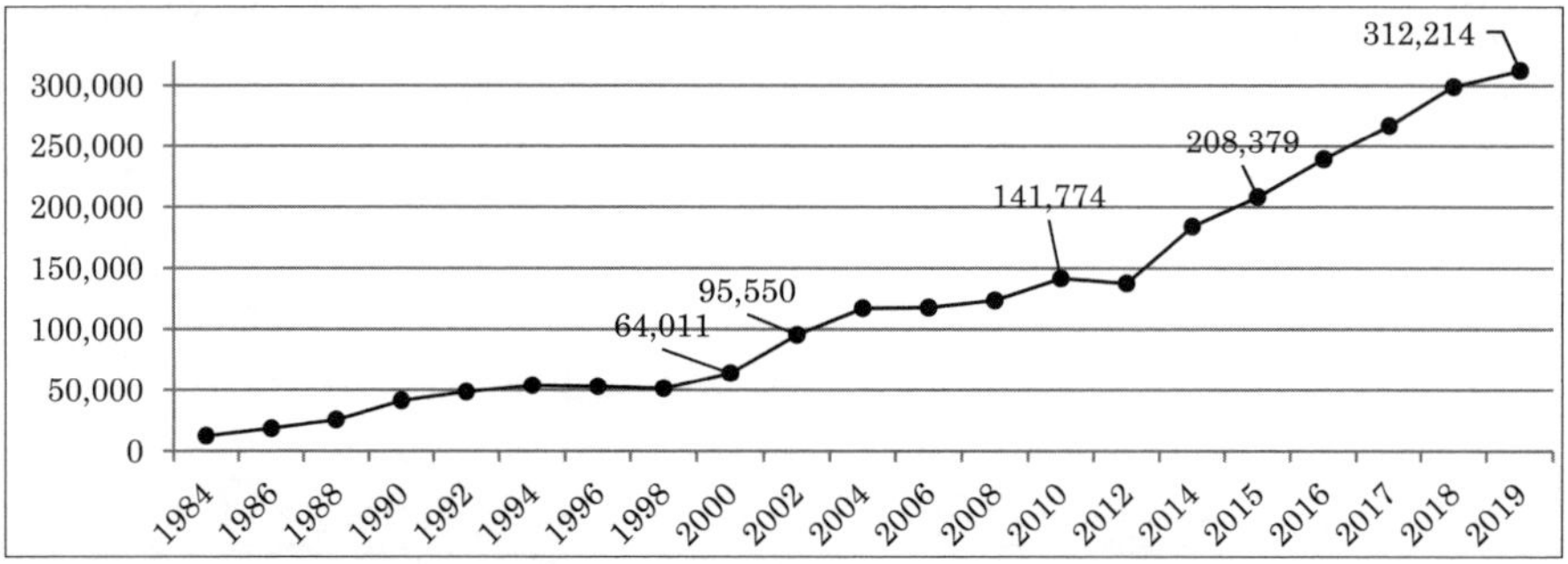

グラフ4　留学生総数（文部科学省統計）

上座仏教、そしてイスラム教は、知識としては得られていても、それらを信仰する人たちを通して、これらの宗教文化が日常生活にどう関わっているかを直接知る機会があまりなかった。ところが二十一世紀に入って、これらの地域から入国する人が急増した。もっとも多いのは上座仏教徒が人口の九割以上を占めるタイからの入国者で、二〇一九年には約一三五万人である。イスラム教徒が過半数になるマレーシアからは約五十万人、九割を超えるインドネシアからは約四十二万人が入国している（**グラフ2**参照）。ヒンドゥー教徒が約八割を占めるインドからも約十八万人が入国している。上座仏教、イスラム教、ヒンドゥー教の宗教文化を担った人たちとの接触が確実に増加している。それぞれの宗教文化について知識として知っているのと、実際の人的交流を通して得られるものは大きく異なる。相手にどう対応するか、生活のいろいろな場面で考えさせられることになる。

　日本に居住する外国人や留学生も増えている。日本人との国際結婚で日本に住む外国人も増えている。宗教文化を身近に感じる上では、こうした人たちの存在は、観光などによる短期間の滞在者と比べて影響の度合いがずっと大きくなる。在留外国人は一九九〇年には一〇〇万人を超えるが、二〇〇五年には二〇〇万人を超え、二〇一七年には三〇〇万人を超えている（**グラフ3**参照）。留学生は二〇〇〇年に六万四〇〇〇人余であったのが二〇一〇年には倍以上の十四万人余となり、二〇一五年には二十万人を超している。二〇一九年には約三十一万人になっている（**グラフ4**参照）。

どの国に居住する外国人にもほぼ当てはまることであるが、自分が生まれ育った国とは異なる宗教文化が主流の国に住むことになっても、宗教的な習慣や戒律は保とうとする。自分たちがそのように振る舞うことは当たり前と思っても、外国人がそのように振る舞った場合に、奇異の目や場合によっては排斥するような動きを起こす人もいる。これがボーダレス化が進む時代にはもっとも厄介な問題の一つとなる。

(2) 二十世紀末からの情報化の影響

日本の近代化における情報環境は一九八〇年代頃から大きく変わり始め、一九九〇年代後半からは、決定的と言っていいほどの変化が訪れる。

十九世紀後半から一九八〇年頃までは、情報の広がりにおいて、島国日本にとってのボーダーは比較的明確であった。情報媒体でいえば、新聞、ラジオ、地上波テレビと次々に新しいメディアが登場した時代である。この過程でメディアを用いた情報の発信が宗教にどう関わったかをごく簡単に確認しておく。一八七〇年には初の日刊新聞である『横浜毎日新聞』が創刊された。一八七四年には『明六雑誌』が創刊された。一八八七年には『反省会雑誌』が創刊されたが、この雑誌には浄土真宗が関わっていた。これがのちに『中央公論』となる。一八九一年には天理教の機関誌『道の友』が創刊されている。これは今日まで続いている。新聞、雑誌が創刊されると、ほどなく信者に対する情報発信、さらには広く社会への情報発信の媒体として利用する宗教が出てきている。

ラジオは一九二五年に東京放送局（芝浦）が仮放送を開始し、愛宕山に移転して本放送を開始した。翌二六年に社団法人日本放送協会（ＮＨＫ）が発足した。ＮＨＫは一九二五年には「宗教講座」を放送しており、一九三四〜三五年には「聖典講義」を放送している。宗教団体はラジオ放送を利用するようになり、今日に至るまでラジオを用いた宗教番組はいくつかある。主に信者の教化に役立てていると言える。

テレビは一九五三年にＮＨＫテレビ、日本テレビ放送網がテレビ放送を開始した。五九年にＮＨＫ東京教育テレビが開局され、六一年にはＮＨＫテレビ番組「心と人生」が開始された。ただテレビ放送はラジオ放送に比べて宗教関連の番組は少ない。これらはいずれも日本列島内での情報の発信と受信が主であった。

この状況が大きく変わり、ボーダレス化が加速度的に進行するのが一九八〇年代以降である。衛星放送、そしてインターネットの時代へと突入する。衛星放送は国境というボーダーを部分的に侵食することになった。地上波は限られた範囲にしか届かないから、中継の設備がないと遠くまで電波を送れない。日本列島というボーダーは容易に設定できる。これに対し衛星放送の場合は、パラボラアンテナさえあれば、そこに到達する衛星放送の電波を受信できる。日本の国内向けの衛星放送であっても、韓国や台湾でも受信が可能な状態となる。一九八四年に放送衛星が打ち上げられ、八七年に二十四時間放送が開始された。九一年には民放の衛星放送が開始された。

衛星放送は地上波に比べて宗教番組が少し増えた。ラジオ放送がそうであったように、特定の教団の布教・教化のための放送だけでなく、教養番組的なものもあった。とくに一九九九年から二〇一三年まで続いた「精神文化の時間」では、宗教の社会的役割についての連続番組が作られるなど、多彩な内容の番組が定期的に提供された。(2)

衛星放送は国境というボーダーを部分的に侵食したが、衛星の電波が届く範囲内という限界をもっていた。ボーダレス化を決定づけたのは、インターネットの大衆化である。情報の広まりは一気にグローバルになった。インターネットの利用にはもともと軍事目的があったので、部分的に情報伝達経路が途絶えても、発信者から受信者へ必ず情報が届くようにという仕組みが基本にある。そこにはボーダーを無化していく働きがそもそもから備わっていた。

インターネットの歴史は一九六九年に米国国防総省がARPANET（アーパネット）を開始したのに始まる。七二年に電子メールの利用が急速に広がり、アドレスに@（アットマーク）が使われ、これが世界基準となった。八三年にARPANETから軍事機関が切り離され、九〇年にARPANETが終了して、商業利用が解禁となった。これが宗教情報の発信及び受信における新しい形態が広まる大きな転機である。

一九九四年四月にYahoo!がスタートした。翌九五年八月にWindows95が発売となり、これによってインターネット利用が一挙に広まった。九九年五月には日本で「2ちゃんねる」が開設され、若い世代を中心に今までにない情報交換の形態が生まれた。二〇〇三年に@nifty

が会員向けのブログサービスを開始し、二〇〇四年にはMｉｘｉが開始された。二〇〇五年にユーチューブのサービスが開始された。そして翌年にツイッターのサービスが開始され、二〇〇八年には日本語版が公開された。情報技術によるボーダレス化の進行が一気に進んだ。

ボーダーレスな情報発信手段の利用は、国際的な活動を展開してきた宗教にとっては、多くの利点をもたらすものになった。二十世紀後半までの国外の信者への教化や布教は、その国にある支部やその国ごとの指導者たちへ本部から情報が伝達され、現地ではそれを中継したり、独自の発信をするという形態が主流であった。通信衛星やインターネットの利用は、本部からのメッセージを世界各地の信者、さらには信者でない人たちにもリアルタイムで発信することを可能にした。ローマ教皇庁は二〇〇九年にユーチューブに公式チャンネルを開設し、二〇一二年にはローマ教皇がツイッターを開始した。カトリックの信者でなくても、教皇のメッセージはユーチューブでいつでも閲覧できる。

二、国内におけるボーダレスな宗教文化の広がり

(1) 多様化する国内の宗教施設

多くの外国人が居住するようになり、これまで日本であまり見られなかったような宗教施設が増えているが、[3]もっとも関心を呼んでいるのはモスクの増加である。一九九〇年以前の日本には、一九三五年に設立されたもっとも古い神戸モスク、東京ジャーミィを含めてモスクは四つしかなかった。しかし二十一世紀にはいり増加の一途である。**グラフ5**に示したのは宗教法人もしくは社団法人として法人化されたモスクの数である。[4]二〇一八年の時点で四十六法人が登録されているが、これ以外の法人化されていないモスクを含めるとこの倍程度になる。東京ジャーミィやマスジッド大塚、名古屋モスク、福岡モスクなどは外観からすぐモスクと分かる。他方、比較的小さな建物を購入したり借りたりしたような場合は、外観からはなかなかモスクとは分からない。

この他、あまり知られていないが、ユダヤ教の礼拝施設であるシナゴーグ、ジャイナ教寺院、タイの上座仏教のタンマガーイ寺院、さらにベトナム寺院、シーク教の施設、台湾の国際佛光会、韓国の圓佛教の施設などがある。これらの宗教

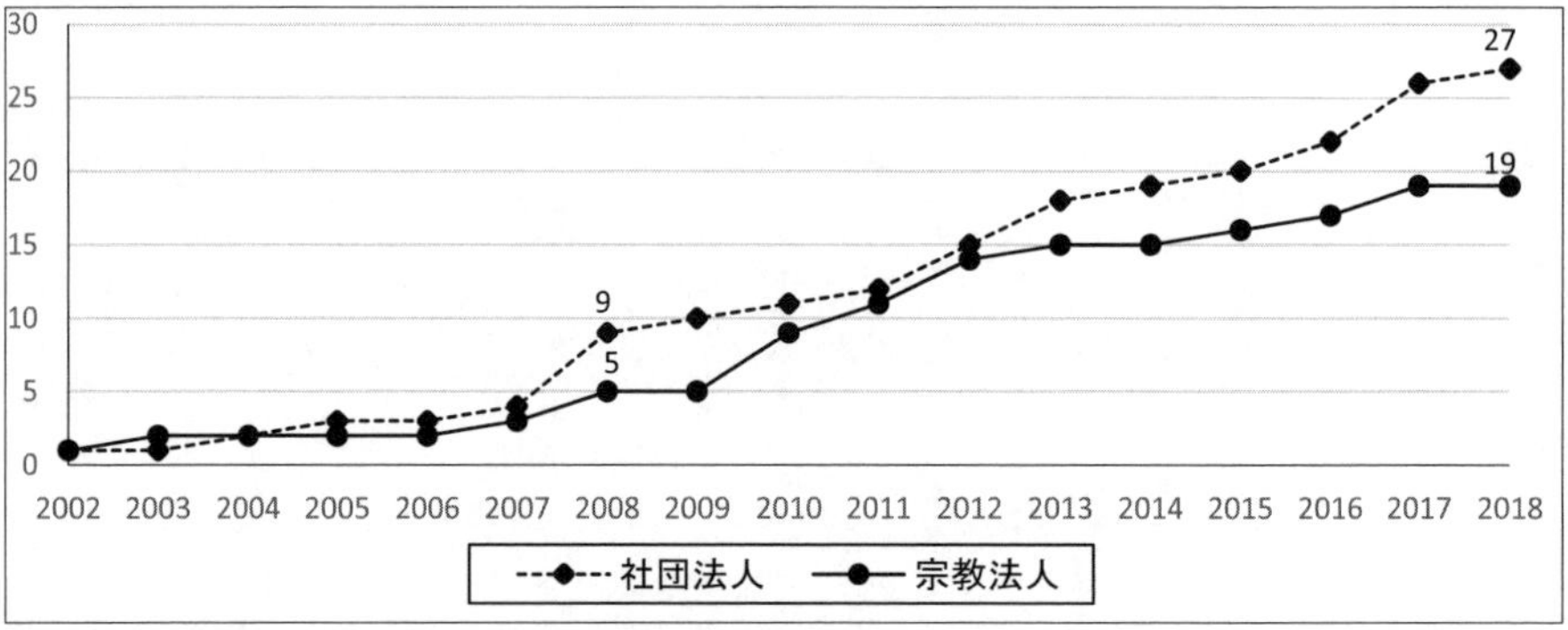

グラフ5　法人となったモスクの数（大澤広嗣「外来宗教の法人化について」を参照）

施設に足を運ぶのは、ほとんどがもともとその宗教を信仰していた外国人である。日本人の場合だとその宗教の信者と結婚した人などである。日本人に積極的に布教するわけではない。それゆえ、宗教に関心の深い人でもない限り、日本に多様な宗教文化が到来しているという事実は、まだそれほど広く知られてはいない。

付け加えるなら、これらの宗教は、日本人に布教しようとして活動している宗教とは少しタイプが異なる。日本人の信者を得るために活動している教団の例は、サイエントロジー、ラエリアン・ムーブメント、世界平和統一家庭連合（統一教会）[5]、ラジニーシ運動、法輪功などである。これらの教団は、二十世紀後半から日本に到来し、一部はかなり積極的な布教活動を行なっている。日本に布教を試みる教団の場合は、特異な活動をするものもあって、メディアでも注目されやすい。

(2) ボーダレス時代の創価学会と禅仏教の国外での広がり

ボーダレスが進行する時代には、日本宗教の国外での広がりにも、一九七〇年代より前とは異なった様相が生じている。これまでの日本宗教の国外への広まりには、誰がそれを支えたかという観点から大きく三つのタイプに分けることができる。移民依存型、国策依存型、無基盤型である[6]。

移民依存型は二十世紀前半までに多く見られたもので、日系人移民の多かったハワイ、北米が中心であった。戦後は南米にも日系人を対象とした仏教宗派の寺院が増えた[7]。神社神道、仏教宗派と天理教、金光教といった一部の新宗教が主役であった。現在でもハワイには神社があり日系人による初詣がなされる。仏教寺院では夏に「盆ダンス」が行なわれ、やはり日系人を中心に浴衣姿での踊りが見られる。

国策依存型は戦前の日本の領土拡張に伴って生じたもので、

中国大陸、台湾、朝鮮半島、南洋諸島などに神社神道、仏教宗派、さらに天理教、金光教、生長の家など一部の新宗教が活動を展開した。神奈川大学21世紀COEプログラムによって、こうした戦前のアジア各地に設立された神社、寺院についてのデータベースが作成されており、一部はオンラインでも公開されている。[8] 国策依存型の宗教施設は、戦後はほぼ壊滅状態となった。

無基盤型は移民社会と深い関わりはなく、国策とも関係がなく、主として人的交流の深まりに付随する形で、さまざまなルートで広がったものである。日系企業の海外進出が増えた第二次大戦後に、このタイプのものが大勢を占めるようになってきた。国外布教を手掛けた新宗教によるものが大半を占める。もっとも多くの地域で外国人信者を得ているのは創価学会である。その他、世界救世教、崇教真光、霊友会などが、ヨーロッパ、南北アメリカ、アジア地域、アフリカで活動を始めた。

グローバル化が進行する一九八〇年代あたりからの特徴としては、世界的に活動する新宗教の数が増えたこと、韓国における創価学会の会員が急増したこと、禅センターが欧米に数多く設立されたことである。いずれも三つのタイプのうちの無基盤に含まれるが、新しい特徴が加わっている。一九八〇年代後半に設立間もないオウム真理教が米国やロシアなどに支部を設置したように、設立間もない教団が、比較的短期間で国外での活動を行なうことが容易になった点である。これは交通手段の発展や情報技術の発展と深く関わっている。

一つの国で比較的短期間にきわめて多くの外国人信者ができるという例も出てきた。韓国の創価学会（SGI）がそうである。[9] 創価学会は池田大作が三代会長に就任してすぐの一九六〇年代から国外布教を積極的に行なうようになり、当初は北米などに十数万人の信者が生まれ注目された。[10] 韓国における信者が急増したのは一九九〇年代以降である。[11] 現在創価学会の外国人信者数は公称で一九〇か国以上に二〇〇万人以上とされるが、その半数以上は韓国人である。韓国からの一年間の入国者数が一〇〇万人を超えるのは一九九〇年代のことである。金大中大統領時代の一九九八年には日本の文化開放政策がとられた。宗教文化の相互影響は二十一世紀に深まる環境が生じている。このことも影響していると考えられる。

禅仏教は北米で二十世紀初頭から関心を抱かれていたが、第二次大戦後米国などに禅センターが数多く設立された。二十一世紀に入って、欧米の禅センターの数が増え、藤井修平の調査では二〇一八年時点で五〇〇以上にのぼっている。[12] たいていは外国人から外国人へと伝えられ、新しいセンターが設立されている。日系人社会を基盤にして活動している他の日本仏教宗派とは異なった広がりのパターンである。

創価学会の場合も禅センターの場合も国外における信者は圧倒的に外国人である。チベット仏教あるいはマインドフルネスなどが欧米に受け入れられている流れの中にある。国内の活動の延長として国外での支部が増えるという従来のあり方と少し異なる側面が出てきている。とくに禅センターの場合は、広がりがボーダレスである。

三、日常生活の宗教文化のボーダレス化

(1) 食生活への宗教文化の影響

多様な宗教を信じる外国人が日本に居住すれば、その人たちの生活習慣の中に生きている宗教文化の姿が食生活や衣服などに具体的な形をとってあらわれる。[13] 多様な食文化と共存すれば、日本の食文化、衣服文化なども相対化されていく。それぞれの人によって選ばれるものの一つとなる。多民族国家であれば珍しくないことがグローバル化によって、日本にも頻繁に生じるようになった。しかし日本は単一民族であるといった発言をする国会議員が二十一世紀になってもあらわれるという状況であるとすれば、[14] 多様な宗教文化がボーダレスに日常生活に及んできた場合には、反動も生じるかもしれない。[15]

日本には食に関する宗教的戒律はほとんど見られないが、世界的には食べ物に宗教的戒律が関わってくることはよくある。イスラム教のハラール、ユダヤ教のコーシャ(カシュルート)、ヒンドゥー教の牛肉忌避が典型例である。ハラールという言葉が日本で比較的知られるようになったのは二〇一〇年代である。二〇一四年あたりからハラールという言葉が新聞記事で急増している。

人間は毎日食事をする。ところが宗教文化ごとに食への異なった認知が生じている。好き嫌いは個人の問題だが、食べてはいけないものというのは文化的に形成された認知である。それゆえ何を食べるのを忌避するかだけでなく、なぜ忌避するかの理由も、ある程度は知っておく必要がある。実際の場面で何に配慮すべきかについては煩雑に感じられる場合さえあるが、まずは基本的なことをおさえておきたい。イスラム教、ユダヤ教で豚肉を忌避するのは汚れた動物という意味だが、ヒンドゥー教で牛肉を食べないのは牛が神聖な動物だからである。さらにジャイナ教のように不殺生戒に基づくベジタリアンもいる。

食の戒律がもっとも細かく規定されているのはユダヤ教である。コーシャという食に関する規定がある。日本に住むユ

ダヤ人はきわめて少数であるので、イスラム教徒のハラールに比べるとコーシャについては知る人が非常に少ない。食の戒律はヘブライ語聖書（キリスト教徒にとっての旧約聖書に当たる）の中の「レビ記」、「申命記」、「出エジプト記」などに具体的に示されているので、聖書を重んじるユダヤ教徒であると厳しく守る。

表1　宗教別に見た忌避される食べ物

宗教等	食材
ユダヤ教徒	豚肉　貝類　エビなど　親子の組合せ　血
イスラム教徒	豚肉　アルコール（とくにワイン）
ヒンドゥー教徒	牛肉　（肉全般　魚の場合も）
ジャイナ教徒	肉全般　魚全般　アルコール
上座仏教僧侶	アルコール
モルモン教徒	アルコール　コーヒー・紅茶
ベジタリアン	肉全般　魚全般
（ヴィーガン）	動物（肉全般　魚全般　卵　乳製品　蜂蜜）

＊ヴィーガンは完全菜食主義者と訳されたりする。菜食主義というだけでなく、動物からの搾取を可能な限り避けるという姿勢がある。宗教とは言い難いが、参考のために掲げた。

「獣のうち、すべてひずめの分かれたもの、すなわち、ひずめのまったく切れたもの、反芻するものは、これを食べることができる」（「レビ記」11章）、「水の中にいてひれやうろこのないものは、すべて汚らわしいものである」（同前）、「子山羊を、その母の乳で煮てはならない」（「出エジプト記」）などと記されている。これによってラクダや豚は食べられない。エビや蟹などの甲殻類貝類・たこ、イカなどは食べられない。また「子山羊を、その母の乳で煮てはならない」から、チーズバーガーも食べられないという解釈になる。

　飲酒が禁止されている宗教も少なくない。イスラム教徒や上座仏教、ヒンドゥー教の僧侶などである。十九世紀に米国で設立されたキリスト教系の教団である末日聖徒イエス・キリスト教会（モルモン教）やエホバの証人（ものみの塔）の信者も飲酒をしない。モルモン教徒はコーヒーや紅茶も飲まない。

　食の戒律への配慮は、ホテルや国際会議の主催者といった多くの訪日外国人と接する場合に求められるだけでなく、日本に在留する外国人との付き合いの中では日常的な問題となる。たとえば学校給食、近所づきあいの一環としての食事会というような場合である。宗教ごとに忌避される食べ物やアルコール類については**表1**に代表的なものをまとめておいた。

(2) 衣服への宗教文化の影響

宗教が衣服に関して制約を設けることもある。現在の日本では僧侶はいつも僧衣を身に着けていなくてもいいが、江戸時代は特別の身分であったので、常に僧衣である必要があった。これが変わったのは、明治政府が一八七二年に法要以外での平服着用を許可して以来である。東南アジアの上座仏教では、今日でも僧侶は常に僧衣を着ている。宗教家がその身分を示す服を日常的に身に着けるのは、世界的にはむしろ一般的なことである。

これに対し、一般の信者も日常生活において特定の服装がふさわしいという場合がある。これは民族衣装を着るのとは異なる。日本に住むイスラム教徒の増加とともに、日本でも女性のイスラム教徒(ムスリマ)のヴェール姿をときおり見かけるようになった。インドネシア、マレーシアなどから日本に住む人が増えたことを反映している。ヴェール(スカーフ)も国によって好ましいとされる形態はかなり異なるが、東南アジアからのムスリマのスカーフはカラフルなものもあったりして、多分にファッション性が感じられる。中東の場合は顔をすっぽり覆って目だけ出すニカブを適切とするサウジアラビアのような国がある。

男性のイスラム教徒は顔を隠さなくてもいい。ただ裸に対する忌避はあるので、公衆浴場などで裸になることは避ける。

ユダヤ教の男性は頭にキッパを着けることがある。日本国内では、見かけることがほとんどないが、人口の約一割がユダヤ人という米国のニューヨークに行けばそうした姿を見かける。またインドではパンジャーブ州など比較的シーク教徒が多い州があるが、シーク教徒の男性はターバンを巻くことがある。

衣装は食物ほど注意を払わなくていいが、フランスでは一九八九年にいわゆる「スカーフ事件」が起こった。ムスリマの女生徒がスカーフを付けて公立中学校に行ったところ、スカーフを外さないと授業を受けさせないという対処をされ、論争となった。日本ではこうした事件は起こっていないが、宗教的理由による服装を、公的な場所、あるいは勤務の場で制限するということについて、どのような基本的姿勢で臨むかを、あらかじめ考えておいた方がいいだろう。

(3) 年中行事・人生儀礼の多様化

グローバル化が進むと各国の伝統的な習俗にも変化があらわれる。二十世紀の後半、日本では都市化や産業化が進行したことで、戦前までに多く見られた農業など第一次産業に関わりの深い年中行事はすたれる傾向が生まれた。一月七日の人日(七草粥)、一月十五日の左義長(どんど焼き)、旧暦十一月の霜月祭りなどは、行事を知る人が減ってきた。他方、ヨーロッパからの新しい年中行事、たとえばクリスマス、バレンタインデーなどが、商業に取り込まれる形で流布してきた。

表2　英語版予告編のユーチューブ閲覧回数（2020年9月21日確認）

日本語タイトル	英語タイトル	英語予告編視聴回数
風の谷のナウシカ	Nausicaä of the Valley of the Wind	174万回
となりのトトロ	My Neighbor Totoro	705万回
もののけ姫	Princess Mononoke	515万回
千と千尋の神隠し	Spirited Away	1,033万回

一九八〇年代以降になると、各地で宗教色を失ったカーニバルが広まり、一九九〇年代後半以降にはハロウィーンが全国的に広がった。いずれもごく短期間に流行し一般化した。一九八〇年代に始まった浅草カーニバルは八月に行なわれ、二〇〇〇年代に盛んになった静岡カーニバルは五月に行なわれるなど、季節も南米のカーニバルとずれた。カトリックに関わった行事という色彩はなくなっている。ケルト人の祭りに起源のあるハロウィーンも米国で子どもの祭りとして変容したが、その変容したスタイルがさらに日本で変容した。子どもより若者の祭りとして広がり、渋谷などが、若者のエネルギーを発散する場として使われている。

文化のボーダレス化は日本的な神観念や民俗信仰を交えた漫画、アニメ、コンピュータゲームなどが、国外でも広く受け入れられる点にもあらわれている。高畑勲監督や宮崎駿監督の一連の映画には、日本のカミ観念やアニミズム信仰が表現されているとされる。「千と千尋の神隠し」、「となりのトトロ」、「もののけ姫」などは国外でも広く親しまれている。これらの英語版の予告編はユーチューブで視聴できるが、その二〇二〇年九月時点での閲覧回数を**表2**に示した。「千と千尋の神隠し」の閲覧回数は一千万回を超えている。

宗教的な色彩をもっていた年中行事が、宗教色を薄めた形で日本で広がるというのはクリスマスと同様であるが、人生儀礼においてもボーダレス化が顕著なものがある。葬儀の形態は日本では一九九〇年代以降、大きく変わり始めている。檀家意識の弱まりがその根底にあるが、葬儀の変化はボーダレスに生じている。それをよく示すのが、中国、韓国、台湾、ベトナムなどアジア各国、また西欧や北欧をはじめヨーロッパ各国でも広がりを見せている樹木葬ないし森林葬である。英国では一九九〇年代から森林葬が広がっているが、これは「ナチュラル・デス（自然な死）」という考えに支えられている。

日本で樹木葬が初めて行なわれたのは一九九九年とされているが、世界的に一九九〇年代以降、一気に埋葬の形式に変化が生じたのが分かる。社会的背景はそれぞれに異なるが、宗教的観念と深い関わりを持つと考えられる遺体の埋葬法に、非常に類似した変化が生じている。これも宗教文化のボーダレス化の一形態と捉えられる。

四、ボーダレス化による従来の常識への侵食

(1)イスラム教の戒律への配慮

食事、衣服、年中行事や人生儀礼に新しい様式がもたらされ、他者との関係の中で想定しておかなければならないことの種類が増える。これは当然日常生活のあらゆる面に及ぶ。ビジネス、スポーツ、遊びなど、宗教文化にあまり関係がなさそうに思われることにも顔を出す。一九九〇年代以降、宗教や宗教文化についてほとんど考慮しなかったために起こったと考えられる国際的な問題がいくつか生じた。それらは結果的に何に気を付けたらいいのかを明らかにしたことにもなった。

食や衣服のみならず、イスラム教の戒律はとくに問題になることが多い。それはイスラム教の戒律はすべての信者が守るべきものであるからである。日本の企業が引き起こした食文化に関するトラブルの事例で広く報道されたのは、インドネシアの現地法人「味の素インドネシア」で起こった事件である。二〇〇一年一月三日、同社が製造していた「味の素」に、豚から抽出した成分を利用していることが明らかになり、全製品が回収となった。イスラム教では豚肉がタブーだが、この場合は豚肉からとりだした成分を味を引き出す酵素を作るためのバクテリアの培養に使ったことが問題になった。六日には製品を製造していた工場の幹部六名が逮捕され、二十四日までにインドネシア全土で約三千トン以上の商品を回収するという事態になった。[16]

イスラム教の場合は、食だけでなく、ゲームソフトも問題になった。日本から発信される文化の主役は、一九八〇年代あたりからは漫画やアニメ映画、あるいはRPGなどコンピュータゲームになった。日本のコンピュータゲームは早くから人気があり、一九七〇年代にはパックマンが欧米で有名になっていたが、一九八〇年代~九〇年代には任天堂、スクウェア・エニックス、コナミ、ソニーなどが参画して、国外向けのゲームの開発が進んだ。二〇一〇年代には「妖怪ウォッチ」シリーズが大人気となった。

これらのソフトの中にイスラム教徒の反感を買うものがあった。二〇〇八年に人気アニメ「ジョジョの奇妙な冒険」

にイスラム教を侮辱する内容があるとして、アラビア語圏のウェブサイトで批判が高まった。原作コミックスの出版元でアニメ制作も主導した集英社は、問題のあったアニメDVDと原作コミックスの一部出荷停止を決定した。一連の作品には、敵役がコーランを読みながら主人公の殺害を指示したり、モスクが破壊されるなどの場面が含まれていたのである。政府はこの問題を受け、五月二十三日に「イスラーム教徒の感情が傷付けられたのは遺憾であり、異なる宗教や文化への理解をはぐくみ、再発しないようにすることが重要」との外務報道官談話を発表した。(17)

(2) 宗教文化の違いがもたらすいくつかのトラブル

イスラム教だけでなく、宗教文化の違いが関係する事件はさまざまに起こった。(18)二〇〇七年六月に、ソニー「プレイステーション3」用ゲームソフト(「レジスタンス――人類没落の日」)の戦闘場面にマンチェスター大聖堂が無断で使用されているとして、英国国教会がソニーに抗議した。国教会はソニーが謝罪やソフトの販売停止などに応じない場合、法的措置も辞さない構えをした。(19)ソニーは正式に謝罪したが、教会はソフトの回収を訴え続けていく意向をあらわした。

二〇一〇年には歌手の安室奈美恵さんが出演する日本コカ・コーラのCMに、ニュージーランドの先住民マオリ族の伝統舞踊「ハカ」を模したパフォーマンスが無断で取り入れられており、マオリ族の一部が「ハカを正しく伝えていない」と異議を申し立てた。CMでは安室さんと女性ダンサーがニュージーランドのラグビーチームに酷似したユニフォームを着た男たちと、ハカをモチーフにしたダンスを踊っている。ハカはもともと男性の戦いの踊りであり、戦いに加わっていない女性が踊るものではないとされる。マオリ族は「当地の日本大使館を通じ、広告代理店からハカを使いたいとの話があった。その際、私たちに相談してくれと伝えたが、結局、何もなかった」とのコメントを発表した。

おわりに

異なる宗教文化の経験は、日本の宗教文化の特質・特徴とされているものを捉え直す機会でもある。日本で古くから行なわれていると思っている宗教的な行事や慣習も、意外に新しいものが多い。両親や祖父母、あるいは地域社会で行なわれているので、古い歴史があると思いこんでいるに過ぎないものがある。女性が投票権を得たり、大学に行けるようになったのも戦後のことだが、これが実現したのがさして昔の話ではないということを感じさせないほど、現在は日本社会に定着している。人間は生まれたときから周囲に見聞きしてきたことは、古い起源を持つと思いがちである。実際は習俗や慣習もどんどん変わる。

ボーダレス時代に起こっている宗教文化の変容は、長い目で見ればこれまで人間が歴史の中で繰り返してきたことが比較的短期間に生じたに過ぎないとも言える。だが、あまりに短期間に進行しているため、世代間での受け止め方のギャップを生じるという現象が起こりやすい。また生活のあらゆる側面にわたっていろいろな経路で影響が及ぶので、どの宗教文化の影響を受けたのか分かりにくくなっている。

この状況は今後いっそう進行すると考えられる。自分が生まれ育ったときに無自覚的に獲得した宗教文化と異なるものに出会ったときに、それを排除するのではなく、柔軟に対応する思考法と態度を養うことが求められる時代である。[20] ボーダレスな時代がもたらす複雑さを、ヘイトスピーチに代表されるような排外主義に悪用されないように警戒すべきである。異質なものを問答無用に排除するのは、洞察を好まない人間にとってもっとも単純なリアクションなので、伝染しやすい。これを自覚し、どのように対処すべきかを考える上では、宗教文化教育が重要な役割を担う。拙著『グローバル化時代の宗教文化教育』で詳しく述べたが、[21] 宗教文化のボーダレス化が進む中で、人間が陥りやすいバイアスに気づき、なるべく摩擦が起こらないように心がけていくのは、二十一世紀における学校教育、さらに社会人教育における大きな課題である。

注

（1）二〇二〇年には四〇〇〇万人を超えると予測されたが、新型コロナウイルス感染症の影響で激減した。

（2）カトリック、真如苑、立正佼成会、神職の有志団体などが番組を提供し、宗教や宗教文化の理解を深めるための番組が数多く放映された。宗教研究者による「番組検討委員会」を設置して番組の中立性を担保して放映した。十四年間で約一五六〇番組が放送された。精神文化映像社社長であった並川汎氏による『精神文化映像社』14年の星霜」（宗教情報リサーチセンター編『ラーク便り』六二号、二〇一四年、所収）を参照。

（3）宗教情報リサーチセンター編『日本における外来宗教の広がり――21世紀の展開を中心に』（宗教情報リサーチセンター、二〇一九年）を参照。なお、この書は次のURLから自由にダウンロードできる。http://www.rirc.or.jp/20th/20th.html

（4）モスクの法人化については大澤広嗣「外来宗教の法人化について――イスラム教関係の一般社団法人と宗教法人」（前掲注3宗教情報リサーチセンター編、所収）に依拠した。

（5）以前は世界基督教統一神霊協会という名称であったが、二〇一五年八月に現在の名称に変更した。

（6）拙著『海を渡った日本宗教』（弘文堂、一九八五年）を参照。

（7）中牧弘允『新世界の日本宗教――日本の神々と異文明』（平凡社、一九八六年）、松岡秀明『ブラジル人と日本宗教――世界救世教の布教と受容』（弘文堂、二〇〇四年）を参照。

（8）神奈川大学のプログラムは下記サイトを参照。http://www.

himoji.jp/database/db04/index.html

(9) 国外の組織はＳＧＩ（創価学会インタナショナル）の名称となっている。

(10) これについては前掲拙著を参照。

(11) 李和珍「韓国ＳＧＩの展開と現況」（宗教情報リサーチセンター編『海外における日本宗教の展開――21世紀の状況を中心に』二〇一九年）参照。

(12) 藤井修平「西洋における禅の広がりの様相」（宗教情報リサーチセンター編前掲書、所収）、同「仏教は西洋でいかに変化したか――ヨーロッパの禅を中心に」（『中央学術研究所紀要』48、二〇一九年）を参照。

(13) この点については、拙著『世界の宗教は人間に何を禁じてきたか』（ＫＡＷＡＤＥ夢文庫、河出書房新社、二〇一六年）を参照。

(14) たとえば二〇二〇年一月に麻生太郎財務大臣は地元福岡における講演の際に、「二〇〇〇年の長きにわたって、一つの国で、一つの場所で、一つの言葉で、一つの民族、一つの天皇という王朝が続いているのはここしかない」と発言している。

(15) 基本的にどのようなことを踏まえたらいいのかに関しては、井上順孝編『ビジネスマンのための「世界の宗教」超入門』（東洋経済新報社、二〇一三年）を参照。

(16)『日本経済新聞』二〇〇一年二月一日ほか参照。

(17)『毎日新聞』二〇〇八年五月二十三日夕刊ほか参照。

(18) 二〇〇〇年代までに起こった主な具体的事例を集めたものに下記の論文がある。高橋典史・藤野陽平「企業活動と宗教をめぐるトラブルに関する研究序説――メディア報道の分析を中心に」（井上順孝編『インターネット時代における宗教情報リテラシーに関する研究』平成21年度特別推進研究助成研究成果報告書、二〇一〇年七月）

(19)『読売新聞』二〇〇七年六月十一日夕刊ほか参照。

(20) こうしたことは具体的な事例に即して学んだ方が分かりやすい。この点を考慮して宗教文化教育推進センターの運営委員が中心になって作成したのが、宗教文化教育推進センター編『解きながら学ぶ日本と世界の宗教文化』（集広舎、二〇一九年）である。

(21) 井上順孝『グローバル化時代の宗教文化教育』（弘文堂、二〇二〇年）を参照。

付記 本稿執筆中に新型コロナウイルス感染症が世界的に広がり、人の動きは突然縮小した。しかし、本稿で述べたことは、長い目で見れば、日本社会にとって今後の重要な課題という点に変わりはないと考える。

ラダックのアイデンティティ運動
——もうひとつの「カシミール問題」

宮坂　清

本稿はインドのラダックで展開されてきたアイデンティティ運動を、カシミールやインドとの関係において捉え、もうひとつの「カシミール問題」として提示する。インドはセキュラリズムを国是とするが、仏教、イスラーム、ヒンドゥー教といった宗教コミュニティの対立がこれらの問題に深く関わり、その解決を困難にしている。

はじめに

二〇一九年八月、インド北端のジャンムー&カシミール（以下、ＪＫ）州に激震が走った。同十月に同州がそれまで憲法により保証されていた自治権を剥奪されたうえで解体され、ＪＫ連邦直轄領とラダック連邦直轄領に再編されると決まったためだ。(1) インド人民党のモディ政権により周到に準備された関連法案はあっけなく連邦議会で可決された。日本でこのできごとはいわゆるカシミール問題への、インド政府による強権的な介入として批判的に報道された。カシミール問題とは、ＪＫの主権／帰属とアイデンティティを巡り七十年以上続く、インドとパキスタン、そしてＪＫの人々らが関わる紛争である。カシミール渓谷にはその頃すでに数万の治安部隊が増派され、政治家が拘束され、交通や通信が遮断され、極度の厳戒態勢下におかれていた。

他方で同州の東部に位置するラダックでは、状況が大きく異なっていた。同九月、筆者がラダックの中心都市レーを訪れると、そこには拍子抜けするほどに平穏な日常があっ

みやさか・きよし——名古屋学院大学国際文化学部准教授。専門は文化人類学、宗教社会学。主な論文に「神々に贈られるバター——ラダックの遊牧民による乳加工と信仰」（鈴木正崇編『森羅万象のささやき——民俗宗教研究の諸相』風響社、二〇一五年）、「インド、ラダックにおける仏教ナショナリズムの始まり——カシミール近代仏教徒運動との出会い」（櫻井義秀編『現代中国の宗教変動とアジアのキリスト教』北海道大学出版会、二〇一七年）、「日本におけるチベット仏教——ダライ・ラマ来日時の交流を手がかりに」（『日本における外来宗教の広がり——21世紀の展開を中心に』宗教情報リサーチセンター、二〇一九年）などがある。

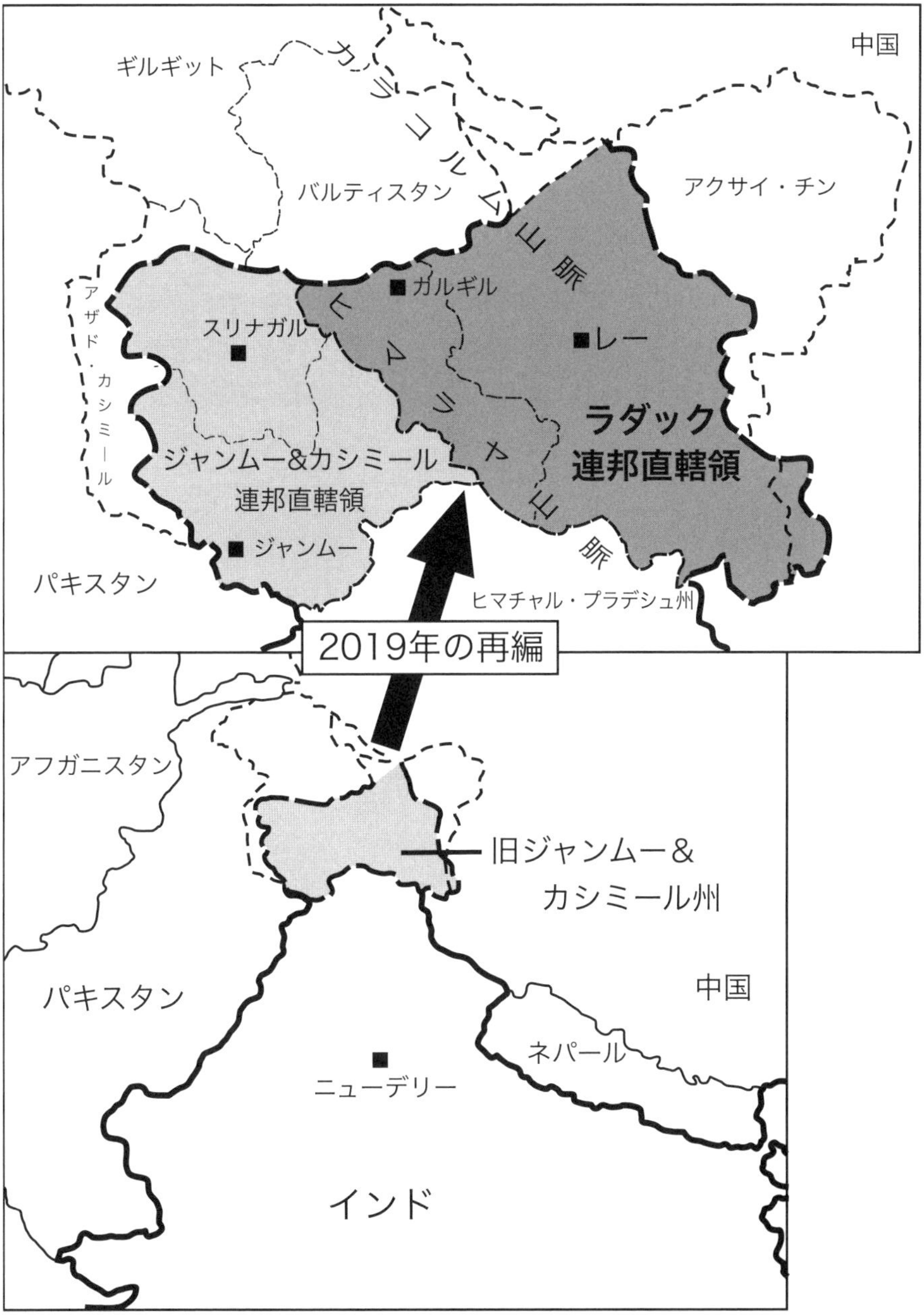

図1　旧ジャンムー＆カシミール州（下）と、2019年再編後のラダック連邦直轄領（上）

た。街で話を聞いて歩くうちに、およそ仏教徒は長年の宿願が叶ったことに気分を高揚させ、隣合わせに暮らすムスリム（イスラーム教徒）も不安を抱えながらも決定を受け容れ、ただ出稼ぎのカシミール商人のみが家族と連絡がとれず悲嘆に暮れていることがわかってきた。さまざまな思いが交錯しつつも街は平静さを保っており、一部では早くも中央政府に対する新たな要求について議論が始まっていた。

ともに連邦直轄領化されながら、厳戒態勢下におかれたカシミール渓谷と平穏なラダック、この状況の違いはどこから来るのか。長年にわたり独自のアイデンティティを主張しインド政府と対立してきたカシミール渓谷の人々にとり、インド政府によりＪＫが分割され連邦直轄領化されることは彼らの主張の挫折を意味する。他方でＪＫの一部でありながらやはり独自のアイデンティティを主張しＪＫからの分離および連邦直轄領化を求めてきたラダックにとり、連邦直轄領化は目的の達成なのである。今回のこの重大な決定に至るまでには数十年におよぶ多様な主体による錯綜した葛藤の過程がある。そのうち、分離されたＪＫとラダックがそれまでいかなる関係にあったかという点は焦点のひとつになりうるだろう。これまでカシミール問題の文脈ではラダックはほとんど話題にされず、他方ラダック地域研究の文脈ではカシミール問題は背景的な位置づけで扱われてきた。しかし今回中央政府がカシミール問題とラダックの問題を一度に処理したことにより、政府が両者を一連なりの問題とみなしたことが確認された。さらにその処置は、カシミール問題の中に、それ自体と同一の主題、すなわちその主権／帰属とアイデンティティに関わるもう一つの問題が存在することを知らしめた。本稿ではこの問題を巡る一連の過程を、ラダックとＪＫやインドが交渉し影響を及ぼしあったその関係に注目し概括的に整理しその見取図を描きたい。

一、インドにおけるセキュラリズム

ラダックとＪＫやインドの関係を整理するための枠組みとして有効と考えられるのは、セキュラリズムの概念である。一般にセキュラリズムとは、政治における世俗主義、つまり宗教と政治は切り離されなければならないとする政教分離主義を指し、近代国家の基本的な原則のひとつである。多様な信仰をもつ人々が社会で共生するためには、政治と宗教が影響を与えあってはならないというのがその基本的な考え方であり、インドもこの原則を憲法に明記している。

インドにおけるセキュラリズムを考える場合に考慮すべきは、独立運動期から現代に至るまで宗教に基づくコミュニティの政治的対立が紛争の火種であり続けているという点である。こうした対立はインドでは「コミュナリズム」と呼ばれ、とりわけ多数派のヒンドゥー教徒（約八〇パーセント）とそれに次ぐムスリム（約一四パーセント）の間のものが際立つ。このことからインドにおけるセキュラリズムは、政治から宗教を切り離すというより、政治が宗教コミュニティ間の公平性を保つこととして理解される。独立運動からインド・パキスタンの分離独立に至る過程でセキュラリズムはインドのいわばナショナル・アイデンティティとなり、現在にいたるまでインド政治において半ば前提と考えられている。しかし肝心の「宗教コミュニティ間の公平性」をいかに保つかについての具体的な指針は、各コミュニティの利害と絡むため、一致させることが困難であり、容易に政治的な争点となる。長らく与党の座にあった国民会議派は多数派であるヒンドゥー教徒のコミュナリズムを抑制しムスリムその他の少数派コミュニティの苦難を回避する施策を重視してきたが、やがて自らその指針を変質させ、結果としてヒンドゥー・ナショナリズムを標榜するインド人民党の台頭を招来した。インド人民党は、会議派が行ってきた少数派コミュニティへの肩入れこそが公平性を失わせるコミュナリズムであると批判し、自分たちのそれこそが真のセキュラリズムであるとする。こうして「本当のセキュラリズムとは何か」を巡る正統性の争いが起きている。インド人民党のいうセキュラリズムが何を意味するかは必ずしも明確ではないが、同党モディ首相の「私にとって、セキュラリズムは、『インディア・ファースト』を意味します」という発言などから、最低限以下のようなものだといえるだろう。すなわちインド人民党にとって、セキュラリズムによって保つべき公平性とは、宗教コミュニティ間の社会的な不公平を是正することであるよりは、インドのナショナリズムに与する度合いに応じて利益を配分することである。(2)

このようにインドでは、セキュラリズムが善でコミュナリズムが悪という価値判断が広く共有される一方で、その語の意味するところには大きな乖離が生じている。そしてこのようなインド的セキュラリズムの文脈は、以下でみるような、ラダックとJK、インドという三つの次元における政治過程を理解するのに重要な手引きとなる。

二、問題の生成

(1) JK藩王国への併合

カシミール問題というときの「カシミール」とは、カシミール、ジャンムー、ラダックを含む辺境地域という、大きく三つの地域からなる。これら三地域は地理的、文化的な差異が際立っている。人口規模で最大のカシミールはヒマラヤの南西麓に広がる渓谷で湿潤な気候に恵まれ、スーフィズム信仰を特徴とするスンナ派ムスリムが多数を占め、カシミール語が話される。ジャンムーはパンジャーブ平原の北端にあたり、ヒンドゥー教徒が多く、ドーグリー語が話される。最も人口が希薄なラダックを含む辺境地域はヒマラヤ・カラコルム山系に位置し乾燥した寒冷な気候を特徴とし、南東部にはチベット仏教徒が、北西部にはシーア派ムスリムが多く、南東部では主にボト語（チベット語系言語）が話される。

これら三地域の今日につながる関係性の起点といえるのが、十九世紀前半に起こったジャンムーのヒンドゥー土侯ドーグラーによるカシミールやラダックへの侵攻である。当時ジャンムーはパンジャーブ地方のシーク王国配下にあったドーグラーが支配しており、カシミールはアフガン人の支配下にあり、ラダックにはチベット王家に連なるといわれ千年近い歴史をもつラダック王国があり、交易による経済的な結びつきをもちつつそれぞれ異なる体制下にあった。ドーグラーはカシミールへ侵攻し、一八四二年にラダック王国を滅ぼすと、第一次シーク戦争の際にはイギリス東インド会社に味方し、一八四六年、勝利した同社から、戦功への見返りにラダックやカシミールの領有を認められ、イギリスの宗主権を認めたうえで、JK藩王国を建国した。以降、藩王国は、ジャンムー地方、カシミール地方、辺境地区という三つの行政区画により統治された[3]。

ラダック王国の体制は解体され、旧王族や貴族と一部の仏教僧院に免税特権が付与されたのを除けば、人々は藩王国から派遣された知事により課された重税や労役に苦しみ、取り残された地域となっていった。藩王国に力で併合され搾取され、半ば忘却されたという記憶は、JKというアイデンティティに与しない後のラダックの姿勢につながる[4]。

(2) アイデンティティの模索

十九世紀末以降、インドではイギリスによる過酷な植民地支配のなか、インド国民会議（独立後に政党化したものは、「会議派」と表記する）を中心に自治拡大、そして独立を目指す運動が高揚していく。その原動力のひとつとなったのがヒンドゥー教の刷新運動であったが、それはやがてイギリス当局の「分割統治」に利用され、ムスリムとのコミュナル対立につながっていった。一九三一年、JK藩王国においてもヒンドゥー中心の藩王国支配に対するムスリムの反感が表面化して暴動が起き、それを機にシェイフ・アブドゥッラーというカリスマ的な指導者を中心とする政治運動が組織された。ただし彼らは宗教色を前面に出したわけではなく、ヒンドゥー教徒やシーク教徒も受け入れるようになる。アブドゥッラーらは少なくとも表向きは、JKを一体のものと捉え宗教や地域性の違いを超えた連帯を模索し、ゆえにセキュラリズムを旨とするインド国民会議の信頼を得て、紆余曲折を経るものの、JK政治の主流となっていく。(5)

同じ頃、ラダックでは仏教徒によるアイデンティティ運動が芽生えた。セイロンのダルマパーラが一八九〇年に設立した大菩提会による仏教の復興運動が、一九二〇年代にカシミールに伝わり、ラダックの仏教徒へも伝えられたのだった。その媒介者シリダール・カウルはラダックの僧院や旧支配者層に働きかけ、「仏教の復興」に奔走する。三四年、ラダックに初の近代的な仏教組織である青年仏教徒協会(後のラダック仏教徒協会)が設立され、藩王国における「仏教徒ラダック人」の認知を高め、立ち遅れた仏教徒の生活や慣習の改革、地位の向上を目指す活動を展開した。インド的な近代に合流していくなかで、ラダック人はまずこうして仏教徒として表象され、その運動は「仏教徒の運動」として出発することになった。(6)

(3)二つの主権/帰属問題

一九四五年に第二次世界大戦が終結し、インドはようやくイギリスから独立するが、それはインドと東西パキスタンの分離独立というかたちとなった。ガーンディーによる融和の主張は叶わず、一つのセキュラーな国家として独立する過程から、ヒンドゥーとムスリムという「二つのネイション論」を唱えるムスリムが離脱しパキスタンを建国したのである。そしてその、インドとパキスタンが合意できなかった点を今日まで体現し続けるのが、続いて発生したカシミール問題である。(7)

四七年のインド・パキスタン分離独立に際し、そのどちらにも境界を接し、ムスリムが多数派でありながらヒンドゥー教徒の藩王が支配するJK藩王国は、難しい判断を迫られた。藩王は当初帰属先を明言せず、中立国家として独立することを画策したが、パキスタンから武装勢力が侵入すると一転してインドに支援を要求した。インド政府が藩王国のインド帰属を条件に支援すると伝えると、藩王はすぐにインドへの帰属を表明するとともに派兵を求め、これに反発したパキスタンとの間で戦いが始まった(第一次印パ戦争)。国連の調停により停戦したものの、その停戦ラインは実効管理線と名称を変えて存続し、JKはインド側とパキスタン側に実質的に分割され続けることになった。五四年、インド支配地域に設置されたJK州は、旧JK藩王国の半分近くを占め、ジャンムーやシュリーナガルなど主要な都市がそこに含まれる。[8]

ＪＫ藩王国のシェイフ・アブドゥッラーは中央政府ネルー首相の信頼を得て、第一次印パ戦争の過程で藩王に代わり実権を握り首相となった。彼の当面の関心は分断されたＪＫの自決権とアイデンティティを将来にわたり担保することにあり、そのため藩王国内のコミュナル対立を避け民主主義とセキュラリズムを推進する必要があった。この点において、アブドゥッラーとネルーは価値観を共有し、互いに信頼を醸成することができた。その信頼の成果ともいえるのが、五〇年に施行された、ＪＫ州に他州とは異なる特別な自治権（立法、行政、司法）を与える憲法三七〇条であった。[9]

ＪＫの帰属を巡る混乱を横目に、ラダックの仏教徒のあいだでも自らの帰属が取り沙汰され、チベットへの統合を目論む案すら話し合われた。そのころ指導者として頭角を現したのがクショク・バクラ十九世であった。彼は留学先のチベットから帰国し、ラダックにおけるゲルク派の実質的な貫主の地位に就くと、四九年、ラダックにネルー首相を迎えその信頼を得た。彼はアブドゥッラーが党首を務める民族協議会の地区代表に選任され、それによりラダックのＪＫ残留が確定した。政治指導者を仏教界の指導者が務めるという「政教一致体制」は、ラダックが仏教徒の地であるというイメージを内外に定着させた。[10] このように、インドがムスリム国家パキスタンと対峙するセキュラーな国家として歩みを始め、またＪＫのインド支配地域においても宗教の区分を超えたアイデンティティが模索されるなか、ラダックではＪＫの枠組みのなかで仏教を旗印にした政治活動が開始された。

三、問題の展開

(1) コミュナル対立の表面化

ＪＫ州の二〇一一年の人口は約一二五四万人、その宗教別割合は、ムスリム六八パーセント、ヒンドゥー教徒二八パーセント、シーク教徒二パーセント、仏教徒一パーセントと、インドで唯一ムスリムが多数派を占める州であった。[11] さらにパキスタンも領有を主張する係争地でありながら、政治の主導権をムスリムが握り、かつ（有名無実化していたにせよ）独自の憲法をもち広範な自治権を付与されているという、その特殊性はインドにおいて際立っていた。先述したとおり、そうであるからこそなおさら州政権はセキュラーな立場を堅持する必要があったが、その立場は出だしからコミュナルな動きに晒され動揺した。一九五〇年、ＪＫ藩王国首相シェイク・アブドゥッラーは土地改革に乗り出したが、ヒンドゥー教徒が多数を占めるジャンムーの大地主がこれに反発し、コミュナルな様相を帯びた暴動へ発展する。ラダックでも、バクラの指導のもと、大地主であった仏教僧院が一致して反対運動を展開した。対応に苦慮したアブドゥッラーが強権化しムスリムの多いカシミール渓谷のみで独立する可能性を示唆すると、これを警戒した中央政府が介入し、五三年、アブドゥッラーは解任されたうえ逮捕、投獄された。セキュラリズムという指針を共有し連帯した独立インドとJK主流派はあっけなく相互不信に陥った。[12]

他方、二〇一一年時点でも人口約二十七万人に過ぎず、州内の極小マイノリティと言っていいラダックでは、バクラら仏教徒により、州における認知度を高め、支援を引き出そうとする活動体制が整えられていった。しかしラダックの宗教別人口割合はムスリム四六パーセント、仏教徒四〇パーセント、ヒンドゥー教徒一二パーセントであり、仏教徒は多数派とはいえない。[13]例えば中心都市レーでは、仏教徒が多数派であるものの、シーア派ムスリム、スンナ派、ヒンドゥー教徒が隣り合って生活し、数は少ないがキリスト教徒、シーク教徒もいる。このような多宗教の社会でありながら仏教徒のみでものを動かそうとしたため、早くも一九四七年の第一次印パ戦争に際し、自衛軍の召集に関連してコミュナル対立が表面化している。また、仏教を前面に出す手法は当初成果をあげたが、セキュラーな立場にたつ州政府とのあいだに軋轢を生じさせることにもなった。五二年、僧衣を纏ったバクラは州の制憲議会でラダック独自の予算枠、教育充実、地域開発を要求する演説を行い、翌五三年、州政府にラダック担当大臣が設置されバクラが就任することになった。しかし宗教の違いを強調する「分離主義」的な手法はやがて州政府を警戒させ、次第に成果をあげられなくなる。[14]

(2) JK州統合の既成事実化

一九五三年にシェイク・アブドゥッラーが逮捕された後、中央政府では彼らJK州主流派と信頼関係を築いたネルーが次第に発言力を失い、JK州行政への不信に根ざした介入がなされるようになる。五九年、中央政府はJK州議会の選挙行政を中央政府に移管し、六四年には非常時の大統領統治が同州にも及ぶこととした。州政権はこうした介入を受けても抗わず、住民投票を求める分離主義的な動きを抑え込み、むしろ中央政府に迎合する姿勢を強めやがて腐敗が進んだ。六五年、パキスタンの挑発によりカシミールで戦闘が再び勃発し、国連の調停を受けて停戦した(第二次印パ戦争)。この間、中央政府は多額の補助金を投入し公共施設の建設や教育の拡充を進めたが、住民投票を求める人々の意志は抑圧された。[15]

独立以来インド政界で一党優位を保っていた会議派は六四

年にネルーが死去した頃には凋落傾向が明らかになり、六六年に首相に就任した娘のインディラ・ガーンディーも七〇年代に経済政策の失敗と強権化により支持を失った。七七年に会議派が初めて下野した頃から、インド政治はエリート政治から大衆政治への移行に伴い、明らかな変動期を迎える。他方でガーンディーはパキスタンが七一年の第三次印パ戦争を経て弱体化したのをみてＪＫ州のインドへの統合に自信を深め、七五年、インドへの統合を再確認することを条件にアブドゥッラーを州首相に復帰させた。インドの枠組みのなかで自治を拡大するという彼の穏健な方針は支持され、復活した彼が率いる政党、民族評議会は七七年の州議会選挙で勝利した。他方で住民投票や独立を求めてきた分離主義はアブドゥッラーという指導者を失い、この時期に再編される。(16)

(3) ラダック、運動の過熱と多元化

中央政府から過度な干渉を受けるＪＫ州とは対照的に、中央や州から顧みられることが少ないラダックでは、その苛立ちから運動が過熱していく。会議派に鞍替えしたバクラは一九六七年、連邦下院選挙に出馬して当選するが、それに伴い空席となった州のラダック担当大臣のポストをめぐる、会議派におけるバクラに近い強硬派と旧権力に近い穏健派の争いが生じ、またそれを長期にわたり放置した州政府への不満も高まった。六九年、強硬派は、仏教徒がイスラームへの改宗を強制されたという訴えを機に、地元ムスリムと州政府への抗議運動を開始する。要求事項には、改宗の中止、学校におけるボト語必修化のほか、初めて指定部族への指定、連邦直轄領化が掲げられた。(17)とりわけ最後の二つは、その分離主義的な意図を州政府や中央政府から警戒された。州政府がバクラの側近をラダック担当大臣に指名したことで状況は落ち着いたが、宗教対立を口実にアイデンティティを叫ぶ手法は将来に禍根を残した。(18)

この過程からも読み取れるように、バクラに近い強硬派は権力を握りつつも、彼らへの信任は必ずしも盤石だったわけではない。そしてより根本的な変化が、経済発展に伴う「外の世界」との交流の増加によりもたらされた。六二年、ラダック東部アクサイチンの領有を巡り中印国境紛争が起きると、ラダックでは軍雇用の増加や野菜価格の上昇などにより経済発展がめざましくなった。そしてジャンムーやスリナガル、デリーの大学などで学ぶ若者が増え、彼らにより幅広い知見がラダックにもたらされるようになったのである。六九年の抗議運動に際し、彼らの間では政治をコミュナル化することが目的実現のためには逆効果であるという見解が広がり、僧侶や旧権力による権威主義的な政治への批判に共鳴する、

若い仏教徒の組織化がなされた。他方で指定部族や連邦直轄領化といった、宗教宗派を問わずラダック全体で共有できるセキュラーな目的については受け継がれていく。[19]

一九七〇年代、ラダックでは強硬派と穏健派の主導権争いが続く一方、若い仏教徒が生活改善運動を実践する学校を設立するなど、幅広い社会活動が活発化する。また七四年にラダックが外国人旅行者に開放され、翌年主要都市レーに通じる自動車道路が開通し往来が活発になると、ラダックの仏教徒は外界から向けられるそれまでにないまなざしに気づく。すなわち人々はそれまで仏教と後進性をアイデンティティとして発信し、そのようにまなざれることにより利益を確保しようとしてきたが、観光客や研究者はその仏教を珍しい貴重なものとして見出し称賛したのである。ラダックにおける仏教の意義はこのように外部のまなざしを受けて両義化されつつ高まっていったが、しかし一方でそのことは仏教徒とムスリムの間の確執を増幅させることにもなった。[20]

四、問題のコミュナル対立化

(1) カシミール武装闘争

一九八〇年代、インド政治は大衆化が進むとともに、宗教への傾斜が強まっていく。インディラ・ガーンディーは政権に復帰したものの会議派離れの傾向は止まず、多様化した主体を再度まとめるために自ら「ヒンドゥー・カード」を選択する。その契機となったのがパンジャーブ州で起きたシーク教過激派の軍による排除、そしてその報復になされたガーンディーの暗殺であり、後継の息子ラジブ・ガーンディー率いる会議派は高まったナショナリズムを追い風に下院選挙で圧勝する。その結果、ヒンドゥー・ナショナリズムやカースト政治などいわゆるアイデンティティ政治が伸張し、宗教やカーストなど特定のアイデンティティを基盤とした政党が各州に林立する。そして同時期に隣国パキスタンもまたイスラームへの傾斜を強めていた。

カシミール渓谷でもこれらの動きを受けて分離主義が新たな活動を始める。[21] そして八七年の州議会選挙に際し、その動きを警戒した中央政府や州政府が介入して不公正選挙となったことで、不満が爆発する。八九年、いわゆるカシミール武装闘争が始まり、様々な勢力によるゲリラ活動が激化する。そしてカシミールのヒンドゥー教徒、カシミール・パンディットが迫害を受け、翌年までに十万人以上が避難する事態になったことで、カシミール問題の焦点は、JKの帰属や主権からヒンドゥー教徒とムスリムのコミュナル対立へ移る。闘争の主導権は当初セキュラーなカシミール民族主義を唱える集団が握っていたが、次第にパキスタンによる支援先がイスラーム色が強い勢力へと移ったことから主導権もそちらに移り、アフガン・ゲリラも加わり凄惨さを増した。対するインド政府はＪＫ州を大統領の直接統治下におき警察や治安部隊を派遣したが、軍に大幅な権限を付与する軍事特別法を適用したため、それらによる一般市民に対する拷問や「処刑」もまた多発した。こうしてカシミールの人々はゲリラと自国軍の双方に怯える生活を余儀なくされた。(22)

カシミール問題の情勢悪化は国内のコミュナリズムのみならずインドとパキスタン双方のナショナリズムの高揚をももたらした。九八年、政権に就いたインド人民党はその直後に核実験を実施し、パキスタンもそれに続いた。翌九九年にはラダックのカルギル近くの山岳地帯で軍事衝突が発生し（カルギル紛争）、二〇〇一年にかけて核戦争の危機すら囁かれたが、やがて両国ともに融和姿勢に転じた。襲撃やテロは減少し、中央で会議派中心の政権が誕生した〇四年以降、ムンバイで大規模なテロが起こる〇八年まで、跛行的ながらパキスタンとの関係修復が進められた。(23)

(2) ラダック、コミュナル衝突

一九八〇年代、ラダックではアイデンティティと利益を巡る動きが再び活発化し、文脈は異なるが、やはり宗教コミュニティ同士の暴力的な衝突に至る。一九七九年、ラダックはＪＫ州行政により仏教徒が多数派を占めるレー地区とムスリムが多数のカルギル地区に分割された。続いて行われた州政府による地域間格差の調査に際し、レー地区では中央政府から支出される州予算のラダックへの配分が不公正だとして見直しを求める声があがったが、それがほぼ認められず不満が高まった。八〇年、バクラを代表に、仏教徒とムスリムの政治家からなる行動委員会が組織され、改めて、国の予算を直接受け取れる体制すなわち連邦直轄領化と、州の他地域との差別化と教育優遇などの権利を得られる指定部族への指定を要求した。連邦直轄領化について、州の分離主義を刺激するとして州政府のみならず中央政府も難色を示したことから、指定部族についてのみ調整が続けられたが、作業が遅延し続けたことにより不満が高まり、八七年、レーの街で仏教徒と州警察が衝突した。(24)

その後も作業は遅延し続け、八九年、不満が頂点に達しコミュナル衝突に至る。仏教徒中心の会議派レー支部は、州政府労働局が予算を不正流用しており、さらに公共事業の発注先の多くがカシミール渓谷とつながりの強いスンナ派ムスリムであると批判した。ラダック仏教徒協会もこれに同調し州政府に改善を求め、州政府から満足な回答が得られないとし

て、各地の仏教徒に対し、スンナ派との社会的な交流を中止するよう指示した。当初断交の対象がスンナ派のみであることを念頭に「コミュナルな措置ではない」と主張されたが、シーア派指導者がスンナ派に与する姿勢を表明したことで、やがてシーア派も断交の対象とされた。やがて仏教徒とムスリムが街頭で衝突し、建物が放火され、州警察の発砲により複数の死者がでた。(25)

事態を深刻に受け止めた中央政府から、ラダックに八つの指定部族（ボト、バルティ、ブロクパ、チャンパ、プリクパ、ベダ、モン）を認め、連邦直轄領化の代替として大幅な自治を認めると発表がなされ、それを受けて街頭の衝突はひとまず沈静化した。ただし指定部族にスンナ派（アルゴンと呼ばれる）が含まれなかったことによりムスリムの間に亀裂が生じた。社会的断交は九二年まで継続され、九五年、レー地区に高度な自治組織、ラダック自治丘陵開発評議会レー（以下、LAHDC）が発足したのを受け、ようやく落ち着きを取り戻した。(26)

一連の運動は、地域への予算配分に関わる不満の解消を求める運動として始まり、それを実現するために、行政の枠組みに合わせて地域や住民のアイデンティティを明確化するという道筋が描かれた。要求項目には連邦直轄領化や指定部族への指定といった宗教の別を問わないものが選ばれ調整が続けられたにも関わらず、それが実現しないことにより鬱積した思いは、コミュナル対立に転化され暴力衝突に至った。再び、政治目的の実現のためにコミュナル対立が利用された。

（3）問題の封じ込め／「解決」

二〇一〇年代、JK州やラダックを取り巻く環境に大きな変化がもたらされる。一四年、インド人民党は中央で政権に返り咲き、またJK州議会でも連立与党となり、拡大した影響力のもとパキスタンや分離主義への対決姿勢を強めていったのである。カシミール渓谷では危機感から分離主義への支持が再び高まり、一六年、若き指導者の殺害を機に大規模な抗議運動が起こったが、容赦ない弾圧が繰り返され、翌年まで厳戒態勢が敷かれた。カシミール渓谷の一層の軍事化が進められるなか、一九年、治安部隊を標的とする自爆テロが発生し、インド軍がパキスタン支配地域へ空爆を行った。全面衝突の危機は回避されたものの、高まったナショナリズムを追い風にインド人民党が下院選挙で圧勝し、冒頭で述べたような、JKの解体と再編が強行された。JK州はその形成経緯において付与された自治権をすべて奪われ、ラダックと分離されたうえで、連邦直轄領に格下げされた。力によるJKの自決封じ込め態勢が名実ともに確立した。

ラダックもまたインド人民党の台頭による影響を受けたが、その内容はJK州とは対照的に、長年の要求が認められ問題が「解決」するというものだった。ラダックでは一九九五年に地域自治組織LAHDCが発足し、州との関係解消や自治への期待が高まったが、まもなく失望が広がり問題が再燃した。LAHDCで多数派を占める会議派、そしてラダック仏教徒協会は、中央から支出される予算を州政府が執行せず自治を妨害しているとして、再び連邦直轄領化を求める声をあげはじめたのである。二〇〇〇年、仏教徒の女性がムスリム男性と結婚させられ改宗を強制されたという訴えを機に緊張が高まった。しかし事態をコミュナル化することへの警戒も強く、ラダック仏教徒協会によるムスリムや州政府への批判を行き過ぎとして諫める声が高まった。〇三年、ラダック仏教徒協会は政治から身を引き宗教活動に専念するという方針に転換し、政治部門はラダック直轄領化戦線へと引き継がれた[27]。そして一〇年、同団体がインド人民党に合流したころから、ラダックでも同党の勢いが増し、LAHDCや連邦下院の選挙で勝利し、それまで多くの場面でラダックを代表してきた会議派に代わり、ラダックの主流となった。一九年の連邦下院選挙もインド人民党の新人が圧勝し、同党がさらに勢いづくなかで、ラダックの連邦直轄領化が実現した。

おわりに

以上、二〇一九年のJK再編にいたる流れを、ラダック、JK、インドが関わり合う政治過程として大局的に描いてきた。最後にこれをセキュラリズムの視点から、ラダックを中心にまとめてみたい。

ラダックにおけるアイデンティティ運動の道のりは、まず仏教徒による地位向上運動として始まり、仏教徒社会の主導権争いやムスリムらとのコミュナル対立を内に抱えつつ、世代を重ねるにつれ活動やそれに関わる人の幅を広げていった。彼らの一貫した課題は、いかに自分たちのアイデンティティをJK州や中央政府に認知させ、それにより地域の発展を導くかということであった。やがて彼らの運動がさまざまな立場の思惑を越えて見出した目標が指定部族への指定と連邦直轄領化であった。とりわけ後者はラダックという地域に住む人々が宗教宗派や社会的立場を超えて連帯することを可能にした。ラダックはJKのなかで冷遇され続けており、ラダックがこれから発展を望むならばJK州ではなく中央の制度を利用し中央と直接の関係を結ぶべきだ、という主張は人々の多くが共有できるものだったのである。こうしてこの運動は、その後も時おり苛立ちからコミュナル対立を起こしながらも、大枠において、宗教を前面に出す形態からセキュラーな形態へ移行した。

他方でＪＫ州や中央政府からすれば、ラダックの要求はとうてい認められるものではなかった。まずＪＫ州からみれば、ラダックによる連邦直轄領化の要求はあからさまな分離主義運動であった。ラダックの連邦直轄領化とはＪＫ州からラダックが離脱すること、すなわちＪＫのアイデンティティを破壊することである。また中央政府からみれば、ただでさえパキスタンや中国との間で分断されているＪＫにおいて、インド支配地域内においてさらなる分離を認めることは、ＪＫの分離主義を挑発する行為でしかない。しかもそれを要求しているのは、宗教に基づく他のＪＫ地域との異質性を主張してきた仏教徒たちであり、それを認めることは（ＪＫ州の統治を正当化する役割を果たしてきた）インドのセキュラリズムの伝統に反する。そしてそもそも、憲法三七〇条の存在によりそれを実行することは法的に不可能である。

このようにとうてい認められそうになかった連邦直轄領化の要求が、しかし結局中央政府により認められたのは、端的に言えば、インド人民党が政権与党たりうる存在になり、国是であるセキュラリズムの意味が変貌したためである。二節でみたとおり、ヒンドゥー・ナショナリズムやインド人民党もまたセキュラリズムを謳うが、しかし同党にとって、セキュラリズムによって保つべき公平性とは、宗教コミュニティ間の社会的な不公平を是正することであるよりは、それらがインドのナショナリズムに与する度合いに応じて利益を配分することである。中央政府と直接に繋がりたいと訴え続けてきたラダックは、そのこと自体により利益を付与されたのだとみることができる。

しかし危ういのは、その利益に値するのがラダックの仏教徒コミュニティであるとみられる可能性があり、つまり人口を二分するムスリム・コミュニティに対する評価は必ずしも明らかではないという点である。実際のところ、連邦直轄領化が決まった後、ムスリムの多いカルギルでは反対運動が起きている。彼らの不安は自分たちがその連邦直轄領において果たして「公平に」扱われるかという点にあり、隣接するＪＫでムスリムがおかれている状況をみればその不安はさらに切迫したものになる。ＪＫは自治権を剥奪されアイデンティティを破壊されたうえで、それを実行した中央政府に直属させられることになった。そしてカシミール渓谷のムスリム・コミュニティを封じ込めるため、すでに駐留していた七十万とも言われる軍や治安部隊に加え、さらに数万が増派されたのである。このように、ラダックに隣接する地域のムスリム・コミュニティがインドのナショナリズムに与しないと評価され、徹底的に権利を剥奪され力により封じ込められるのを見せつけられていること、そしてラダックでは依然としてとりわけ仏教徒とムスリムの間で嫌がらせや諍いが起こりがちであることと考えあわせると、ラダックにおいても真に問題が解決したわけでないことがわかる。

注

(1) インドは州から構成される連邦国家であるが、インド憲法は特殊な事情下にある地域を中央政府が直接に管轄する連邦直轄領の制度も定めている。二〇二〇年現在、八つの連邦直轄領があり、うち議会を持つものがJKを含め三つ、持たないものがラダックを含め五つである。

(2) 以下を参照。近藤光博「宗教復興と世俗的近代――現代インドのヒンドゥー・ナショナリズムの事例から」(国際宗教研究所編『現代宗教 二〇〇五』東京堂出版、二〇〇五年)九四～九七頁。冨澤かな「三つの国のセキュラリズム――南アジアからこの語の意義を考える」(池澤優編『政治化する宗教、宗教化する政治』岩波書店、二〇一八年)二八・二九頁。

(3) Census of India 1907.

(4) John Bray, 2005. “Introduction: Locating Ladakhi History” in John Bray (ed.) “Ladakhi Histories: Local and Regional Perspectives”, Leiden; Boston: Brill, pp.16-21. 辺境地区は当初ラダックのみだったが、十九世紀後半にギルギットなど北西部が征服され加わった。

(5) ラーマチャンドラ・グハ(佐藤宏訳)『インド現代史――一九四七―二〇〇七』(明石書店、二〇一二年)(原著Ramachandra Guha, 2007, “India after Gandhi”, Macmillan Publishers Ltd.)、上巻一一四～一一八頁。拓徹「創成期の用語『カシミーリーヤット』について」(『現代インド研究』第一号、二〇一一年)一六八・一六九頁。

(6) 宮坂清「インド、ラダックにおける仏教ナショナリズムの始まり――カシミール近代仏教徒運動との出会い」(櫻井義秀編『現代中国の宗教変動とアジアのキリスト教』北海道大学出版会、二〇一七年)。

(7) 近藤高史「カシュミール問題の諸相」(『アジア研究』五〇(一)、二〇〇四年)二五～二六頁。

(8) 旧JK藩王国の領土は二〇二〇年現在、実質的にインド、パキスタン、中国の三カ国の管理下にあり、それぞれ面積の割合はインド四五パーセント、パキスタン三五パーセント、中国二〇パーセントである。

(9) 前掲注5グハ著書、上巻一二一～一四七頁。

(10) Kristoffer Brix Bertelsen, 1997. “Our Communalised Future. Sustainable Development, social Identification and Politics of Representation in Ladakh”. PhD thesis, Aarhus university, pp.162-177. なお、ラダックのこれ以降九〇年代までの記述については、詳細に経緯を記している本論に主に依拠した。

(11) Census of India 2011, Ministry of Home Affairs, Government of India.

(12) 前掲注5グハ著書、上巻三七四～三八五頁。前掲注7近藤論文、二六～二七頁。

(13) Census of India 2011, Ibid. なお、一九八一年以前のセンサスに仏教徒のカテゴリーがないため明確ではないが、かつて多数派だった仏教徒が割合を減らし続けているといわれる。

(14) Bertelsen, ibid. pp.168-177.

(15) 前掲注5グハ著書、上巻三八五～三九一頁、五〇三～五二四頁、下巻二一～二九頁。

(16) 前掲注5グハ著書、下巻一二八～一二九頁、二〇五・二〇六頁。拓徹「カシミールの禁酒運動はどう伝えられたか——一九八〇年代初頭インドの新聞報道とセキュラリズム」(『南アジア研究』第二五号、二〇一三年) 八五頁。

(17) インド憲法は、社会的、経済的な格差や差別をなくすため、旧不可触民カーストや後進的部族をそれぞれ、指定カースト、指定部族と認定し、選挙や行政、高等教育機関の採用優先枠を設けている(留保制度)。

(18) Bertelsen, ibid. pp.182-187.

(19) Bertelsen, ibid. pp.177-182, 187-189.

(20) Bertelsen, ibid. pp.189-198.

(21) 前掲注16拓論文。

(22) 前掲注5グハ著書、下巻三二四～三二八、三六四～三七〇頁。前掲注7近藤論文、二九～三二頁。なお、カシミール武装闘争に関しては以下のルポルタージュが参考になる。廣瀬和司『カシミール／キルド・イン・ヴァレイ——インド・パキスタンの狭間で』(現代企画室、二〇一一年)。

(23) 前掲注5グハ著書、下巻三九三～四〇五頁。

(24) Bertelsen, ibid. pp.199-209.

(25) Bertelsen, ibid. pp.209-218.

(26) Bertelsen, ibid. pp.218-222.

(27) Ravina Aggarwal, 2004, "Beyond Lines of Control: Performance and Politics on the Disputed Borders of Ladakh, India", Duke University Press Books, pp.42-49.

インドネシア・アチェ州のイスラーム刑法と人権

佐伯奈津子

さえき・なつこ――名古屋学院大学国際文化学部准教授。専門はインドネシア地域研究。主な著書に『アチェの声――戦争・日常・津波』（コモンズ、二〇〇五年）、『現代インドネシアを知るための60章』（明石書店、二〇一三年）、『平和をめぐる14の論点』（法律文化社、二〇一八年）などがある。

三十年におよぶ紛争が終結したインドネシア・アチェでは、イスラームの名のもとに、または伝統・文化を理由に、普遍的人権原則に反するような権利の制限や、少数者への不寛容・排外主義などが高まっている。本稿では、イスラーム刑法に関する条例をめぐる議論を整理し、新たなかたちの暴力が発生するにいたった背景、政治的文脈を考察した。

はじめに

二〇〇五年八月十五日、フィンランド・ヘルシンキで、自由アチェ運動（ＧＡＭ）とインドネシア政府が和平合意覚書に調印したことをもって、約三十年つづいていたアチェの紛争は終結したとされる。

筆者は、一九九九年からアチェで研究・調査を実施してきた。紛争中、インドネシア国軍とＧＡＭの武力衝突や、インドネシア国軍・警察による一斉検問など、緊張を強いられる場面は多かったが、アチェは筆者にとって居心地のいい場であった。インドネシアによる人権侵害に対し、国際社会の関与を強く希望していたアチェ社会は、アチェに通いつづけた数少ない外国人のひとりである筆者を信頼し、受け入れてくれていると感じることができたからである。

二〇〇五年の和平合意後、筆者ははじめてアチェで恐怖を感じずに行動できる自由を経験した。幹線道路ではインドネシア国軍・警察の装甲車やトラックしか通行しておらず、数百メートルおきにチェックポイントや一斉検問がある。マグリブ（日没の礼拝）後には、店がすべて閉まり、誰も歩いていない。そんなゴーストタウンのようなアチェは過去になった。

しかし、はじめて訪れる村で、もしくは新たに知り合ったアチェの人びとの会話で、居心地の悪さを覚えるようになった。ジルバブ（ムスリム女性がかぶるベール）をかぶらず、ズボンをはいている筆者に対して、眉をひそめる男性の姿が視界に入る。なぜムスリムにならないのか議論をふっかけられることも多かった。イスラーム法（シャリア）に反するとして、二〇一一年に逮捕されたパンク青年たちは、実は同年三月の東日本大震災直後、バンダ・アチェで献花をして、同じ津波被災者としての共感を表明してくれていた。かれらの献花の写真をFacebookに掲載すると、アチェの若者たちから「かれらはアチェの文化を損ねている」「かれらは犯罪者」「かれらは麻薬を摂取している」といった批判の書き込みが相次いだ。

アチェでは、イスラームの名のもとに、そしてアチェの伝統・文化を理由に、普遍的人権原則に反するような権利の制限や、少数者への不寛容・排外主義が高まっていった。永続的な平和に向けて、新たな道を歩みはじめたアチェで、むしろ新たなかたちでの暴力が発生するようになったのはなぜなのか。これまでオランダや日本、そしてインドネシアによる支配と抑圧に抵抗しつづけてきたアチェが、なぜ差別され抑圧される少数者に寄り添う選択をしないのか。筆者とアチェのあいだに、埋めがたい溝があるのではないかと感じるようになった。

しかし、同時に、そのように感じてしまう自身が、西洋的な、もしくは先進国のバイアスにとらわれているのではないか、自身のもつ差別に無自覚なのではないかという葛藤も生まれた。

本稿では、以上のような問題関心から、とくにアチェで適用されたイスラーム刑法に関する条例（カヌン・ジナヤット）に対し、アチェ社会がどのように認識し、応対してきたのか整理を試みる。そのうえで、完全に排除できるものではないが、宗教ではなく政治的な文脈において、イスラーム法の適用を位置づけてみたい。

一、イスラームと抵抗のアチェ

インドネシア・アチェ州は、東南アジアで最初にイスラームを受容し、一般的にインドネシアでもっとも敬虔なイスラームの州と言われる。マラッカ海峡に面し、インド洋に向かって開けていることから、ヨーロッパ＝中東＝インド＝中国を結ぶ交易の中継地点として栄え、多様な民族・文化が融合する開かれた社会であった。

「セランビ・メッカ（メッカのベランダ）」と呼ばれるアチェは、史料から十三世紀後半にはイスラームを受容していたと考えられる。

マルコ・ポーロの『東方見聞録』九章には、現在の東アチェ県プルラックと思われる「Ferlecという王国にサラセン商人が頻繁に訪れ、現地の住民をムハンマドの律法に改宗させた」と記されている。

同じ十三世紀末、現在の北アチェ県サムドゥラ郡にあったサムドゥラ・パセ王国の王ムラ・シラウの墓碑「許され、信心深く、助言を与え、貴族に愛され、高貴で、礼儀正しく、征服者であった故人は、宗教を理解するスルタン・マリクル・サレーという称号を与えられた」からも、アチェに複数存在した王国がイスラーム化していたことがうかがえる。

最古のマレー歴史文学とされる『パサイ王国物語』によると、このムラ・シアウは、竹のなかから出てきた大竹姫を母に、象に育てられたムラ・ガジャを父にもつ。ある日、ムラ・シアウの夢に、預言者ムハンマドなる人物が現れ、ムラ・シラウに対し、スルタン・マリクル・サレーと名乗り、信仰告白「アッラーは偉大なり、アッラー以外に神はなし」と唱えるよう命じ、四十日後にメッカから船が来ることを伝える。目覚めたムラ・シアウは、クルアーン（アッラーから予言者ムハンマドに下された啓示）の章句を間違いなく暗誦できることに気づく。

いっぽうメッカでは、預言者ムハンマドが生前預言したように、サムドゥラという名の国があるという噂が伝わってきた。カリフ（予言者ムハンマドの代理人）は、シャリフ・シェイク・イスマイルを船長とし、一隻の船をサムドゥラに派遣した。船は、途中マラバル（インド半島西海岸）に寄港、同行を望んだスルタン・ムハンマドを乗せて、サムドゥラに到着する。

クルアーンを理解するスルタン・マリクル・サレーと出会ったシェイク・イスマイルは、サムドゥラの人びとすべてに信仰告白の唱え方を教え、以後、サムドゥラは「ダルサラーム（平安なる住処）」と呼ばれるようになる。シェイク・イスマイルはしばらくしてメッカに戻るが、スルタン・ムハンマドはイスラームの基礎を固めるため、サムドゥラの地にとどまったという。

興味深いのは、東南アジアでもっとも早くイスラームに改宗したといわれるサムドゥラ・パセ王国に、インド経由でイスラームが伝えられたことだ。一五二五年、サムドゥラ・パセ王国を併合し、ジョホール、パハン、ケダ、ペラックなどマレー半島諸国をまで支配したアチェ王国は[1]、マラッカ海峡最大の国際貿易港として、コショウや金の貿易で栄える。このコショウは、イスラーム商人の手によってマラバル地方から移植され、商品作物として栽培されるようになったという。スルタン・ムハンマドを乗せた船は、コショウも運んできたかもしれない。

コーネル大学の文化人類学者であるJ・シーゲルが述べたとおり、アチェの歴史は広くイスラームと交易で語られるものだった[2]。そして、その交易は、(インドネシア)群島より、西方のインド、アラブ世界、北東の中国に向けて開かれていたのである[3]。

「セランビ・メッカ」とともに、アチェは「タナ・レンチョン(レンチョンの地)」と称される。アチェ王国時代から用いられているという伝統的な短刀であるレンチョンは、オランダ植民地主義者に対する、そしてインドネシアの軍事的抑圧に対する「抵抗のシンボル」[4]であり、イスラームや交易と並び、アチェの歴史を特徴づけてきたのは、抵抗と反乱である。

アチェの抵抗の歴史は三世紀にわたる。十九世紀に入り、イギリスのスマトラ進出を警戒したオランダが、スマトラ東海岸への干渉を拡大し、一八七三年にアチェに対して宣戦布告する。トゥンク・ティック・ディ・ティロらウラマー(イスラーム学者)はジハード(聖戦)を叫び、民兵を組織してゲリラ戦を展開、トゥク・ウマルらウレーバラン(領主層)もこれに加勢した。しかし、オランダ人イスラーム研究者スヌック・フルフローニエ(一八八九年からオランダ領東インド政庁官吏)が、ウレーバランと協力し、ウラマー勢力を制圧するよう提言したのを受け、オランダは積極攻撃に転じ、一九〇四年、アチェ戦争は終結した[5]。

一九四一年十二月十九日、日本軍がマレー半島ペナンを占領、藤原(F)機関が対北スマトラ工作を開始すると、全アチェ・ウラマー同盟(PUSA)は各地で対オランダ反乱を起こし、日本軍の無血上陸を可能とする。当初、オランダからの解放ととらえられた日本軍侵攻だったが、コメ徴収による食糧危機や労務者使役など、その軍政は過酷なものであった。一九四二年には、北アチェ県のウラマーであるトゥンク・アブドゥル・ジャリルが、日本もオランダと同じ「異教徒の集団」[6]だと説教し、これを支持して日本軍を襲撃した多数の人びとが虐殺され、モスクが焼き討ちにされるバユ事件も起きている。

一九四五年八月十五日に日本が無条件降伏し、つづいて八月十七日、のちにインドネシア共和国初代正副大統領となるスカルノとハッタがインドネシア共和国独立宣言をおこない、対オランダ独立戦争（〜一九四九年）がはじまる。アチェは、ジャワ島以外の反オランダの拠点として、この独立戦争に多大な貢献をする。アチェは、残留日本兵の協力を得て、鉄道や橋を爆破することでオランダ軍の侵入を食い止めた。オランダが最後までアチェを平定できなかったことで、インドネシアの独立が堅持された。[7]

一貫してオランダに抵抗してきた歴史、「セランビ・メッカ」として独自の文化をもつアチェに対し、インドネシア共和国中央政府は一九四九年十二月、副首相決定により、地域自治権限をもつアチェ州の地位を与えた。しかし一九五〇年五月、共和国政府と連邦政府との協定が結ばれ、共和国行政が十州に区画されることが決められたことを受け、八月、アチェは北スマトラ州に併合される。[8] これに反対して、一九五三年に反乱を起こしたのがダウド・ブルエを中心とするPUSA系勢力である。インドネシア・イスラーム国への参加を宣言したこのダルル・イスラーム運動は、中央政府が一九五九年、アチェに特別州の地位（宗教、慣習法、教育の自治権）を与えることで、一九六二年に終結した。

しかし、つづくスハルト時代にも中央集権化が進むなか、特別州の地位は有名無実化する。アチェ戦争の英雄トゥンク・チッ・ディ・ティロの孫で、ダルル・イスラーム反乱で「外相」を自称したハサン・ティロが、自由アチェ運動（GAM）[9]を組織し、インドネシアからの独立を宣言したのは一九七六年だった。

二、イスラーム法の適用
――中央政府とアチェ社会の摩擦

GAMについては、それまでの抵抗運動と異なる傾向が指摘できる。その動員に際してモスクが利用されたり、一九八〇年代にはリビアで戦闘員が訓練を受けたり、イスラームのネットワークは活用されていた。しかし、異教徒の支配に抵抗したり、イスラーム国家の樹立を求めたりするなど、ムスリムとしてのアイデンティティに働きかけたものではなかった。GAMが目指したのは、アチェで世俗的な君主制国家を樹立することだった。[10]

民族自決の権利を行使し、祖国への歴史的な土地所有の権利を守るわれわれアチェ・スマトラの人間は、ジャカルタの外国体制およびジャワ島の外国人のいかなる政治的コントロールからも解放され、独立することを宣言する。[11]

以上からはじまるGAMの独立宣言文では、独立を要求する背景について一段落が割かれている。その一部を抜粋する。

ジャワの新植民地主義者によって祖国が搾取され、破滅的な状況に追い込まれるのを目のあたりにしてきた。財産を奪われ、生計手段を奪われ、子どもの教育をないがしろにされ、指導者を追放され、人びとは暴虐・貧困・放置の鎖に縛り付けられた。[12]

GAMが独立を宣言した一九七六年、アチェでは天然ガス開発がはじまっていた。[13] この天然ガス開発は、「年産一二〇〇万トンまで能力が増強され、(中略)世界のLNG供給の二〇%を占め」、「(インドネシアにとって)石油と並ぶ貴重な外貨獲得源となり、インドネシアの開発に貢献した」と評価されるものだ。[14] しかし、国際戦略研究所(CSIS)のリザル・スクマ[15]は次のように述べる。

(天然資源開発は)小規模農民から適切な補償なしに土地を収用し、深刻な環境の悪化を引き起こすなど、望ましくない影響をもたらした。その豊富な天然資源にもかかわらず、アチェはインドネシアでもっとも貧しい州のひとつだった。その資源が属する人びとの福祉を無視したアチェの天然資源開発は、侮辱であり、アチェ人の文脈において、もっとも受け入れがたい行為だった。[16]

つまり、GAMは、天然資源開発が象徴する「新植民地主義者」による搾取に抵抗したのである。

当時のGAM掃討作戦で、メンバーの多くが殺害、逮捕されるか、マレーシア、スウェーデンなどに避難し、アチェに残ったメンバーは八十人程度だったと言われている。前述のとおり、新たなメンバーが動員され、一部がリビアで軍事訓練を受け、GAMは一九八九年に再び蜂起する。

「開発独裁」ということばが示すとおり、開発を円滑に進め、外国の援助・資本を誘致、保護するために、スハルト政権はアチェに国軍部隊を派遣、GAMの勢力が強い地域を軍事作戦地域(DOM)に指定した。インドネシアが改革・民主化の時代を迎える一九九八年まで、国際社会にほとんど知られることなく、アチェでは広範な人権侵害が発生することになった。

一九九八年のスハルト退陣後、海外に避難していたGAMのメンバーは続々とアチェに戻り、独立に向けたキャンペーンを開始した。加えて、インドネシアの民主化運動に呼応した学生たち、軍事作戦の被害者たちも、独自に運動を展開するようになった。数々の人権侵害事件の真相究明とインドネシア国軍の責任追及を求めたのである。アチェで新たに生まれた市民社会の潮流を、国内外の人権団体が後押しし、経済的搾取に加えて、人権侵害が前面に掲げられるようになった。インドネシア政府は、問題の解決を迫られた。政府は、アチェ問題について、アチェ特有の慣習法・伝統・文化が守られなかったことによるものであると認識していた（認識しようとしていた）。そのため、経済的搾取や人権侵害に取り組むより、宗教的なアプローチを採用したのである。

メガワティ・スカルノプトリ政権時に成立した「ナングロー・アチェ・ダルサラーム州[17]としてのアチェ特別州への特別自治に関する二〇〇一年法律第十八号（アチェ特別自治法）」は、アチェに広範な自治権を与えるものであった。「条例（*peraturan daerah*）」は「カヌン（*qanun*）[18]」（第一条）に、行政区分もそれぞれ伝統的な呼称（第二条）に改められ、慣習法や文化を司る象徴的な機関であるワリ・ナングローやトゥハ・ナングローが設置される（第十条）など、アチェの特有性に配慮した条文に加え、天然資源開発による利益の分配に関する規定（第四条）も策定された。

アチェ特別自治法ではまた、それまで抽象的な言及にとどまっていたイスラーム法の適用が明文化された。第十二章（第二十五・二十六条）では、国家裁判制度の一部としてシャリア裁判所の設置と、国家法制度におけるイスラーム法の適用が定められた。[19]しかし、ほとんどのアチェ人は、信仰をいかに正しく実践するかについて法制化する必要はなく、適用されたイスラーム法がローカルな価値や規範を正確に反映していないと考えていた。[20]これは、「ジャカルタの欺瞞」「イスラーム法を部分的にしか理解していない」というアチェ・ダヤ・ウラマー協会（ＨＵＤＡ）[21]のウラマーたちの発言からも明らかである。[22]

それどころか、イスラーム法適用が、ＧＡＭをイスラーム原理主義者として描こうとするインドネシア政府の策略である、[23]もしくはインドネシア国軍の「分断と征服」戦略であるというのが、[24]ＧＡＭや市民社会の認識であった。アチェ特別自治法は、アチェ問題の解決につながるどころか、アチェに対する国際社会の支援を断とうとするものとして、むしろ反発を招くことになったのである。

三、和平合意後の新たな暴力

二〇〇三年、アチェで軍事戒厳令が布かれるにいたり、アチェ問題は解決の糸口すら見いだせない袋小路に陥っていた。この状況を打開したのが、皮肉にも二〇〇四年十二月二十六日のスマトラ島沖地震・津波であった。震源地にもっとも近いアチェは、津波による甚大な被害を受け、十七万人とも言われる人びとの命が奪われた。ＧＡＭは独立要求を取り下げ、二〇〇五年八月十五日、フィンランド・ヘルシンキで、インドネシア政府と和平合意覚書に調印する。

和平合意によって、武力衝突、超法規的処刑、強制失踪、拷問、不当逮捕といった物理的暴力はたしかに激減した。そのいっぽうで移行期にあるアチェは、紛争中にはみられなかった課題にも直面した。そのひとつが、イスラームの名のもとに、不寛容・排外主義が高まったことである。冒頭で紹介したイスラーム的価値に反すると考えられたパンク青年の拘束と再教育（二〇一一年）、トランスジェンダーの逮捕（二〇一二年）、キリスト教会の閉鎖（二〇一二年）、イスラーム「異端」に対する攻撃（二〇一四年）などはその一例だ。

たしかに、アチェ特別自治法によってイスラーム法が適用され、そのおよぶ範囲は[25]、犯罪と罰則まで達していた。しかし、イスラーム刑法の適用は部分的なもので、アルコール（二〇〇三年カヌン第十二号）、賭博（二〇〇三年カヌン第十三号）、婚姻関係にない男女が密室にいる行為（二〇〇三年カヌン第十四号）が対象とされていた。また、カヌンが定めたのは、裁量罰（鞭打ち・罰金・禁固）と「軽いハッド（固定）刑」であった[26]。

その理由として、第一に、厳しい刑罰（切断・投石・報復）は、国内の実定法に違反すると考えられたこと、第二に、イスラーム法に対する「予期せぬ」侮蔑的イメージを招きかねないと懸念されたことが挙げられる。これは、当時の州知事だったアブドゥラ・プテ（在任二〇〇〇〜二〇〇四年）の発言からもみてとれる。プテは、人権やジェンダー正義を侵害する意図はないとして、イスラーム法適用を穏健に漸進的に実施すると説明していた[27]。

第二章で述べたとおり、イスラーム法適用はGAMからも市民社会からも歓迎されるものではなく、「紛争終結になんら重要な貢献もしなかった」[28]。ヘルシンキの和平協議でも、イスラーム法について話し合われることはなく[29]、和平合意覚書にも「イスラーム法」の言及はない。むしろ、和平合意覚書では、アチェにおける法の支配について、「市民的及び政治的権利に関する国際規約」「経済的、社会的及び文化的権利に関する国際規約」で定められた普遍的人権原則、つまり「グローバルな規範」にもとづくことが確認されていた[30]。

それにもかかわらず、和平合意覚書にもとづいて制定されたはずの「アチェ統治に関する二〇〇六年法律第十一号（アチェ統治法）」では、イスラーム法の適用が定められている。イスラーム法を実践する宗教生活の実行、イスラーム法に合致した質の高い地域に配慮した教育の実施、政策策定におけるウラマーの役割など、州の権限となる義務が規定されている（第十六条（2））。こうして、イスラーム法は「政治的な道具」として、インドネシア中央政府からアチェ州政府へと譲り渡されたのである。[31]

イスラーム法にのっとって、アチェで最初の鞭打ち刑が実行されたのは津波直後の二〇〇五年である。当時アチェでは、津波と紛争後の復興支援が進められており、国内外の報道もほとんどが平和維持、復興・再建プロセス、援助の透明性に関するものだった。そのため、この鞭打ち刑が国際社会の注目を浴びることはなかった。

二〇〇六年十二月、地方首長選挙で選出されたイルワンディ・ユスフ州知事（元GAM和平交渉担当者）、ムハンマド・ナザル副知事（元アチェ住民投票情報センター代表）[32]の背景はともに世俗的であり、イスラーム法を普及させる特別の関心もない。しかし、状況は国際NGOが撤退した直後に大きく変化した。シャリア警察（WH）[33]が、集中的な取締り・逮捕を展開するようになったのである。こうして、イスラーム法に合致しないと考えられるさまざまなことがらが禁止されていった。[34]

イスラーム法の濫用は、インドネシア中央の政治とも関係する。二〇〇九年四月の総選挙で、地滑り的勝利を収めたのは、GAMが結成したアチェ党である。そして、州議会を離れることになるゴルカル党、闘争民主党、福祉正義党、開発統一党といった全国政党所属の議員たちこそが、その任期が切れる直前の二〇〇九年九月に、イスラーム刑法に関するカヌン（カヌン・ジナヤット）を承認した主体だった。[35]

このカヌンは、姦通に対して投石刑（既婚の場合）、鞭打ち一〇〇回の刑（未婚の場合）、同性愛に対して鞭打ち一〇〇回の刑、小児性愛に対して鞭打ち二〇〇回の刑などを科すもので、カヌン草案作成において誰が協議したのか、なぜこれだけがカヌンになるのかについてどのような議論がなされたのか、なぜ科せられた刑罰が必ずしもほかの法律と一貫していないのかは明らかではない。たしかなことは、議員の一部から法制化への懸念が表明されたにもかかわらず、全会一致で採決されたことだ。[36]

アチェの知識人は、カヌン・ジナヤットが人びとの合意なく形成された「トップ・ダウン政策」だと批判し、アチェのNGOが参加する「イスラーム法憂慮市民社会ネットワーク（JMSPS）」は、人権侵害を引き起こす懸念があると訴えた。[37]このような動きを受けて、イルワンディ・ユスフ州知事は、アチェの多数が求めるものではないとして署名を拒んだ。カヌンを成立させれば人びとの支持を失い、カヌンを拒否すれば反イスラームと非難されるかもしれない。カヌン・ジナヤットは任期の切れる州議会が、次の州議会に対して残した「毒杯」であった。[38]

四、カヌン・ジナヤット
――支配のための道具

カヌン・ジナヤットは、とくに物議を醸した投石刑の規定が削除され、二〇一四年十月、「イスラーム刑法に関する二〇一四年カヌン第六号」として成立した（**表1**）。

筆者は二〇一七～二〇一九年にかけて、イルワンディ・ユスフ州知事、ロスマウェ市のスワイディ・ヤフヤ市長など政策決定者のほか、イスラーム法・ダヤ教育局、州・県議会議員、イスラーム知識人、人権団体や女性団体など市民社会、LGBTコミュニティなどに対し、カヌン・ジナヤットに関する聞き取り調査を実施した。[39] 本章では、この聞き取り調査にもとづいて、カヌン・ジナヤットをめぐる議論を整理したい。

カヌン・ジナヤットに対する第一の批判は、恣意的・差別的な適用である。[40] カヌン・ジナヤットは、アチェにおける行為にのみ適用されることから、アチェ外でたとえば賭博や姦通などの行為をおこなっても裁かれることはない。そのため、メダンやジャカルタなどの都市に行くことが経済的に可能な富裕層は、カヌン・ジナヤットから逃れることができる。[41] またWHの取締りは恒常的におこなわれるわけではなく、あくまで予算があるときのみだという指摘もある。[42]

第二に、カヌン・ジナヤットより優先順位が高い問題が放置されているという批判である。たとえば紛争被害者への支援、貧困削減、麻薬撲滅、環境保護、教育などに関してカヌンにする必要があるという。[43]

第三に、カヌン・ジナヤットの実施において、多くの人権侵害が発生していることである。国際的な人権NGOであるヒューマン・ライツ・ウォッチ（HRW）は二〇一〇年に出した報告書で、婚姻・血縁関係にない男女が密室にいる行為（**Khalwat**）をめぐり、WHが法を恣意的・差別的に適用したり、婚姻を強制したり、児童に対して処女テストを実施したりする実態を明らかにした。[44]

たとえば、夜間にオートバイで男女二人乗りしていたために逮捕された女性（二十歳）が、取調べをおこなうWH三人にレイプされた事件（二〇一〇年）、夜間に野外にいた女性（十六歳）がWHに拘束され、WHから情報を得たメディアによって売春婦と報道されたことから自殺した事件（二〇一二年）など、さまざまな悲劇が報告されている。

では、カヌン・ジナヤットを肯定し、積極的に推進しようとする人たちは、どのように現状を認識しているのだろうか。

アチェ州シャリア・教育局長アリダルは、とくに海外のメディアにおいて、カヌン・ジナヤットの悪い側面ばかりとりあげられていると考えていた。たとえば鞭打ち刑について、アリダルは、アチェの人びとがみな禁固刑より鞭打ち刑を選ぶと説明する。仮に一家の稼ぎ手が罪を犯したとしても、何カ月も稼げなくなる禁固刑と異なり、鞭打ち刑であればその日のうちに罪が消えたと考えられ、生計を維持できるからだ。子どもの「見物」や動画のアップロードなどは、たしかに人権侵害にあたるが、たとえば子どもの「見物」やカメラの持込みを禁止するなど、その実施方法を正していけばいいという。鞭打ち刑が人権侵害であるならば、西洋社会に存在する死刑は人権侵害ではないのか。アリダルの問いかけは、スティグマに対するムスリムのいらだちを象徴しているように感じられた。(45)

ロスマウェ市長スアイディ・ヤフヤは二〇一三年一月、市

刑罰 ('Uqubat)
タージール刑 (Ta'zir)
 ハッド刑に加え、最大で鞭打ち40回 or 純金400g or 禁固40カ月 最大で鞭打ち60回 or 純金600g or 禁固60カ月 最大で鞭打ち20回 or 純金200g or 禁固20カ月 最大で鞭打ち80回 or 純金800g or 禁固80カ月
最大で鞭打ち12回 or 純金120g or 禁固12カ月 最大で鞭打ち30回 or 純金300g or 禁固30カ月 最大で鞭打ち45回 and/or 純金450g and/or 禁固45カ月 最大で鞭打ち45回 or 純金450g or 禁固45カ月 第18・19条で定められた量刑の半分
最大で鞭打ち10回 or 純金100g or 禁固10カ月 最大で鞭打ち15回 and/or 純金150g and/or 禁固15カ月
最大で鞭打ち30回 or 純金300g or 禁固30カ月 最大で鞭打ち45回 and/or 純金450g and/or 禁固45カ月 最大で鞭打ち45回 or 純金450g or 禁固45カ月 第25条で定められた量刑に加え、最大で純金300g or 禁固3カ月 最大で鞭打ち30回 or 純金300g or 禁固30カ月 最大で鞭打ち45回 and/or 純金450g and/or 禁固45カ月
 ハッド刑に加え、最大で純金120g or 禁固12カ月 最大で鞭打ち100回 and/or 純金1000g and/or 禁固100カ月 ハッド刑に加え、最大で鞭打ち100回 or 純金1000g or 禁固100カ月 ハッド刑に加え、最大で純金100g or 禁固10カ月
最大で鞭打ち45回 or 純金450g or 禁固45カ月 最大で鞭打ち90回 or 純金900g or 禁固90カ月
鞭打ち125〜175回 or 純金1250〜1750g or 禁固125〜175カ月 鞭打ち150〜200回 or 純金1500〜2000g or 禁固150〜200カ月 鞭打ち150〜200回 or 純金1500〜2000g or 禁固150〜200カ月
 ハッド刑に加え、最大で純金400g or 禁固40カ月
最大で鞭打ち100回、純金1000g、禁固100カ月 鞭打ち100回に加え、最大で純金120g and/or 禁固12カ月 第63条(1)で定められた量刑に加えて、最大で鞭打ち100回 or 純金1000g or 禁固100カ月
最大で鞭打ち100回、純金1000g、禁固100カ月 鞭打ち100回に加え、最大で純金120g and/or 禁固12カ月 第64条(1)で定められた量刑に加えて、最大で鞭打ち100回 or 純金1000g or 禁固100カ月

表1 「イスラーム刑法に関する2014年カヌン第6号」で定められた主な犯罪行為と刑罰

犯罪行為 (Jarimah)				ハッド刑 (Hudud)
アルコール (Khamar)	第15条	(1)	故意に摂取	鞭打ち40回
		(2)	再犯	鞭打ち40回
	第16条	(1)	故意に製造・保管・販売	
		(2)	故意に購買・輸送	
	第17条		児童相手	
賭博 (Masir)	第18条		賭博行為 (金2g以下)	
	第19条		(金2g以上)	
	第20条		賭場の運営	
	第21条		児童相手	
	第22条		未遂	
男女関係	第23条	(1)	婚姻関係にない男女が密室にいる行為 (Khalwat)	
		(2)	その幇助	
	第25条	(1)	婚姻関係にない男女の親密な行為 (Ikhtilah)	
		(2)	その幇助	
	第26条		10歳以上の児童相手	
	第27条		近親相姦 (Mahram)	
	第30条	(1)	証拠なしの非難	
		(2)	再犯	
	第33条	(1)	婚姻関係にない男女の性行為 (Zina)	鞭打ち100回
		(2)	再犯	鞭打ち100回
		(3)	その幇助	
	第34条		児童相手	鞭打ち100回
	第35条		近親相姦	鞭打ち100回
性的暴力	第46条		セクハラ	
	第47条		児童相手	
	第48条		レイプ	
	第49条		近親相手	
	第50条		児童相手	
偽証 (Qadzaf)	第57条	(1)	故意に偽証	鞭打ち80回
		(2)	再犯	鞭打ち80回
同性間の性行為	第63条	(1)	男性同士 (Liwath)	
		(2)	再犯	
		(3)	児童相手	
	第64条	(1)	女性同士 (Musahaqah)	
		(2)	再犯	
		(3)	児童相手	

議会議長、市ウラマー評議会代表、市慣習法評議会代表と共同で、オートバイに二人乗りする際、女性がまたがって座ってはならない、ムスリム女性にふさわしい服装で横座りしなくてはならないと呼びかけ、国際社会の注目を浴びた人物だ。パセ地域[46]のGAM指導者で、和平合意後の二〇〇七年から副市長、二〇一二年から市長を務める。

ヤフヤの呼びかけに対し、「横座りは危険である」「女性の自由や権利を制限している」「アチェの女性は伝統的にズボンをはいていた」「そもそも預言者ムハンマドの時代にオートバイは存在していない（つまりクルアーンにも、預言者ムハンマドの言行録であるハディースにも規定はない）」など、アチェの女性団体は反対の声をあげ、飛行機乗りや立ち乗りなど、さまざまなオートバイの乗り方の写真をソーシャルメディアで拡散させた。

批判に対して、ヤフヤは「ローカルな英知（*kearifan lokal*）」にもとづくものであり、以前の女性の礼儀正しさを取り戻すことで、女性の尊厳を守ろうとしたものだと主張する。男性が短パンをはくことも禁止しており、女性を差別する意図はないという。ヤフヤは、自身への批判が「政治化」されたものと考えていた[47]。

ヤフヤが繰り返し口にした「ローカルな英知」がなにを意味するかは定かではない。オートバイの乗り方に関して、「ローカル」の範囲はロスマウェ市であり、アチェ全域どころか隣接する北アチェ県でも、呼びかけは通用しない。同じようなカヌンや呼びかけはほかの地域でも出されている。たとえば、西アチェ県は二〇一〇年、女性がジーンズをはき、タイトな服装をすることを禁じるカヌンを発布した。南アチェ県は二〇一〇年、男性公務員があごひげをはやすことを禁止した。最近の例では、ビルン県が二〇一八年、婚姻・血縁関係にない男女がレストランで同じテーブルにつくことを禁じている。それぞれ、その県でのみ有効なカヌンないし呼びかけだ。

ムスリムにとって、イスラームは単なる宗教ではなく、日常生活から社会生活にいたる人間の営みすべてを意味するものであるから、このようなカヌンや呼びかけはイスラーム法の一環として認識されている。「セランビ・メッカ」であるアチェにとって、「アチェ的なもの（*keacehan*）」と「イスラーム的なもの（*keislaman*）」は切り離せるものではないため、「ローカルな英知」とも理解できるのかもしれない。

しかし、「ジャカルタの欺瞞」「インドネシア政府の策略」であり、あくまでインドネシア中央政府から押しつけられたものとして批判されてきたイスラーム法の適用が、なぜ和平合意後に「ローカルな英知」へと変貌したのだろうか。筆者は、和平合意後に州政府の権限を握ったGAMの方針転換が背景にあると考える。[48]

紛争中のアチェでは、GAMはイスラーム色を薄め、アチェの市民社会とともに、経済的搾取や人権侵害を訴えて、国際社会（とくに欧米）の支持を獲得しようとした。しかし和平合意が結ばれ、国際社会の関心が薄れるなか、GAMもまた紛争中のようには国際社会を必要としなくなっていった。GAMが向き合う対象は、これまで敵対してきたインドネシアではなく、むしろ自身が統治するアチェになり、その統治・支配の道具として、カヌン・ジナヤットや呼びかけ、もしくは「地域の英知」という言説が利用されていったのではないだろうか。

おわりに

なにがハラール（イスラーム法において許された項目）でなにがハラーム（禁止された項目）なのか、指導者や地域ごとに解釈が異なったり、南アチェ県のあごひげ禁止のように、ハディースに反するカヌンや呼びかけまでもが出されたりする状況に困惑しつつも、紛争を生き延びてきたアチェの市民社会が萎縮することはない。カヌン・ジナヤット違反者を捜すため、姦通など個人のプライバシーに関心をもつ風潮については、「アチェ人の頭のなかはセックスだらけになる」、女性へのスカート着用義務づけに対しては、「風が吹いて、スカートが巻き上がるのを見たいのだ」など、アチェの女性活動家は嘆きながらも笑い飛ばしている。[49]

二〇一一年の大みそか、バンダ・アチェ市で新年カウントダウンが禁止されたときも、数千もの人びとはトランペットを吹き鳴らし、花火を打ち上げた。みな、シャリア警察がなにもできないとわかっていた。[50] ロスマウェ市でオートバイに二人乗りする際、またがって座っている女性は多いし、ビルン県のレストランで男女が同席するのを気にする人に出会ったこともない。

しかし、ほぼすべてのアチェ人は、「反シャリア」の烙印を押されることを恐れており、[51] 市民社会もまた、イスラーム法の恣意的な実施こそがイスラームに反するのだと批判する。第三章で紹介したJMSPSも、「反シャリア」との評価を避けるため、ウラマーと協働して「人道的イスラーム概念」を提示した[52]**（図1）**。人間の尊厳、平等、多様性を守り、公正で文化的な社会を構築しようとするものだ。

たしかに、アチェでは自由なスペースが存在するが、自由と不自由、寛容と非寛容の境界という「空気を読む」ことが

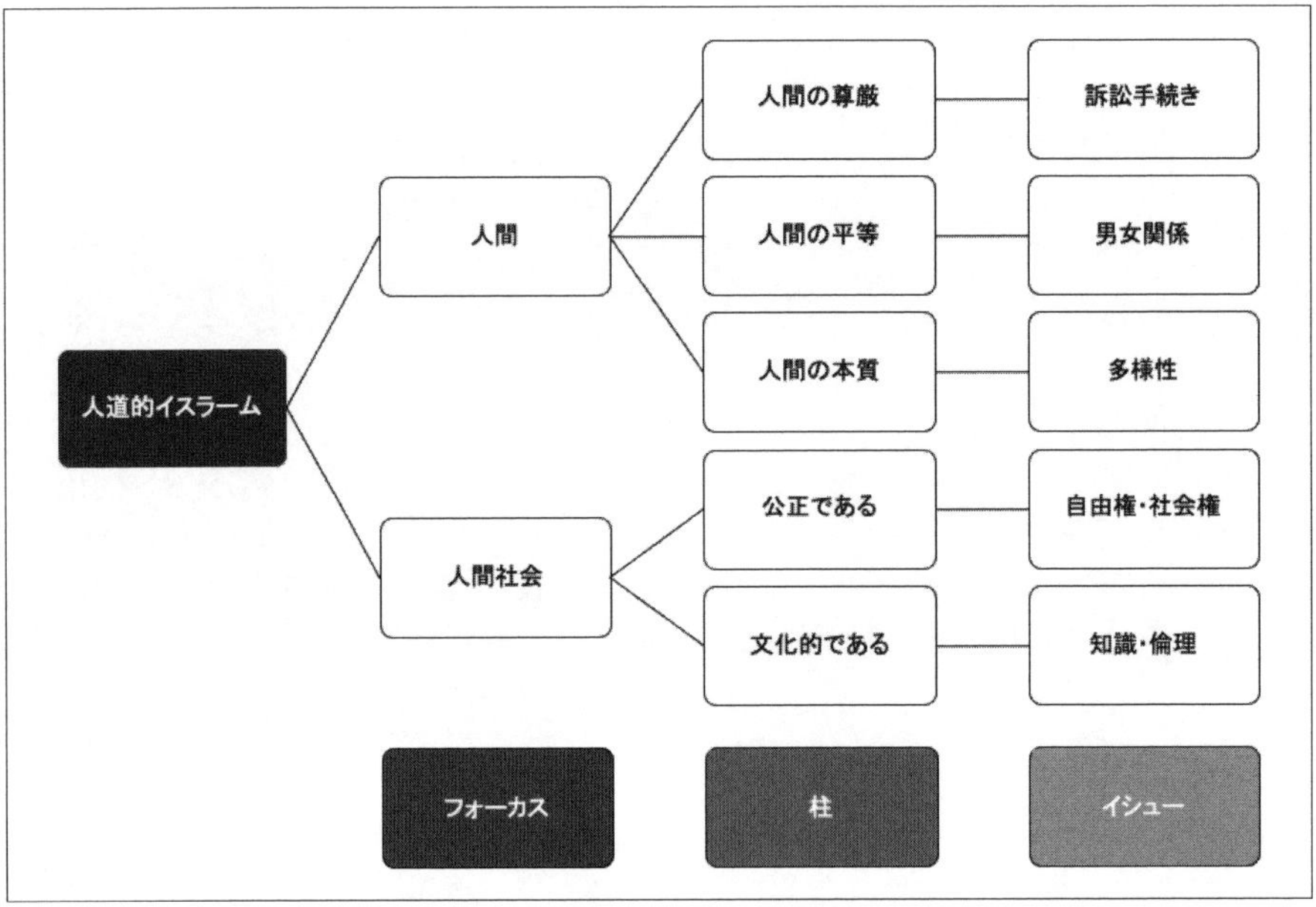

図1　人道的イスラーム（出典：JMSPS［2013：16］より筆者作成）

求められ、それが筆者の居心地の悪さにつながっているのかもしれない。宗教的・性的少数者、とりわけLGBT、HIV／AIDS感染者、セックスワーカーなど、よりタブー視されている存在は、あからさまに差別と排除の対象となっている。アチェの新たな暴力について、かれらの視点から分析することは、引き続き課題としたい。

アチェの今後についても注視が必要だ。二〇〇九年の総選挙で勝利し、州議会の六十九議席中三十三議席を獲得したアチェ党だったが、二〇一四年には八十一議席中二十九議席、二〇一九年には八十一議席中十八議席と、その求心力は急速に低下している。和平合意から十五年がたち、紛争を経験せず、GAMを英雄視しない世代が増えている。伝統的な「セランビ・メッカ」「タナ・レンチョン」につづき、新たなアチェのアイデンティティを打ち立てられるのか注目したい。

注

（1）没後に「ムクタ・アラーム（世界の帝王）」の尊称で呼ばれるようになったスルタン・イスカンダル・ムダ（一五八三？～一六三六）の時代に全盛期を迎えた。

（2）James T. Siegel, The Rope of God, Berkeley: University of California Press, 1969, p.4.

（3）Edwards McKinnon, “Indian and Indonesian Elements in Early North Sumatra” in Anthony Reid (ed.), *Verandah of Violence: Background to the Aceh Problem*, Singapore: National University of Singapore Press, 2006, p.33.

（4）セノ・グミラ・アジダルマ、森山幹弘（訳）「『レンチョン（短剣）』に描かれるアチェ――暴力論」（『総合文化研究』第三号、一九九九年）四～五頁。

（5）内陸山地ガヨ、アラス地方が制圧された年であるが、ウラマー率いる抵抗は主なものでも一九一二年まで続発している。

（6）加藤裕『大東亜戦争とインドネシア――日本の軍政』（朱鳥社、二〇〇五年）九五頁。

（7）白石さや「アチェ語の教科書にみる『読む』こと――文化の喪失と創造」（『東京大学大学院教育学研究科紀要』第52巻、二〇一二年）五九頁。

（8）インドネシアは一九四九年十二月から一九五〇年八月まで連邦制。

（9）正式名称は、アチェ・スマトラ民族解放戦線（ASNLF）。スハルト退陣まで、ASNLFが所有する武器は少なく、ほとんど武装闘争をおこなっていない。インドネシア政府は「治安攪乱分子（GPK）」、彼ら自身は「自由アチェ（AM）」と名乗っており、一般的に知られる「自由アチェ運動（GAM）」の呼称は、スハルト退陣後に多くのメンバーが武器をもつようになってからのものである。本稿では「自由アチェ運動（GAM）」で統一する。

（10）Moch Nur Ichwan, "The Politics of Shari'atization: Central Government and Regional Discourses of Shari'a Implementation in Aceh" in R. Michael Feener & Mark E. Cammack (ed.), *Islamic Law in Contemporary Indonesia: Ideas and Institutions*, MA: Harvard University Press, 2007, p.195.

（11）Hasan Muhammad Tiro, *The Price of Freedom: The Unfinished Diary of Tengku Hasan di Tiro*, n.p.: n.pub., 1984, p.15.

（12）Ibid., p.16.

（13）天然ガスは、一九七一年に北アチェ県で発見された。日本は、一九七七年からの二十年間で年間七五〇万トンの液化天然ガス（LNG）を輸入する見返りに、一九七四年にLNG開発借款三一八億円の供与に合意している。

（14）外務省経済協力局『経済協力評価報告書　平成七年六月』（外務省経済協力局、一九九五年）二六〇頁。

（15）一九六四年、ロスマウェ市（二〇〇一年までは北アチェ県の一部）に生まれ、二〇一六～二〇二〇年まで在イギリス・インドネシア大使を務める。

（16）Rizal Sukma, "Ethnic Conflict in Indonesia: Causes and the Quest for Solution" in Kusuma Snitwongse & W. Scott Thompson (ed.), *Ethnic Conflicts in Southeast Asia*, Singapore: ISEAS, 2005, p.14.

（17）アチェ語の「ナングロー（国）」、アラビア語の「ダル（土地、村落）」「サラーム（平和）」より「平和な土地アチェ国」を意味する。「アチェ特別州」だったアチェが「ナングロー・アチェ・ダルサラーム州」と改められたことから、インドネシア政府が、アチェと強いイスラーム文化とを結びつけようとしたことがみてとれる（Ichwan 2007, op. cit., p.195）。

（18）「カヌン」は、スルタン・イスカンダル・ムダがマレーシア・パハン王国から連れ帰った正妃の提案に沿って、知識人が策定した規則。アチェには以下のような有名な格言がある。

Adat bak Po Teumeureuhom,
Hukom bak Syiah Kuala,
Qanun bak Putroe Phang,
Reusam bak Laksamana.

「慣習法はスルタン・イスカンダル・ムダ、法はシャ・クアラ（イスカンダル・ムダの時代の大ウラマー）、規則はプトリ・パン、倫理は司令官が司る」の意。

（19）島田弦「インドネシア宗教裁判所管轄事項の変化とその問題点」（「社会体制と法」研究会二〇一二年度研究総会、立命館大学、二〇一二年）三・四頁。

（20）Damien Kingsbury "Devotional Islam and democratic practice: The case of Aceh,s qanun jinayat" in Joseph Camilleri & Sven Schottmann (ed.), *Culture, Religion and Conflict in Muslim Southeast Asia: Negotiating Tense Pluralisms*, London: Routledge, 2012, p.171.

（21）「ダヤ」は、アチェの伝統的なイスラーム寄宿学校。

（22）Reza Idria "Cultural Resistance to Shariatism in Aceh" in *Regime change, democracy and Islam: The case of Indonesia* (Final Report Islam Research Programme Jakarta), Leiden: Universiteit Leiden, 2013, pp.186, 187.

（23）Fadlullah Wilmot, "Shari'ah in Aceh: panacea or blight?" in *Reconfiguring politics: the Indonesia - Aceh peace process, Accord* No. 20, London: Conciliation Resources, 2008, p.77.

（24）Kingsbury 2012, op. cit., p.171.

（25）D・プライスは、イスラーム法の範囲を、（1）個人の身分、（2）経済、（3）社会的慣習、（4）犯罪と罰則、（5）統治の五つのレベルに分類した（Daniel E. Price, Islamic Political Culture, Democracy, and Human Rights: A Comparative Study, CT: Praeger, 1999, p.145）。この分類にもとづき、M・N・イフワンは、インドネシアでは一般的に第1・2レベルに限定されている一方で、アチェでは第3レベル、部分的に第4レベルまで拡大されたと分析した（Ichwan 2007, op. cit., p.211）。

（26）Ibit., pp.211, 212.

（27）Ibit., p.212.

（28）Idria, op. cit., p.182.

（29）Damien Kingsbury, "The Aceh Peace Process" in Arndt Graf, Susanne Schroter & Edwin Wieringa (ed.), *Aceh: History, Politics, and Culture*, Singapore: ISEAS, 2010, pp.135-156.

（30）佐伯奈津子「アチェ紛争後社会の課題（1）――和平再統合プログラムにみる被害者支援」（『名古屋学院大学論集社会科学篇』第五四巻第二号、二〇一七年）一七八頁。

（31）Idria, op. cit., p.183.

（32）アチェ住民投票情報センター（ＳＩＲＡ）は、アチェ問題の解決策として住民投票を要求した市民団体。

（33）正式名称は、ウィラヤトゥル・ヒスバで、自治体警察の管轄下に置かれた。「ウィラヤ（トゥ）は地域もしくは統治を意味し、「（ル）ヒスバ」は勧善懲悪にもとづいた取締りを指すイスラーム法学の用語（高尾賢一郎『イスラーム宗教警察』亜紀書房、二〇一八年、二一八・二一九頁）。

（34）Idria, op. cit., p.183.

（35）Ibit., p.183.

（36）Kingsbury 2012, op. cit., pp.175, 176.

（37）Idria, op. cit., pp.187, 188.

（38）Kingsbury 2012, op. cit., pp.175-176.

（39）名古屋学院大学課題・共同研究助成（課題名「宗教と民族の対立・交流の現代歴史学的研究」）および公益財団法人平和中島財団の二〇一八年度アジア地域重点学術研究助成（課題名「インドネシア・アチェ州における人身取引とイスラーム法」）を受けた。

（40）カヌン・ジナヤット第五条で、その適用対象は、
（ａ）アチェで罪を犯したすべてのムスリム
（ｂ）アチェでムスリムとともに罪を犯し、イスラーム刑

法に従うことを選択したすべての非ムスリム
（c）刑法その他では定められていないが、カヌンでは定められている罪をアチェで犯したすべての非ムスリム
（d）アチェで事業活動をおこなうすべての法人
と規定されている。

(41) ロスマウェ市のNGO代表、二〇一七年八月三十日インタビュー。

(42) ロスマウェ市のWH、二〇一七年八月三十日インタビュー。

(43) 国立イスラーム宗教大学教員、二〇一七年八月二十五日インタビュー。

(44) Human Rights Watch “Menegakkan Moralitas: Pelanggaran dalam Penerapan Syariah di Aceh, Indonesia,” NY: Human Rights Watch, 2010, pp.36-46.

(45) 二〇一九年二月八日インタビュー。

(46) GAMの地域区分で、北アチェ県とロスマウェ市を包括する。

(47) 二〇一九年二月一日インタビュー。

(48) 宗教的な地方条例はインドネシア各地で出されていることから、アチェのカヌン・ジナヤットがその潮流の一部として位置づけられるものなのかについても、今後の研究課題としたい。

(49) ロスマウェ市の女性活動家、二〇一七年八月二十五日インタビュー。

(50) Idria, op. cit., p.189.

(51) Ibid., p.183.

(52) JMSPS、二〇一七年九月三日インタビュー（JMSPS, “Kerangka Analisis Islam Humanis”, n.p.: n.pub., 2013）。

宗教と平和——宗教多元社会における戦争

黒柳志仁

国際社会におけるテロ、戦争、紛争などの問題を、比較宗教の視点からクローズアップする。宗教がもつ信仰、教義を通して、いかにグローバル化社会の中で共生・共存していくのかを考察する。異なる宗教の特徴や相違について、歴史・思想的な知識や認識を得ることを目的にしている。

はじめに

平和を求めるはずの宗教が、これまでの歴史の中で、戦争とどのように関係し向き合ってきたのだろうか。そして今日の日本社会はそこから何を学ぶことができるのか。本稿は以下三つの視点から、「宗教と平和」をキーワードに現代世界を読み解いていく。第一にヨーロッパのキリスト教史における戦争の形態である。特に絶対平和主義、正戦、聖戦を取り上げ、キリスト教の平和理解を概観したい。第二に靖国神社参拝をめぐる首相の公式参拝の問題である。日本は第二次世界大戦前まで、神道が国教体制の中にあった。神道のもつ自然信仰のはじまりから天皇制のもつ国家神道に至る歴史的経緯を探る。第三に現代のグローバル化社会における戦争の特徴について取り上げる。現代社会において戦争は、単に国同士の戦いではなくなり、宗教や民族、政治的問題が要因となり、テロや紛争によって統合と分化という方向性の中にある。時代の流れとともに日々刻々と変化する戦争の形態について概観する。こうした三つの視点から、宗教がもつ信仰や教義の相違を通して、いかにグローバル化社会の中で人々が共存

くろやなぎ・ゆきひと——名古屋学院大学国際文化学部准教授。専門は旧約聖書学、比較宗教学。主な著書に“Vergänglichkeit des Menschen und Gottes Zeit, Die Theologie der Zeit in Psalm 90 im Vergleich mit Kohelet”, LMU München, Diss. 2013、論文に「思い出の中にある将来——ユダヤ民族の歴史と詩編90編の時間性」（『名古屋学院大学論集』二〇一六年）、「詩編とコヘレトの言葉における「永遠」について」（『名古屋学院大学論集』二〇一七年）などがある。

していくのかを考察する。

一、キリスト教における戦争とは何か

キリスト教を基軸に、今日のヨーロッパ世界における宗教と平和をめぐる戦争史を概観すると、「絶対平和主義」、「正戦」、「聖戦」という三つに戦争を類型することができる。これらはキリスト教世界が生み出した戦争論であると言っても過言ではない。(1) 絶対平和主義（Pacifism）とは四世紀以前、戦争を否定し、平和の実現を使命とする主張であり、正戦（Just War）とは、現代の国際法理論の基礎を形成した戦争論で、四世紀以降に生じた正義や平和を守るために必要最小限のやむを得ない武力行使のみを容認する主張である。そして聖戦（Holy War）とは特に十一世紀以降に生じ、神の名において積極的に戦いをしようとする主張である。これらの戦争をめぐる三つの類型について、その時代的な背景と要因から探る。

（1）「絶対平和主義」と初期キリスト教（四世紀以前）

キリスト教はイエスの死後、弟子たちがイエスの思想をもとに布教活動をはじめ、一世紀以降に新約聖書の編纂がはじまったとされる。弟子たちはイエスの教えを説いて、西アジア、ギリシアなどへ布教を広げていった。これが初期キリスト教となる。二世紀頃の地中海周辺は、ローマ帝国が発展をしており、キリスト教の教えは当初、民衆や奴隷などローマ帝国の圧政に苦しむ社会的弱者の人々の間に広まっていった。しかし彼らは権力で抑えられ、キリスト教信者はローマ帝国による迫害を受け、殉教者が多数いた。そうした中でもキリスト教信者にとって、平和と平等に対する理解に影響を与えたイエスの言葉として、次のような新約聖書における福音書の言葉がある。福音書とは、イエスの言行が記された書物のことである。

悪人に手向かってはならない。誰かがあなたの右の頰を打つのなら、左の頰をも向けなさい。

（『マタイによる福音書』五章三九節）

敵を愛し、迫害する者のために祈りなさい。

（前掲書、五章四四節）

こうしたイエスの教えに影響を受け、後に新約聖書の著者の一人となったパウロの書物にも、次のような言葉がある。

あなたがたを迫害する者を祝福しなさい。祝福するのであって、呪ってはなりません。喜ぶ者と共に喜び、泣く者と共に泣きなさい。（中略）愛する人たち、自分で復讐せず、神の怒りに任せなさい。

（『ローマの信徒への手紙』一二章一四〜一九節）

このようにパウロの言葉もまた、ローマ帝国時代初期のキリスト教信者の行動規範となっていた。絶対平和主義は、新約聖書の中でも、特に福音書に記されたイエスの言葉が圧倒的な価値規範となっており、キリスト教信者の行動原理は、イエスによる愛の教えに基礎づけられていた。それは暴力や戦争への行為を否定するため、近代における非暴力への主張や非戦論と類似していると言える。

イエスの語った「愛」とはどのような意味が含まれているのか。キリスト教のルーツとなるユダヤ教と比較すると、愛の意味は時代とともに変化している。旧約聖書はユダヤ教で聖典であるが、キリスト教徒からは旧約聖書をイエス・キリストを預言した契約の書として読まれ、新約聖書と同じく重んじている（ユダヤ教側からは旧約聖書ではなく「ヘブライ語聖書」と呼ぶ）。新約聖書では、愛とは「あらゆる人々を隣人とすること」、ギリシア語でアガペーという言葉が使われて平等性を表している。しかし紀元前九五〇年頃、古代オリエント文化の中で書かれた旧約聖書では、愛を意味するヘブライ語アハバーは「異なるものが一つとなること」という文脈の中で書かれている。旧約聖書の最初の書である創世記一章には、神は「天と地」「光と闇」「陸と海」「男と女」というように、「分離」という形から世界を創造したと記されている。創世記一章から二章の天地創造物語は、すべてが相反するものとして描写されている。新約聖書でイエスの言葉に受け継がれ、(2) 旧約聖書の律法の中でも、最も重要な掟として、申命記に次の言葉がある。

聞け、イスラエルよ。私たちの神、主は唯一の主である。心を尽くし、魂を尽くし、力を尽くしてあなたの神、主を愛しなさい。（『申命記』六章四節）

「神は一つ」だから「愛せよ」という結びつきは、愛によって一つとなっていく大切さを意味している。数字の「一」は、二や三になる前の姿として、分裂や対立のない「一つ」のことを表している。申命記六章四節は、愛の関係において、すべてを含む「一つ」となるリアリティーを描写しているのである。創造物語は、すべてが相反するものとして見える。しかし、この分離も、分裂と対立、争いのためではなく、分離（異なるもの）から神の愛によって、一つとなっていく大切さを、喜び合うもの、賛美として描かれているのである。イエスの語った新約聖書に描かれたアガペー「あらゆる人々を隣人とすること」という愛の平等思想の中には、旧約聖書のアハバー「異なるものが一つになること」という、異質なものに目を向ける教えも含まれているのである。

(2)「正戦」とミラノ勅令(四世紀以降)

ローマ帝国がディオクレティアヌス皇帝(在位二八四~三〇五年)によって治められていた時代、キリスト教は迫害されていた。その主な理由は三つある。ギリシア、ローマでは現世利益をもたらす多神教を信仰していたこと、キリスト教はローマ帝国への崇拝を拒否していたこと、そしてローマ帝国は当時、統制力が衰退期にあり民衆を団結する必要があったため、キリスト教は国家を崩壊させる悪の宗教として仕立てられたことである。しかし迫害を受けながらも平等を求めるキリスト教信仰はローマ帝国内に広まった。それは、多神教は皇帝によって上層階級の人々が救われる信仰であったものの、キリスト教は民衆や奴隷を救う平等思想に相違があったからである。三世紀になるとローマ帝国は民衆が支持するキリスト教を利用する政策へと転じるようになる。これが三一三年のミラノ勅令である。キリスト教はミラノ勅令によって、コンスタンティヌス帝の時代からローマ帝国の公認宗教とされ、国家の保護を受けるようになった。つまりローマ帝国市民の信教の自由を保障したのである。ローマ帝国の政情不安定と入れ替わるようにキリスト教は浸透したのである。その後、三九二年テオドシウス一世の治世で、キリスト教はローマ帝国の国教と定められた。つまりキリスト教以外の宗教の信仰を禁止させた。キリスト教を国教化したことで、信徒、教会数が一気に増加したのである。今日の世界人口約七十七億人の内、キリスト教信者は約二十三億人で、世界宗教の中でも信者数が第一位を占めているが、その多くはヨーロッパ地域である。その理由は、この四世紀のローマ帝国がキリスト教を国教化した政策にはじまりがあったと指摘できる。しかし、この三十三年ミラノ勅令によるコンスタンティヌス体制以降、本来は絶対平和主義が信仰者の基本精神であったキリスト教において、ローマ帝国への敵国の侵入をめぐり、自国の平和維持のために、戦いの必要性を認識するようになった。ここで生じたのが正戦論である。外敵からの攻撃に対し、どのように国家を守ることができるのか、というキリスト教(宗教)とローマ帝国(国家)の強い連帯が迫られるようになったのである。キリスト教信仰者にとって、ローマ軍に加わることは皇帝崇拝に繋がること、そして戦争に加担することは、イエスの平和主義の教えに背く行為であることを理由に、ミラノ勅令以前は軍人になることはほとんどなかった。こうした国家=宗教という強い結びつきが、結果的にローマ帝国時代の正戦論を生み出した背景となったのである。

イエスの教えに基づいた絶対平和主義と、ローマ帝国の平和維持のために生じる戦争の狭間で、いかに正義と平和と守る戦争をキリスト教が容認すべきか。その課題を聖書に照らし合わせ、正戦論の基礎を築いたのが、ローマ帝国時代の神学者アウグスティヌス（三五四～四三〇年）であった。彼は著書『マニ教徒ファウストゥス論駁』の中で正戦論の基礎として、自己目的のために戦ってはならない。そして他者を助けるためには戦う義務があるという二つの視点を挙げている。つまり一つ目として、自分の命を守るために相手の命を奪うことは間違えであると考え、二つ目に、国家は隣国、周辺国の攻撃から国民を守るべきであり、不当に奪われた命や財産を取り戻す義務があるとした。そこには社会の平和を維持するには、外敵から守るため、武力を行使すべきだと考えたのである。アウグスティヌスは武力を行使するため、悪へ抵抗をする行動を認め、イエスの言葉を心の問題としたのである。ここで指摘できるのは、絶対平和主義は、聖書の教えに基づきあまり状況に左右されない主張であるのに対し、正戦論は聖書の言葉以外の、時代状況によって左右する価値規範や判断基準をもつようになる傾向があるということである。ローマ帝国時代、こうしてコンスタンティヌス体制以降、キリスト教世界で絶対平和主義の考えは、主流から外れるようになった。

ここで三一三年のミラノ勅令以降、キリスト教がローマ帝国の国教となった影響について、同時代の芸術史から指摘しておきたい。ミラノ勅令は、正戦論を生じさせる契機となっただけではない。キリスト教がローマ帝国で公認されたことで、教会に装飾文化が発展し、布教活動がはじまる影響を及ぼした。大規模な教会堂が造営され、教会の天井や壁には信者の教化を目的として、新約、旧約聖書の諸場面の図像が、順序よく描かれ、聖書を読むのと同じように内容が理解できるように絵画が制作された。人物や建物などの対象物は単純化、図式化され、物語の叙述に重点が置かれるのが特徴となる。四世紀以降の教会壁画は「見てわかる聖書」として布教に大きく貢献したのである。貝殻、石、木などをちりばめて制作されるモザイク画（ラテン語で「芸術的」の意）や、土、貝殻、鉱石、宝石などを材料として顔料を作成し、壁に塗った漆喰（白土）が乾かないうちに描かれるフレスコ画（イタリア語で「新鮮な」の意）が主流となった。顔料の作成法は秘密のものも多く、この時代から、絵画、織物でも高価な色は、富と権力の象徴にもなっていく。こうした芸術文化の進化が、初期キリスト教美術、そして四世紀以降、ギリシアと古代ペルシア美術が融合したビザンティン美術を誕生させた。絵画は聖書の物語をビジュアル化し人々に伝え、敬虔の情を起こすように、音楽もまた教会での使用が許された。音楽の中でも、特に典礼用の聖歌を編纂し、制定したのがグレゴリウス一世（在位五九〇〜六一四年）であった。聖歌は彼の名を冠して「グレゴリオ聖歌」と呼ばれ、中世を代表する音楽になった。音楽様式は旋律のみ無伴奏の単旋律が特徴のモノフォニーの様式であった。無伴奏である理由は、聖歌は神の言葉である歌詞に価値をおき、モノフォニーは歌詞をもっとも生かす様式であるためだった。グレゴリオ聖歌は礼拝のミサで使用され、歌うことで民衆のキリスト教信仰への集団性をも生んだ。聖歌は神に祈りを届けるものであり、民衆に言葉を記憶させるものであり、お互いが歌を通して同じ言葉を記憶することで集団性を生み出したのである。こうした絵画や音楽面から、ローマ帝国におけるキリスト教の国教化はビザンティン美術に発展し、一気にその教化と集団性、そして芸術文化をもたらしたのである。

(3)「聖戦」と十字軍の遠征（十一世紀以降）

神の名において積極的に戦いをしようとする聖戦は、キリスト教史においては十字軍の遠征に生じている。それは一〇九六年エルサレムの奪回をめぐり、十字軍の遠征がきっかけで起こったキリスト教とイスラム教との戦いである。イスラム教は強大な軍事力を誇るイスラム帝国に成長する中で、次第に東ローマ帝国に侵入しエルサレムを占領する。エルサレムはキリスト教の聖地でもあるため東ローマ帝国は西方キリスト教会に援軍を求めた。ローマ教皇ウルバヌス二世（在位一〇八八〜一〇九九年）は、この要請を受けて異教徒から聖地エルサレムを奪還する「聖戦」を唱えたのである。イスラム帝国がエルサレムへ侵攻する度に、西欧では十字軍が結成された（計七回）。一二七〇年十字軍の遠征は失敗のうちに終わる。

なぜこの時代に、聖地エルサレムの奪回めぐり、キリスト教カトリック教派のローマ教皇の下で聖戦が生じることになったのだろうか。実はその背景には、人々を駆り立てた時代精神として、終末思想（千年王国説、強い救済待望）があったのである。[3] 終末とは「歴史の終わり」を意味する。新約聖書の巻末の書物で、終末が書かれた黙示文学に『ヨハネの黙示録』がある。二〇章一一節以下に、千年後サタンが解放され地上に現れ世を乱す事態になり、神による「最後の審判」が下されるという終末思想が書かれている。そして続く二一章一節以下には、最後の審判の後、新しい天と地、そして新エルサレムが現れ、再臨したイエスが支配する国が永遠に続く。人種、民族、言葉の異なる無数の魂は、イエスの愛を受けながら神の国で永遠の命と幸せを手にすることが書かれているのである。十字軍の遠征の背景には、こうしたイエス・キリスト没後一〇〇〇年を迎えるこの時代に、黙示録のテーマが大流行し、世紀末ともいえる西暦一〇〇〇年（イエス・キリスト没後千年目）は、この世が終わるという「千年思想」がキリスト教国に広がったのである。戦争や異常気象、病気の流行、食糧飢饉など、それらはすべて新約聖書の『ヨハネの黙示録』に書かれていると人々は信じたのである。この『ヨハネの黙示録』の中心テーマは「最後の審判」である。悪人は地獄へ、信仰篤い善人は天国へと審判が下される有名なエピソードは、この書物に由来している。ローマ教皇ウルバヌス二世の呼びかけだけでは、十万人にも及ぶ人々を十字軍への参加によってエルサレムに向かわせることはできなかったのではないか。世紀末の中で、十字軍に参加し救われたいという救済もあったであろう。

エルサレムは、ユダヤ教においては、エルサレム神殿（ソロモン王が建設した神殿）が置かれていた地であり、ユダ王国の首都であった場所である。キリスト教では、イエスが教えを宣べ伝え、そして処刑され埋葬され復活したとされる場所であり、イスラム教においては開祖ムハンマドが一夜のうちに昇天する旅を体験した場所である。終末思想の中、最後の審判で地獄行きにならないため、大勢の人々が罪を改めるために聖地を目指そうとしたのである。エルサレムの周辺にはイエスの生誕の地ベツレヘムや、イエスの埋葬地エルサレム、イエスが洗礼を受けたヨルダン川、十二使徒ペトロが埋葬されたローマなど、北ヨーロッパからははるかに遠い地である。そこで聖地巡礼の一つとなった場所は、使徒ヤコブの墓のあるスペインのサンチャゴ・デ・コンポステーラであった。巡礼の途中に立ち寄るのは聖遺物のある修道院や教会であった。聖遺物とは、聖人の遺骨や身につけていた物で、多大なご利益があると信仰の対象になった。キリスト教信者にとって信仰の上でも聖地回復のため、十字軍や、聖遺物崇拝が盛んになり巡礼者が増えたことは、ヨーロッパ各地の文化交流にも大きく影響を与えた。各地で独自の文化が関連し、ロマネスク（フランス語で「空想」の意）という芸術が生み出される結果となった。本来なら芸術は地域によって作品テーマに相違が生じるはずだが、ヨーロッパ各地で共通性が保てたのはキリスト教の影響によるものであろう。『ヨハネの黙示録』には、天国の光景に十二の宝石が描写され、天国の城壁は宝石で作られていると次のように書かれている。

都の城壁の土台は、あらゆる宝石で飾られていた。第一の土台は碧玉、第二はサファイア、第三はめのう、第四はエメラルド、第五は赤縞めのう、第六はカーネリアン、第七はかんらん石、第八は緑柱石、第九はトパーズ、第十は緑玉髄、第十一は青玉、第十二は紫水晶であった。

（『ヨハネの黙示録』二一章一九節以下）

ロマネスク建築の最大の特徴は、この時代から石造りの修道院や教会堂をはじめ、石造の彫刻など装飾美術が多様になり、従来の木造天井から石造天井になったことである。教会全体が不燃性の石や大理石を使用することで永遠化を表現するようになった。こうした建築面での変化も、人々が不安の中にあった終末思想がもたらした影響と言える。

聖戦の特徴として次の三つが挙げられる。[4] 一つ目に、正戦は戦いを自らが善、敵対者を悪とみなす闘争でもある。善悪二元論が思考の枠組みにあり、敵対者を「悪魔視」するのである。例えば記述した十字軍においては、聖地をイスラム勢力から奪回するためにキリスト教国が回復する、言い換えれば聖地を浄化するための戦いと見なす傾向がある。そこには終戦後の平和維持を考慮し、必要最小限の戦いで終結させる正戦論の考えは無いと言える。二つ目に、聖戦は神聖化された絶対的目的を追求する特徴がある。特定の宗教集団によって、戦闘員と非戦闘員の区別がなく、同じ信仰を共有する者として、共同体意識の上で戦争がなされる。これはローマ帝国がキリスト教を国教化した背景にあったキリスト教信者＝ローマ帝国という国家が疑似宗教的な力を帯びる場合にも生じる。日本における戦中の国家神道、大東亜共栄圏構想、そしてドイツのナチズムの歴史などにも類似した傾向が見られるだろう。三つ目に、聖戦は世界を戦争状態として理解する特徴がある。この世界が戦争状態であり、その状態から脱却するために戦争や暴力行為を正当化するのである。十字軍の遠征の時代背景にあったキリスト教の世紀末思想のように、黙示的終末論が利用される傾向がある。こうした聖戦の特徴は、現代社会の中で、無差別攻撃や不当な戦いを起こす引き金になりかねない現状がある。宗教がもつ信仰、教義の相違を通して、いかにグローバル化社会の中で人々が共存していくのかを考察する視点となる。

二、靖国神社参拝をめぐる平和への問いかけ

日本は世界の国々と比べ、宗教に対する関心は低いと言ってよいかも知れない。それは他国に比べ宗教が社会や政治に及ぼす影響力が低く、キリスト教における教会のような特定の宗教組織に帰属することがないことも要因の一つである。[5] しかし初詣や除夜の鐘、商売繁盛、家内安全、合格祈願など、広い意味での宗教性では日本の生活の中に、精神文化として溶け込んでいると言えよう。一方で近代日本が戦争への道を歩み始めた時代の国家神道は、毎年八月十五日の終戦日を迎えると、政府官僚による靖国神社参拝をめぐり、中国や韓国

といったアジア周辺諸国から、日本の戦争責任が問われる政治問題に発展している。自然信仰をはじまりとした日本の神道との違いはどこにあるのか。今日の靖国参拝をめぐる問題について、比較宗教の視点から時代的な背景と要因を探る。

（1）靖国神社参拝をめぐる是非

毎年八月十五日、日本が第二次世界大戦の降伏した終戦記念日を迎える。戦争を経験していない世代にとって、それは日本の戦争史を振り返る機会となる。二〇一九年八月十六日付の東京新聞に次のような記事がある。

> 閣僚、靖国参拝見送り　三年連続　中国への刺激回避
> 終戦の日を迎えた十五日、安倍内閣の閣僚は東京・九段北の靖国神社への参拝を二〇一七、一八年に続き三年連続で見送った。安倍晋三首相は参拝せずに七年連続で玉串料を私費で奉納した。（中略）首相の代理として十五日に靖国神社を訪れた自民党の稲田朋美総裁特別補佐は、首相から『わが国の平和と繁栄が、祖国のために命をささげたご英霊のおかげであるとの感謝と敬意を表する』との言葉を預かったと記者団に明らかにした。（中略）[6]

こうした政府官僚による靖国神社参拝をめぐり、周辺国の反応として、韓国外務省は「日本政府と議会の責任ある指導者たちが、過去の植民地収奪と侵略戦争の歴史を美化している靖国神社に、ふたたび玉串料を奉納して参拝を強行したことに対して深い憂慮を示す」[7]と非難し、中国外務省は「靖国神社は侵略戦争に対して直接の責任を負うA級戦犯を祀っていて、日本側の誤った対応にわれわれは断固として反対する」[8]と批判した。玉串料《たまぐしりょう》とは、神社への謝礼である。玉串は榊の枝に紙垂《しで》を付けたもので、神前へ捧げるお供え物である。その玉串の代わりになるお金を意味する。玉串料は普段、神社などで七五三やお宮参り、厄払いなどの祈祷と際に支払われるものである。日本国憲法第二十条に「信教の自由は、何人に対してもこれを保障する。いかなる宗教団体も、国から特権を受け、又は政治上の権力を行使してはならない。何人も、宗教上の行為、祝典、儀式又は行事に参加することを強制されない。国及びその機関は、宗教教育その他いかなる宗教的活動もしてはならない。」と定められており、政府官僚が公人ではなく私人の立場で、私費で玉串料を奉納する理由がここにある。

日本の平和と繁栄を願う公人が訪れる場所が、靖国神社という宗教施設にあることが一つ目の問題となる。靖国神社はもともと東京招魂社といい、明治二年に明治天皇によって、戊辰戦争の戦死者を祀るために創建された神社で、明治十二年に靖国神社と改称された。招魂社とは明治維新前後から、

国家のために殉難した死者を祀る神社のことで、日本各地の護国神社と関係が深い。靖国神社には戊辰戦争から太平洋戦争に至るまで二四六万六五八四柱もの英霊が祀られている。[9]

靖国参拝をめぐり中国や韓国から強い非難を受ける二つ目の問題点として、A級戦犯を祀る哀悼の拠り所であることである。A級戦犯とは、第二次世界大戦において、日本の戦争犯罪人の処罰を目的として、連合国により極東国際軍事裁判（一九四六年東京裁判）で、憲章第六条A項が規定する「平和に対する罪」[10]、すなわち「戦略戦争または国際条約・協定・保障に違反する戦争の計画・準備・開始および遂行、もしくはこれらの行為を達成するための共同の計画や謀議に参画した行為」をした戦争犯罪者を指している。靖国神社にはA級戦犯、そしてBC級戦犯（「捕虜虐待などの通例の戦争犯罪の指揮」（指揮した者）、「国家もしくは集団によって一般の国民に対してなされた謀殺、絶滅を目的とした大量殺人、奴隷化、捕虜の虐待、追放その他の非人道的行為」（実行した者））も祭神として合祀（遺骨をまとめて埋葬）されている。靖国神社参拝の是非をめぐる宗教上の問題点は、こうした日本のために戦死した人々を祭神として祀る場であること、そしてA級戦犯合祀とアジア諸国から受ける戦争責任の場であることが争点となる。

（2）祭神と神道の関係

祭神《さいじん》とは、神社に祀られた神のことである。もともと神道は、亡くなった者が家の守り神として祖神になることはあったが、人格的な神になることはなく、神に特定の名前が付けられることも稀であった。いつから死者が人格的な神となる神道の思想がはじまったのか、その歴史的背景を概観しておきたい。[11] 神道は日本の宗教の中で最も古く、土着型の精霊、自然信仰がはじまりとされている。神道の主な特徴は、『古事記』、『日本書紀』に記された神祇信仰《じんぎしんこう》にあり、自然や衣食住などを司る八百万《やおよろず》の神々が生まれてきた教えである。神々はもともと無個性、霊的な存在であり、地を守る氏神として土地に宿るとされた。そして、神々に階級はなく、一柱の神が一箇所の神社のみに祀られているのではなく、無限に分割でき、分かれても力は同じである。自然に宿っている神々は祭りなどの特定の日に、天上から降りてくると考えられており、この時降りてくる場所を依代という。山、樹木、岩などを「ご神体」とも言い、社殿の鏡、剣などの工芸品である場合もある。仏教のように死者がこの世に生まれ変わるといった輪廻転生の教えはなく、神道における死者は子孫へつなげる祖神として、家の守り神となる教えがあった。飛鳥時代に紀になると朝鮮半島の百済から仏教が伝来する。六世日本の伝統的な神道の神祇信仰と仏教が混淆し、「神仏習合」という宗教現象が起こる。神仏習合によって、仏教に影響受けて神社に附属して建てられた仏教寺院のことを神宮寺という。朝廷は外来宗教である仏教を導入しようとしたが、民衆の生活基盤である神道を切り捨てず、むしろ仏教と合体させたのである。八世紀の平安時代前期には、政界の暗闘や社会不安などから、その祟りを静めるために密教では加持祈祷を行い、御霊信仰が盛んになった。この風潮の中で、平安時代の貴族、歌人、政治家である菅原道真（八四五～九〇三年）は、天皇の信任を受けて右大臣に出世したが、反対勢力によって九州大宰府に左遷されて死去。その後、朝廷に不吉なことが続いたため、道真の祟りだと恐れた朝廷が北野天満宮を建立した。道真を祀った天満天神が、祟りから一転した利益救済の神となり、これまでの神祇信仰が個人利益的な神へと、人々の道真への信仰形態を変えていった。つまり仏像のように、道真が偶像崇拝的な対象となったのである。これが今日でも、学問の神として天神信仰が広まるはじまりとなる。一方で、密教の中でも、修行者が山岳修行をする中で、山の神祇が次第に仏教化され、弥陀、観音、弥勒などの浄土信仰が習合し、熊野など各地の修験道によって、神仏は対等かつ同体であるとする思想が生じた。つまり「神すなわち仏である」という本地垂迹説が現れた。神道の神々は、人々を救うために姿を変えた仏や菩薩となったのである。この時代の関わりに深い人物に徳川家康（一五四三～一六一六年）がいる。家康は戦国時代から安土桃山時代にかけての武将で、全国統一を果たし、江戸幕府を開いた。死去すると遺言により静岡・久能山に神として祀られた。やがて天皇から「東照大権現」の神号を授かり、家康を神として祀る神社・寺院は、東照宮と呼ばれた。最も有名な日光東照宮には三代将軍家光も祀られている。

（3）神仏分離と国家神道の形成

こうした日本の本地垂迹説は十七世紀以降、江戸時代になると廃仏毀釈という日本古来の神道を見直し、復活させようとする動きが出てくる。江戸時代の大きな寺社では、僧侶身分の者が高い地位を占め、神職身分の者はそのもとに従属していた。この時代背景には、儒学などを幕府や諸藩が推奨したため、朱子学などが発展したことにも起因がある。前半期の朱子学派は、仏教の超俗的性格を人道否定の反倫理的なものとして批判し、後半期には儒学の立場で幕藩体制の政治的・経済的危機を救おうとする経世論家を輩出した。[12] こうした時代の兆候は、日本古来の国風文化を究明する国学が主流となってく背景となった。中でも国学の廃仏論は、後に明治維新政府の廃仏分離による国家神道設立に大きな影響を与えることとなる。明治期初期の宗教政策は、寺院からの神社の独立や、神社からの仏教要素の排除などが全国的に行われた。神仏分離によって、国家の祭祀と結びついた神道が推し進められたのである。明治二年六月に版籍奉還が行われ、同年七月に政府は、二官六省の太政官制の太政官に、神祇科を置き、復古神道の立場の国学者や神道家を登用したのである。神祇官を中心とする諸政策は、神道国教化政策にもなった。同年に、東京招魂社（のちの靖国神社）がつくられた。明治三年に「大教宣布の詔」が明治天皇の名により出され、天皇に神格を与え、神道を国教と定めた。この詔書が大日本帝国を天皇の神権的権威へと確立化させ、宗教的な主宰者と政治の主権者が一体化する「祭政一致の国家」となった。[13] つまり祭政一致により、国民教化の方針も明確になったのである。神仏分離は、明治維新政府にとって、国家神道設立に大きな影響を与えたと指摘することができる。

明治期の日本は近代化に向け、西欧諸国との交流も盛んになる時代となる。キリスト教の解禁と、信教の自由への配慮から、明治二十二年（一八八九）大日本帝国憲法の二十八条で、信仰の自由が認められた。そこで、国家の祭儀、皇室の儀礼と結びついた神道は、国家の機関として神社の神官が国家の官吏となるなど、宗教を越えるものとなった。国家神道の形成は、言い換えれば天皇を中心とした政教一致の国家体制をつくったとも言える。一九三〇年代初頭から太平洋戦争にかけて、神社は戦争遂行の精神的支柱として重んじられた時期がある。大日本帝国憲法第一條「大日本帝国ハ万世一系ノ天皇之ヲ統治ス」は、天皇を君主とする君主制を規定し、国家に忠誠を尽くして亡くなった者の死後生は、一神教的な「現人神」のもと靖国神社に弔われ、排外的な国家主義、軍国主義思想の理論的な核心ともなった。[14] ここに自然信仰とは違う神道が生まれたのである。

日本は第二次世界大戦以前、国家神道が国教の扱いの中にあったが、昭和二十年（一九四五）敗戦後、GHQ（連合国軍最高司令官総司令部）の「神道指令」（国教分離指令）によって、神社施設を公的機関から撤去、神社の特別保護の禁止など、神道は国家から分離され、他の宗教と同一に位置づけられた。翌年の元旦に、昭和天皇の「人間宣言」がなされ、神道関係法が廃止され、国家神道は解体された。今日の宮中祭祀は、日本国憲法には明確な規定はなくなり、天皇が行う宮中の公務として、明治四十一年に定められた皇室祭祀に基づいて受け継がれているのである。

靖国神社参拝の是非をめぐる宗教上の問題点を探るとき、

本当に国家神道は解体されたのか、という問いに立たされる。日本は敗戦によって、国家神道という国教体制は、政教分離へと瞬時に移行されたが、今日もなお「見えざる国教」として、宗教の形を変えているのかも知れない。

三、グローバル化社会の戦争

世界のグローバル化する社会は、一つにまとまっていく方向と、宗教や民族、政治などが要因となって、分かれていく二つの方向性がある。戦争とはいつからはじまったのか。実は人類の歴史において道具の発明から、食糧をめぐる生活圏の争いにはじまる。歴史の流れとともに、戦争は異なる形態をとっていることに留意すべきである。相違があるにも関わらず、戦争は常に「同一の現象」として受け取られてきた。いかに戦争が組織化され、強大な軍事力となるのか、これからの戦争と平和のあり方について探る。

(1) 戦争の形態

初期の戦争は、氏族間の衝突で世界のどの地域においても、農耕社会が成立してから生じている。(15) その主な動機は、生活圏の侵犯や新生活の争奪だったとされる。四〇〇〇〜五〇〇〇年前の東シベリアにおいて、狩猟や漁労で生計を立てテリトリーを守るため、人を殺すための武器を持っていた。それは戦争というよりは、集団による氏族間の喧嘩に近いものだった。生活圏の侵犯に備える上で、敵の攻撃から守るために武器の開発も行ったのである。日本でも、弥生時代に入り農耕社会が発達すると、生産システムや生活スタイルが成立することで、社会の中で組織的な闘争が現れてきた。ただしこの時代の闘争には、戦いによる犠牲者が少ない。農耕の発達は、やがて農機具の発達とともに、戦い方に変化が生じる。紀元前三五〇〇年頃になると、石器に代わる青銅器や鉄器が発明され、馬を使用するようになる。農耕社会は、年毎に収穫をもたらし、人々に豊かさを約束する。一方で、土地や水などの食糧生産を支える資源の欠乏や、天候不順は人々に飢餓の危険性や生活にリスクを伴うものになる。石器に代わる青銅器や鉄器の発明で、農機具が発達する中で、弓、投槍、投石器などの物理的な変化が、戦争のあり方を大きく変えたのである。さらに農耕社会は、定住生活を営み原野を開拓して耕地にする。土地を守ることが、防衛意識を高め、争いを激化させた。農耕と定住という人々の生活文化の変化が、戦争発生の原因とされている。(16) 戦略に関する思索も、紀元前から多く記されている。四世紀以降の中世になると、西欧では石造りの城壁が作られ、攻城戦が行われるようになったのが大きな特徴である。人々の防衛意識は、単に武器を発達させただけではなく、陣形や兵士の役割分担も必要になった。戦闘員を束ねる規律や統制力も、戦闘において必要不可欠であった。十五世紀以降、近世になると、火縄銃の普及とともに、兵士たちへの教練が認識されるようになり、軍隊の教育機関が作られるようになる。十七世紀以降の西欧において、絶対主義国家の権力増大に伴う戦争は、必ずしも二国間だけの問題ではなくなり、多国間の争いに発展する傾向が強くなったのである。

(2)二十一世紀の戦争

今日の戦争は「国家間の争い」という形態が消えつつある。一般的に戦争としてイメージしているのは、近世のヨーロッパで起こった国家間の戦争形態であった。歴史の流れとともに、戦争のあり方も異なる形態に変化している現状がある。かつて戦争研究家であったクラウゼヴィッツ(一七八〇〜一八三一年)は、戦争が常に「同一の現象」として受け取られてきた理由は、「戦争は中央集権的で近代国家を建設するためのもの」として考えられてきたと指摘している。[17]第一次世界大戦や第二次世界大戦にみられる二十世紀前半の戦争は、国民の総戦力であった。それは軍人が武器を取り戦うのみでなく、武器や軍事物資の生産と補充によって、戦争中に支える軍需は、国民全体のエネルギーが大規模に動員された。太平洋戦争中の風船爆弾、第二次世界大戦中の沖縄県のひめゆり学徒隊などのように、若者の多くが戦闘員として召集され、兵器を作るためにも動員された。それが二十世紀の戦争は「産業化戦争」と呼ばれる所以である。[18]戦闘員だけが戦争に加わるのではなく、武器や兵器の発明により、航空機や機関銃、毒ガスの生産によって、工業力や労働力を支える一般市民も、敵国から正当な攻撃目標とみなされるようになった。それは多くの犠牲者を生む結果にもなった。戦争は、国家利益を生むことだけでは、正当化できなくなったのである。アメリカ軍による広島、長崎の原爆投下が、今日を生きる私たちに伝える平和へのメッセージとして、戦争中の「区別の原則」がある。それは戦いの只中においても、戦闘員と非戦闘員は区別することが求められ、戦闘行為とは無関係の学校や病院の破壊、民間施設を攻撃することは許される行為ではない。広島、長崎の原爆投下は、区別の原則から言えば禁じられた行為であり、戦闘行為の只中でどのような条件を満たすことが「正しい戦い」と判断されるのか、戦争における正義への問いかけでもある。

一九四五年に終わりを迎えた第二次世界大戦の後、戦争の形態が大きく変わることになる。それは大戦後、自国の平和維持を求めることで、より一層の国同士の「軍事同盟」が世界各地で強固になったのである。かつては国を境にした単一の集団（日本軍・アメリカ軍など）の中で軍事力を維持してきた。しかし同盟を結んだ二カ国以上の間では、通信技術の発達により、無人偵察機の導入などで陸海空軍の連携も強化され、軍事上の問題に関する限り、国内と国外の区別がつきにくくなったのが特徴である。[19] 言い換えれば、同盟国の関係の繋がりが緊密になることで、国内問題と対外問題との区別が曖昧になったのである。戦争の形態は、グローバル化という枠組みで理解する必要がある。それは単に、政治、経済、文化の地球規模での連携強化を意味するのではない。この連携強化のプロセスの中に、グローバリゼーションとローカリゼーション（局地化）が同時に起こり、統合と分裂、一致と相違がより活発化する矛盾を孕んでいるのである。グローバリゼーションが進む現代では、世界が一つにまとまっていく方向と、局地では政治、民族や宗教が要因となり、分かれていく二つの方向が同時に生じるのである。現にテロリズムのように、それは国と国との争いというより、局地で組織された集団による、集団の目的のために行使される暴力が多数生じている。その現場では軍人よりも、戦いとは全く関係のない住民が犠牲者となっている現状がある。犠牲とは本来、改善の目的のために捧げられ、秩序の維持・回復機能のために用いられてきた。[20] テロの犠牲、戦争の犠牲、難民の犠牲…。犠牲を抑制する努力に平和が生まれてきた。しかし現代世界の犠牲とは、内集団と他集団、味方と敵との境界線を再確認するために生み出されてきてはいないだろうか。

おわりに

グローバル化する現代世界は、宗教多元社会へと変化しつつある。本稿の副題に掲げた宗教多元化社会とは、様々な宗教が同じ社会の中で存在し、お互いの価値を認め共存していく宗教的態度である。様々な宗教が社会で共存する中で、平和を維持するためには、各宗教の信念にある「正しさ」が多元性へと開かれる必要がある。それは異なる宗教が互いにもつ「正しさ」を、自己の「正しさ」の一部分として引き受けていく態度である。宗教のもつ内集団の「正しさ」が閉鎖性を帯びることで、他集団への不寛容性が、テロや戦争を起こす原因となっている現実もある。どのような立場にあっても、異なる他者への関心がなければ共存する手立てはない。平和のメッセージが、内集団と他集団とを峻別するような二元論に陥ってはならない。今求められるのは、そうした異なる他者に対して、非暴力的に互いを関係づけることのできる「正しさ」の領域を、互いに拡大することではなかろうか。異なる他者を単に敵と見なし、悪魔視するのではなく、対話的な作法が求められる。他者に対する無関心がもつ恐ろしさを、これまでの歴史で生じた戦争という現実から学び、無関心から逸脱するための手法を、絶えず探し続ける必要がある。

注

（1）カレン・アームストロング『聖戦の歴史――十字軍遠征から湾岸戦争まで』（柏書房、二〇〇一年）二四頁以下参照。

（2）マタイ二二章三七節、マルコ一二章三〇節、三三節、ルカ一〇章二七節を参照。

（3）前掲注1カレン・アームストロング著書、一六〇頁以下参照。

（4）小原克博『一神教とは何か』（平凡社、二〇一八年）一三八頁以下参照。

（5）小川忠『原理宗教とは何か』（講談社現代新書、二〇〇三年）二一六頁以下参照。

（6）東京新聞、二〇一九年八月十六日（朝刊）引用。

（7）同前。

（8）同前。

（9）靖国神社社務所編『靖国神社――祭典と行事のすべて』（靖国神社社務所、一九八六年）参照。

（10）『大辞泉』（小学館、二〇一二年）。「A級戦犯」「BC級戦犯」の項参照。

（11）末木文美士『日本宗教史』（岩波新書、二〇一七年）一八〇頁以下参照。

（12）『世界宗教大事典』（平凡社、一九九一年）。「廃仏思想」の項参照。

（13）同前、「廃仏毀釈」の項参照。

（14）末木文美士『日本宗教史』（岩波新書、二〇一七年）二一六頁以下参照。

（15）松木武彦『人はなぜ戦うのか――考古学からみた戦争』（講談社選書メチエ、二〇〇一年）一二頁以下参照。

（16）同前。

（17）クラウゼヴィッツ『戦争論』（上・中・下）（岩波文庫、一九六八年）参照。

（18）メアリー・カルドー『新戦争論――グローバル時代の組織的暴力』（岩波書店、二〇〇三年）参照。

（19）星川啓慈、石川明人『人はなぜ平和を祈りながら戦うのか？』（並木書房、二〇一四年）一六頁以下参照。

（20）前掲注4小原著書、一九五頁以下参照。

戦国大名の「国」意識と「地域国家」外交権

鹿毛敏夫

かげ・としお――名古屋学院大学国際文化学部教授。専門は日本中世史。主な著書に『アジアのなかの戦国大名――西国の群雄と経営戦略』（吉川弘文館、二〇一五年）、『戦国大名の海外交易』（勉誠出版、二〇一九年）、編著に『大内と大友――中世西日本の二大大名』（勉誠出版、二〇一三年）、『描かれたザビエルと戦国日本――西欧画家のアジア認識』（勉誠出版、二〇一七年）、『戦国大名大友氏の館と権力』（共編、吉川弘文館、二〇一八年）、『硫黄と銀の室町・戦国』（思文閣出版、二〇二一年）などがある。

有史以来、中華世界の周辺国の一つとして中国皇帝から「日本国王」に冊封されることで維持してきた日本の国家外交は、中世後期に大きく変質する。「国」意識を成熟させた戦国大名による「地域国家」外交権の行使により、特に十六世紀半ば以降に、脱中華志向の外交（脱「日本国王」外交）へと性質転化していったのである。

はじめに

本稿の主たる考察対象は十六世紀半ば過ぎの日本であるが、まずは同世紀末から十七世紀初頭の歴史から叙述することにしよう。

かつて十六世紀末の豊臣秀吉は、強大な軍事力と朝廷権威を利用して、天正十八年（一五九〇）までに日本列島各地の諸大名を降伏させ、陸上の「領土」としての全国統一を成し遂げた。しかしながら、主として西日本の戦国大名が個々に保持する「地域国家」としての外交権を剥奪し、中央政権「国家」としてそれを一元的に集約するまでは、真の意味での全国統一とは言えなかった。そこで秀吉は、西国大名が個別に外交関係を構築していた琉球国やインド・ゴアのポルトガル政庁、マニラのスペイン政庁、および高山国《こうざん》（台湾）、朝鮮、明などに対して、自らへの朝貢を求め、それを拒絶されると武力侵攻に出る、強硬外交政策を実行していった。

結果的に、秀吉の外交政策は失敗に終わり、豊臣政権自体の没落を早めた。しかしながら、秀吉による「地域国家」外交権の没収とその「国家」外交権への一元化の痛みを経たことで、十七世紀初頭に誕生した徳川政権の「国家」による協調外交が実現できた面は否めない。徳川家康は、秀吉の強硬外交政策をあらためて、明や朝鮮などとの国交を回復し、ルソン、カンボジア、安南（ベトナム）、シャム（タイ）などの東南アジア諸国にも親書を送って朱印状による外交・貿易関係を復活させた。実は、この政策は、後述するように、一五七〇年代に大友義鎮や島津義久、松浦鎮信らが「地域国家」として個別締結していた二国間関係を、十七世紀の統一日本の国家主権として一元集約したものに過ぎなかった。

さて、歴史を十七世紀から十六世紀へとさかのぼることで、見えてくる特質がある。それは、十六世紀末の豊臣秀吉の外交思想が、中華とその周辺国によって構成される東アジアの伝統的国際秩序から抜け出せなかったものであったのに対して、徳川家康のそれは、西日本の戦国大名が先駆的に行使した脱中華の外交権を要領よく整理・一元化したものだったという性質である。

では、さかのぼって、家康が集約した戦国大名の「地域国家」外交権とは、そもそもどのようなものだったのであろうか。また、秀吉が最後までその呪縛から抜け出せなかった東アジアの外交秩序を、西国の大名たちは、いつ、何を契機に超越することができたのであろうか。本稿では、多民族と異宗教が地球的規模で展開し始めた十六世紀の世界情勢を念頭に、その時代を生きた戦国大名が自らの領国をどのように認識し、いかなる論理でその支配を深化させようとしたかを、まず考察する。その上で、彼らが有した「国」意識が、日本国外の国家主権に対峙する外交の場面でどのような形で主張され、そのことが、古代以来の日本の伝統的外交秩序をいかに性質転化させていったかについて、検討していくこととしよう。

一、戦国大名の「国」意識

（1）「国家の外聞」

十五・十六世紀の日本列島に群雄割拠した戦国大名が、自らの支配対象領域を「国」と認識していた事実は、多くの先学によって指摘されている。近代化の過程を経て成立した「国民国家」を体得している現代人からすると、戦国大名による諸領国は、政治権力が分散化した当該武家社会における地域的分権の一つひとつに過ぎないが、自らの主権が及ぶ領域（領土・領海・領民）を他領と分けて防衛し、簡易的な法に基づく行政・裁判・徴税機構を組織し、公儀意識に基づく社会基盤の整備に努めた為政意識において、中世後期日本社会

における その「地域国家」の成立と存在を積極的に評価することができよう(1)。

戦国大名の「国」意識を表す比較的早い時期の史料の一つとして、次の大友義長書状がある。

[史料二]

猶《なお》々、来月□□於いては如何《いかが》候の間、当月中に各《おのおの》首途あるへく候、

渡唐二号船帰朝候の処、中乗《なかのり》と船頭慮外喧嘩により、客衆懸け乗るの儀、是非に及ばず候、然《しか》らば方々に追手を懸け候の間、日州外浦に於いて留め置き候、弥《いよいよ》彼の船出船無き様、覚悟致すべく候の条、諸浦警固舟の事相《あい》催し、急度《きっと》差し下るべく候、誠に国家の外聞、この題目に候、各馳走に至らば、一段の軍忠たるべく候、重ねて日州へ飛脚を遣わし候、来たる廿九・卅日の間、必ず到来有るべく候、その内に船誘《ふなごしらえ》等を相調え、飛脚到来候はば、翌日に出船の覚悟憑《たの》み入り候、油断の儀有るべからず候、恐々謹言、

七月十九日　（大友）義長（花押）

櫛来藤九郎殿
岐部弥太郎殿
富来彦三郎殿

「（裏切封）（墨引）」(2)

宛書の三名は、豊後国（大分県）国東《くにさき》地方沿岸部を本貫とする大友家家臣の水軍衆である。室町時代に盛んに行われた中国との日明勘合貿易のうち、永正八年（一五一一）に、明での外交儀礼と朝貢貿易を終えて九州沿岸まで戻ってきた遣明船の「二号船」の中で、喧嘩暴動が起こったことがわかる。その原因や詳細は定かではないが、当時の遣明船一艘の乗船者は百数十名であり、狭い船内は緊迫した状態に陥ったものと推測される。

この事態に対して、豊後国を統治する戦国大名大友義長は、同船を「日州外浦」（宮崎県日南市南郷町外浦《とのうら》の港）に係留させ、取調べが済むまで船が出航しないよう、配下諸浦の家臣に警固船を準備して、急ぎ現地の港まで出向くよう命じたのである。来月では手遅れになるから、現地に派遣した飛脚が戻るまでの十日間で「船誘」（手持ちの船を警備船に仕立てる艤装）を済ませ、「当月中に」出船せよとの文面からは、事態の緊急性も伝わってくる。

大友義長は、文明十年（一四七八）に生まれ、二十歳の明応六年（一四九七）に豊後大友家第十九代当主に擁立されて、父親治とともに同家の戦国大名化を成し遂げた人物と評される。肥後国守護職菊池氏の内紛に乗じ、また、筑後の有力領

主星野氏などの反抗を鎮め、豊後に隣接する肥後国（熊本県）や筑後国（福岡県南部）にかけての九州中央域に統治勢力を拡大させた。

その大友義長にとっての「国家」意識を如実に表すのが、前掲史料一である。書状からは、遣明船内の騒動を無事に鎮めて船と積荷を安全に護送することの重要性が伝わるのみではない。特に注目したいのは、書状後半部の「誠に国家の外聞、この題目に候」（これは誠に国家の面目に関わる事件だ）との文言で、九州の戦国大名にとって、陸上に加えて、その沿岸海域を軍事・経済的にコントロールする制海権が、「国家」の一大事と認識されていたことがわかる。十六世紀初頭戦国大名の地域国家の意識が、日本列島陸上部の領土のみでなく、それに隣接する領海域にまで及んでいたことを証する史料と言えよう。

（2）「天下」を援用する「国家」

さて、十五世紀から十六世紀にかけて醸成された戦国大名の個別的「地域国家」意識を統べる概念として十六世紀後半期に使われた文言に、「天下」がある。例えば、天正九年（一五八一）三月に該当する次の史料における、戦国大名「国家」と「天下」の関係を分析してみよう。

［史料二］

好便の条啓せしめ候、よって去年豊薩両国和睦の事、御朱印をもって申し下さるるの上は、たとえ御存分候と雖《いえど》も、意趣を差し置かれ、無事の段然《しか》るべく候、その故《ゆえ》は、芸州（毛利輝元）に至り図らず行《てだて》に及ばるべきの由《よし》に候の間、相滞るに於いては、併《あわ》せて天下に対され支《つか》えたるべく候の条、御分別専一に候、委曲は伊勢因幡守（貞知）に申し含め候いキ、猶《なお》道叱（天王寺屋）申すべく候、恐々謹言、

三月二日　（近衛前久）（花押）

修理大夫（島津義久）殿(3)

史料二は、織田信長と親交の深い公卿の近衛前久《このえさきひさ》が薩摩国の戦国大名島津義久に宛てた、天正九年（一五八一）三月二日付けの書状である。九州において数年来の対立を続ける島津義久と大友義鎮《よししげ》に対し、織田信長は「去年」（天正八年〈一五八〇〉）の八月に、「豊薩両国和睦」を勧告した。「たとえ御存分候と雖も、意趣を差し置かれ、無事の段然るべく候」との文言からは、これ以上軍事行動を拡大するべきではないとする、島津義久に対する近衛前久の強いメッセージが伝わってくる。

島津氏と大友氏は、鎌倉期以来、九州における二大守護家として相互盟約関係を保っていたが、十六世紀後半の特に天

正初年以降になるとその関係は悪化し、天正六年（一五七八）には遂に、その緩衝地の日向国（宮崎県）において高城・耳川合戦と称する大規模な軍事衝突に陥っていた。この書状を島津義久に伝達する使者として、室町幕府奉公衆の伊勢貞知と、大友義鎮と親交の深い堺豪商天王寺屋道叱《どうしつ》が薩摩に下っていることから、この和睦斡旋が、織田信長を抱き込んだ大友義鎮の意図に沿って進められたことがわかるが、注目されるのは、この「豊薩両国和睦」を仲介しようとする近衛前久の論理である。

近衛前久は、「芸州（毛利輝元）に至り図らず行《てだて》に及ばるべきの由に候の間、相滞るに於いては、併せて天下に対され支《つか》えたるべく候の条、御分別専一に候」と述べている。天正九年段階の織田政権は、畿内をほぼおさえて、中国地方の毛利輝元との抗争を繰り広げた時期に相当する。「芸州」（毛利）攻略が継続しているこの時期に、その背後の九州において大友・島津の和睦交渉が停滞することは「天下」にとっての支障になるので、勧告に従って和睦せよと綴った、前久の意識が興味深い。すなわち、近衛前久書状における「天下」の文言は、九州地方を二分して対立する大友氏の「国家」と島津氏の「国家」の軍事力行使権を停止させ、二つの「地域国家」の主権主張に優越する概念として使われているのである。

この、地域国家を超越する「天下」の概念は、一般的に、列島各地の諸大名権力の国家主権を停止・侵害する面のみが強調されがちである。しかしながら、実は、地域国家を担う戦国大名側においても、自らの領国支配を深化させる論理的根拠として「天下」の概念を能動的に利用している点が見逃せない。

例えば、天正十八年（一五九〇）に大友義統《よしむね》の奉行人が発給した、次の佐賀郷道作奉行任符がそれである。

[史料三]

佐賀郷道作奉行
詫广（磨）別当　　斎藤弾正忠
平林兵部丞
天下御下知《げち》につき、稠《きび》しく仰《おお》せ下され了《おわんぬ》、
右、よこ六尺、間弐間、郷役同給主と申し談じ、来たる廿八より馳走有るべき者也、
天正十八年九月廿一日
「（以下紙背）　（花押）
（志賀道輝）（花押）
（斎藤道瓅）（花押）
（花押）
（花押）」(4)

豊後国佐賀郷での道作奉行として詫磨・斎藤・平林の三家臣を任じ、横幅六尺（約二メートル）の道を二間（約三・六メートル）単位で郷ごとの夫役として賦課することを命じた大友氏奉行人連署の任符である。「よこ六尺」という具体的な道幅と、その土木工事への夫役が領国内の郷ごとを単位とする「郷役」という基準で動員されたことを示す興味深い史料であるが、さらに注目されるのは、その郷役負担の命令が、領国内家臣団に対して「天下御下知《げち》につき、稠《きび》しく仰《おお》せ下され了《おわんぬ》」との文言で伝達されていることである。

九州の戦国大名大友氏が全国統一を推進する豊臣政権の傘下に組み込まれたのは、対立する島津氏の侵攻に窮した大友義鎮が豊臣秀吉を頼って上坂した天正十四年（一五八六）四月であり、これ以前と以後では、地域国家主権としての領国統治の性質は著しく異なることは当然予想される。

領国為政者としての戦国大名が、地域公権力として「道作」のような社会基盤整備のための夫役を一円的に徴集するには、家臣の銘々が過去の中世的な主従関係で既得する天役（点役）免許特権を打ち消す論理が必要であった。すでに別稿[5]で明らかにしたように、この免許特権は、馳走奉公した家臣への見返りとして、かつて自らあるいはその先代が大名家当主として施した封建的御恩の一つであり、その効力を解くには、同じ主従制支配機構に位置する当主からの新たな意志が必要である。しかも、その免許特権の担保と解除は、言上してくる免許衆の各々に対して個別対応する必要のある煩雑な手続きである。

そうした中世的主従制下での不均質な役の徴収実態を打開し、為政者として領国の均質的支配の実現のために大友義統が採った徴税論理が、「天下御下知」の援用であった。すなわち、従来の地域国家主権である自らのさらに上位に頂く豊臣政権の政治的意向を「天下」と位置づけて、その「御下知」を論理的根拠とする夫役動員命令を発することで、従前の中世的免許特権を無効力化し、統一政権下の新たな近世大名として領国の一円的支配を目指そうとしたのである。大友義統奉行人が天正十八年に発給したこの佐賀郷道作奉行任符からは、その領国支配において中世的諸要素を内包・温存する戦国大名が、全国統一政権下の近世大名へと性質変化する様相が導き出せるとともに、戦国大名による地域国家主権の主張が上位権力によって停止・侵害される側面のみでなく、地域大名自らが「天下」の論理を利用して、自らの「国家」支配の深化を図ろうとした実態が明らかになるのである。

二、十六世紀日本の「地域国家」外交権

(1) 地域大名外交の性質転化

さて、中世末期の地域公権力が独自に有した「国家」意識が、史料上最も強く露出するのは、日本国外の国家主権に対峙する外交の場面である。

周知のように、日本では一世紀の奴国や三世紀の邪馬台国の時代から海外の国に使者を遣わし物品を交わす外交・交易活動を繰り広げてきた。国家外交という言葉が示すように、外交は本質的に国を代表する「国家権力」(国王や元首等。日本では天皇や武家政権の将軍等)が行うものである。古代における隋や唐を対象とした遣隋使・遣唐使の派遣がその典型であるが、九世紀末以来途絶えていた中国を相手とした国家外交を、武家政権として最初に切り開いたのは室町幕府の将軍足利義満である。十五世紀初頭以来、幕府の将軍は、国内においては「室町殿」の名義を使い、国外に対しては「日本国王」号を用いる二重政権的性質を有していた。[6]すなわち、室町幕府の将軍は、明皇帝から「日本国王」として冊封されることで、東アジア通交圏における日本の主体権力としての立場を獲得したのであり、その「日本国王」のみに許される中国外交交渉上の特権が、将軍が国内での求心力を得るための大きな要素となっていたのである。[7]

一方、古代から現代まで二〇〇〇年の日本の歴史のなかで、地域公権力が外交権を行使した稀有な時期が存在する。室町幕府の将軍権力が弱体化した十五世紀後半から十六世紀に、列島各地で政治・経済的実力を保持した守護大名・戦国大名による地域大名外交である。この時期には、室町将軍が義満以来行使してきた「日本国王」としての対明外交権を、大内氏や細川氏等が実質的に掌握して遣明使節を派遣することになる。室町期の遣明船については、近年の研究史の進展によってその実態が随分と明確化されてきたが、[8]永楽元年(一四〇三)に入明した「応永十年度船」から嘉靖三十六年(一五五七)に明に着いた「弘治度船」まで、計十九回の派遣が明らかにされるなかで、景泰四年(一四五三)に入明した足利義政期の「宝徳度船」以降の十一回の派遣が、主に大内・細川・大友・相良等の大名権力による使船構成であった。

すなわち、日本史の時間軸における十五世紀後半から十六世紀は、列島の地域社会に生きた人々が実力を積み上げて政治や経済の表舞台に現れ、海外勢力を相手とした外交・交易の世界にまで乗り出していった特徴ある時代であり、そうした社会変革のなかで、中世後期日本の外交は、幕府外交から地域大名外交へと性質転換していったのである。

この地域大名外交の時代の主たる交渉相手国は、東アジアの宗主国明であり、「宝徳度船」から「天文十六年度船」までの十五世紀後半から十六世紀前半にかけてのおよそ一〇〇年間の遣明船は、明朝の冊封体制に則った「日本国王」名義で派遣され、特に、嘉靖十八年（一五三九）に寧波に入港した「天文八年度船」や同二十七年（一五四八）の「天文十六年度船」を独占経営した大内義隆は、朝貢儀礼とそれに伴う貿易に成功して莫大な富を獲得し、十六世紀前半期の日本国内において最大勢力を誇る戦国大名に成長した。一方、嘉靖二年（一五二三）に入港地で細川船と大内船が引き起こした寧波の乱に象徴されるように、同時期の細川氏は、朝貢の利権をめぐって大内氏と激しく競合・対立し、また、有効勘合を保持できなかった大友氏や相良氏等は、確信犯的に貢期外船（明政府から見れば「倭寇」的密貿易船）を派遣することで貿易実利を得ていた。十六世紀前半までの地域大名外交の性質は、足利義満以来の「日本国王」外交権の継承と行使を軸として基本的に展開したものと言うことができよう。

一方、地域大名によるそうした外交の従来的性質が転化し、「日本国王」外交権に依拠しない新たな「地域国家」外交権が幅広く主張されだすのが十六世紀後半、特に一五七〇年代である。この時期になると、従来型の対明外交の記録は史料上に見られなくなり、代わって、大友氏や肥前の松浦氏、薩摩の島津氏等による東南アジア諸国を相手とした外交・交易活動の記録が頻出するようになるのである。

史料の一例として、天正五年（一五七七）に平戸の戦国大名松浦鎮信が暹羅（シャム）の「御皇」（国王）に宛てた書状案[9]がある。平戸の松浦史料博物館蔵「松浦家文書」の「引書本付録十三番」に「法印公与暹羅国主書案」との題名で収められ、その包紙には、「□（暹）羅　具章奉入奏申　御皇殿閣　前台下」と記した松浦鎮信の署名がある。

すでにこの書状が発給される前年の天正四年（一五七六）に、シャム国王の使節が乗り込んだ「郭六官宝舟」（郭六官という中国人が操るジャンク船）が平戸に着岸し、松浦氏とシャム国王の間で交易がなされたことが、史料前半部分からわかる。両者の交易は、この一回のみにとどまらず、今度は「呉老宝舟」（呉老という中国人が操るジャンク船）が再度シャム国王の使節を乗せて平戸に来航したため、松浦鎮信は今後も毎年一隻の船の定期的来航を求めて書状を作成し、シャム国王からの進物への礼としての甲一領を添えて贈ったのである。

シャム国王に宛てた正文ではない案文のため、国書としての正確な書札礼は考察しがたいが、相手国王を指す「御皇」の文字を平出《へいしゅつ》（平頭抄出《へいとうしょうしゅつ》。敬意を表すべき語の前で改行して当該用語を行頭に書き出すこと）し、また、その国王からの「御文書」や二隻の国王使船主名に闕字《けつじ》（敬意を表すべき語の前に一～二字分の空白を設けること）した痕跡が見え、東アジアの漢字文化圏に属する日本の戦国大名とタイの国王の生々しいやり取りの遺物としても興味深い。そして、特に注目できるのは、このシャム国王を相手とした外交文書において、松浦鎮信が、「日本国平戸」ではなく、「日本平戸国　源　朝臣《みなもとのあそん》松浦鎮信」と自称している点である。天正年間日本の戦国大名松浦氏が、平戸という狭小な領土にもかかわらず、自らの支配領域自体を「国」と意識して、「地域国家」外交を試みていたことがわかる。

(2) 島津義久の「地域国家」外交権

天正年間、すなわち一五七〇年代の戦国大名による同様の「国」意識に基づく国家外交権行使の事例は、薩摩の島津氏においても検出される。天正年間の京都建仁寺の禅僧で、島津氏の外交僧としても活動した雪岑津興《せっしんしんこう》に関わる記録を収めた『頌詩』という史料が霊雲院に蔵されているが、そのなかにある次の書状写である。

［史料四］

南蛮国甘埔寨《カンボジア》賢主君浮喇哈力汪加《プリヤレアッチアアンチヤ》尊兄閣下

それ惟《おも》うに、博愛をこれ仁と謂《い》い、行宜をこれ義と謂う、これ天下の公言なり、ここに

貴国商船一隻有り、飄蕩《ひょうとう》として日本九州薩の港口に来たる、通事舎人に价して子細事由を問う、船主握郎烏丕沙哥、貢使浮喇理璉沙哥、副使党膠三牌、異口同意にして曰く、昨《さき》に発船してより以来、鯨波《げいは》千里を凌《しの》ぎ、金書・貢物を齎《もたら》し、豊州主　源　義鎮《みなもとのよししげ》公に達せんと欲すと、けだし聞くに去歳戊寅の冬、干戈争い起き、豊兵薩の地を侵すに、忽《たちま》ち官軍との一戦を被り、戦亡せる者十余万人、殆《ほとん》ど喪身失家に至るのみ、今九州は薩の一麾《いっき》に属す、故をもって三賢使は金章・貢物を吾に投ず、諾《だく》して曰く、我かりそめに本国に帰り、この事を詳説せんとす、継今以往、我国必ず貴国をもって善隣と為《な》し、永々に自他和好を為し、山砥《さんし》河帯《かたい》するとも、この約を淪《しず》めること勿《な》く、往還の船舫もまた期を絶つることなかるべしと、しかればすなわち右に述ぶる所の仁と義は、あに公言ならざらんや、よって金札を呈し、微物を献じて、聊《いささ》か陋志《ろうし》を洩らさん、事は別幅に具す、

伏して望むらくは、

昭察せんことを、順序保重、恐惶不宣、

日本天正七年己卯《きぼう》仲冬上澣《じょうかん》

薩隅日三州太守藤原（島津）義久頓顙《とんそう》[10]

史料四は、天正七年（一五七九）の「仲冬上澣《じょうかん》」（十一月上旬）に、島津義久が「南蛮国甘埔寨賢主君」（東南アジアのカンボジア国王）に宛てた書状の写しである。前述のシャム国王宛て松浦鎮信書状と同様、この国書でも、相手国王を指す「南蛮国甘埔寨賢主君」と「貴国」「昭察」の語を擡頭《たいとう》（敬意を表すべき語の前で改行して当該用語を他行の先頭より一〜二字高い位置から書き始めること）する敬意表現が見られる。さらに、冒頭と末尾を「仁」と「義」の格言で開始・締めた表現から、この国書起草者がある程度外交文書の作成に手慣れた人物であった印象も受け、雪岑津興自身の起草であった可能性も否定できない。

宛て書きのカンボジア国王名は「浮喇哈力汪加」と漢字表記されているが、歴代カンボジア国王の『年代記』によると、この十六世紀後半の時期はポスト・アンコール期ロンヴェーク王都時代に相当し、一五七九年段階の国王は、サター一世（一五五三年生、一五七六年即位、一五九六年没）に該当しよう。カンボジアでは、歴代国王が王位に就く際、その聖別式で王にクメール語の長い称号が付されるが、サター一世の場合は「プリヤ・レアッチア・アンチャ・プリヤ・ボロム・レアッチア・レアミア・トゥプディ」となっている。[11] この称号の音に漢字を当てて、「プリヤ」（Preah）を「浮喇」、「レアッチア」（Reachea）を「哈力」、「アンチャ」（Ang Cha）を「汪加」と表記したものと考えられよう。現地語の「プリヤ・レアッチア」（Preah Reachea）は、王や王族に敬意を表してつける接頭語であり、また、「アンチャ」（Ang Cha）は、サター一世の祖父アン・チャン（Ang Chan）王の血統を意味するものと推測される。

そのアン・チャン系カンボジア国王の商船一隻が薩摩の港に到来したことを受け、島津義久は、カンボジア人の船主と貢使（正使）、副使を通事を介して尋問したところ、三名の使節は、自らが千里の波を越えて、カンボジア国王からの「金書」（国書）と「貢物」を「豊州主 源 義鎮《みなもとのよししげ》公」（豊後国の大友義鎮）に贈るためにやってきたと答えたのである。

このカンボジア国王使節船の薩摩の港への「飄蕩《ひょうとう》」（漂着）については、実際には島津氏によるカンボジア船の抑留であり、その前年の高城・耳川の合戦で大友軍との全面戦争に突入・勝利した島津義久が、敵対する大友氏側がカンボジア国王と結ぶ従来の外交関係を遮断し、それに代わる新たな島津―カンボジア国王間の善隣外交関係を締結する契機となったことは別稿[12]で明らかにした。ここで注目したいのは、大友氏に代わる新たな「九州」の支配者になったことを喧伝する「薩隅日三州太守」島津義久に対し、カンボジア国王使が「我かりそめに本国に帰り、この事を詳説せんとす、継今以往、我国必ず貴国をもって善隣と為《な》し、永々に自他和好を為し、山砥河帯《さんしかたい》するとも、この約を渝《しず》めること勿《な》く、往還の船舫もまた期を絶うることなかるべし」と述べていることである。

すなわち、「十余万人」の大友軍を倒して「三州」のみでなく「九州」全域が自領になったと誇張する島津義久の言葉を真に受けたカンボジア国王使は、義久の援助を得てカンボジアに帰国できれば本国王に九州の政権交代の事態を報告することを約すとともに、国王全権使節として、今後、「我国」（カンボジア国）と「貴国」（島津義久領国）とで善隣和好関係を締結し、たとえ「山砥河帯するとも」（中国の泰山《たいざん》が砥石《といし》のように低くなり、黄河が帯のように細くなろうとも）、この外交協約を反故《ほご》にしたり、相互の国を往来する船を絶やすことのないようにする、と述べたのである。[13]

このように、カンボジア国王サター一世の使節と薩摩の戦国大名島津義久は、「我国」「貴国」と呼び合う対等な「国」意識をベースとした外交関係を結ぼうと企図したのであり、この四年前に見られた松浦鎮信の「日本平戸国」同様、この時期（一五七〇年代）の諸大名「地域国家」における外交権行使の事例の一つとして評価することができよう。[14]

（3）脱「日本国王」外交の淵源

東南アジアの国と日本の戦国大名「地域国家」との間で締結された外交関係の最も早いものとしては、前掲史料四の文言中の「南蛮国甘埔寨賢主君浮喇哈力汪加」（カンボジア国王サター一世）と「豊州主源義鎮」（大友義鎮）のものがある。『頌詩』には、カンボジア国王が大友氏に宛てた国書も掲載されており、国王「浮喇哈力汪加」は「日本九州大邦主源義鎮長兄殿下」と呼びかけて、義鎮からの贈答品を謝し、「象」や「銅銃」「蜂蠟《はちろう》」（ミツバチの巣の蝋を精製した蝋燭や口紅等の原料）を返礼品として贈っている。[15] 両者の外交関係は、元亀・天正年間の早い時期（一五七〇年代初頭）から結ばれていたものと推測される。

本来、中華世界における「日本国王」と認められた天皇や室町将軍の専権であった国家外交が、大内氏や細川氏のような地域公権力による地域大名外交に転化したのは、前述のように十五世紀半ばである。以来、十六世紀前半までのおよそ一世紀にわたる日本の外交は、主に諸大名による「日本国王」名義や有効な勘合の競合・争奪という形で展開していく。

そうした点において、十六世紀前半までの地域大名外交は、足利義満以来の国家外交権を継承する側面を特徴とするものである。

一方、十六世紀半ば以降になると、その領域の大小にかかわらず自らの領国を「国」と認識するような戦国大名の「国家」意識の成熟により、従来型の「日本国王」外交権に依拠しない、新たな「地域国家」外交権が主張されるようになる。一五七〇年代に松浦氏、島津氏、大友氏等が東南アジアの国々との交渉で試みた外交姿勢は、中華に朝貢することで維持されてきた東アジア諸国の伝統的な国際秩序とはまったく異質である。こうした意識は、どのようにして生まれたのであろうか。

考えられる二つの起源のうち、一つは、十六世紀半ばにおける遣明使節の性質変化である。須田牧子氏によると、記録に残る最後の遣明使節となった嘉靖三十六年（一五五七）の「弘治度船」（大内義長・大友義鎮の合同派遣）が、勘合の不備および国王名義でないことを理由に寧波への上陸・入貢を拒絶されたのは、彼らの外交無知による失策ではなく、あえて「日本国王」名義ではなく自己名義での通交を試みたものだと言う。[16]「弘治度船」が入貢棄却されたのは、天文年間の遣明船派遣を独占していた大内義隆が陶隆房のクーデターで没し、遣明表作成をはじめとする外交手順に精通していた家臣が排斥されたことにより、対明外交故実のノウハウが新当主大内義長に継承されなかったためとするのが、従来の一般的な考え方である。しかしながら、須田氏の分析では、義隆のもとで外交に携わっていた家臣の一部が義長政権にも検出でき、対明外交のためのアイテムと人的基盤は義長時代に引き継がれている。「弘治度船」は、互市の承認という明朝の新しい外交政策を前提として、日本の地域権力が倭寇禁圧の実績を掲げて「日本国王」を介さず自己名義で直接派遣した船であり、「日本国王」による朝貢形式で営まれてきた従来の遣明船派遣事業とは一線を画す存在として、日明関係における新たな動向を示すものと評価される。この指摘に従うならば、一五七〇年代に顕著に見られる東南アジア諸国を相手とした戦国大名の「地域国家」外交は、その直前の五〇年代における、伝統的対明関係での言わば脱「日本国王」外交の試行を一つの起源として考えることができよう。

そして、想定されるもう一つの起源が、同じ一五五〇年代に開始された対西欧外交からの影響である。そもそも、西欧を相手とした外交では、かつて足利義満が苦労した対中華の朝貢外交ほどの複雑な障壁はなかった。松本和也氏の分析によると、フランシスコ・ザビエルが来日した十六世紀半ばから近世初頭の徳川家康の時代までのおよそ半世紀の間、イエズス会は、日本の実質的権力者は大名であるととらえ、その領国をある程度独立した「国」と認識し、大名そのものを「国王」として評価していたと言う。[17]確かに、同時期のイエズス会系諸史料を読むと、同氏が指摘するように、戦国大名を「尾張の国王」（織田信長）、「山口の国王」（大内義隆）、「河内の国王」（三好義継）等と各所で表記している。

ただし、全ての大名が一律に「国王」とされていた訳ではない。例えば、一五五四年五月付けでメルシオール・ヌーネス・バレトがイグナティウス・ロヨラに宛てた書状[18]によると、ザビエルの離日時に、大内義長・大友義鎮・松浦隆信の三大名が、ポルトガルのインド副王アフォンソ・デ・ノローニャに親書を送ったことがわかるが、その原文で、義長は「El rey de Amanguche」（山口の国王）、義鎮は「el rei de Bumgo」（豊後の国王）と表記されているが、隆信は「el duque de Firamdo」（平戸の公爵）と書き分けられている。「国王」扱いされた大内義長と大友義鎮のうち、義鎮の親書は、インド副王からポルトガル国王へと伝達されたようで、一五五八年三月十六日付けでポルトガル国王ドン・セバスチャンが義鎮に宛てた親書では、[19]「国王かつ私の主君にして祖父は、貴殿が派遣された使節への返答に際し、大変満足しておられた」と述べ、祖父であり先代国王のジョアン三世が、義鎮の対応に満足して使者ペレイラに返書を授けたことがわかる。すなわち、大友義鎮は、一五五〇年代に、ジョアン三世、ドン・セバスチャンの二代にわたるポルトガル国王との外交関係の締結に成功したのである。

このように、伝統的対明外交における弘治三年（一五五七）の脱「日本国王」外交の試行、および同時期に日本に接近したイエズス会・ポルトガル国王との外交関係締結の成功の経験を経て、室町時代後期の地域大名外交は、従前の中国皇帝より冊封を受けることをベースとした「日本国王」外交権の争奪・行使の時代から、その領国を「国」と自他ともに認識する戦国大名による「地域国家」外交権行使の時代へと、性質変化していったと言えるのである。

おわりに

本稿では、有史以来、中華世界の周辺国の一つとして中国皇帝から「日本国王」に冊封されることで維持してきた日本の国家外交が、中世後期に「国」意識を成熟させた戦国大名による「地域国家」外交権の行使によって、特に十六世紀半ば以降に脱中華志向の外交へと性質転化していった実態を明らかにした。そもそも、人間が行う国家外交は、時代とともにその性質を変化させるものであり、固定概念化された近代国民国家の発想ではなく、相対化した「国家」概念のもとで、人間の相克の営みとしての特質をあぶり出すことが重要であろう。

加えて、ここで考察した地域大名の外交姿勢の性質変化の問題は、単に十六世紀社会のみの特質にとどまらず、その後、近世末期日本の国家外交の基本的姿勢にも影響を及ぼすことになる。例えば、幕末期の外交儀礼を考察した佐野真由子氏は、江戸幕府が、ハリス等の接遇をはじめとした欧米諸国との交渉において、対朝鮮外交を相応の先例に選択し、かつ対等外交の儀礼を整備・挙行し続けたことを強調し、東アジア域内からそのような国が出たことが、中華とその周辺国の上下関係を前提とする伝統的国際秩序の終焉を早めたと意義づけている。(20)

近世末期（十九世紀半ば過ぎ）に日本に再接近してきた欧米諸国に対するこうした外交方針の基本軸は、実は、その二五〇年以上前の中世末期（十六世紀後半）に芽生え・主張されだした戦国大名「地域国家」による脱中華志向の外交姿勢を淵源とするものとも言え、今後、十六世紀から十九世紀までを大きく俯瞰した日本の対外交渉史の分析の必要性を提案しておきたい。

注

(1) 戦国大名による「地域国家」支配に関しては、池享『日本中近世移行論』（同成社、二〇一〇年）にその性質がまとめられている。また、戦国大名や国人領主による公儀意識に基づく社会基盤整備事業の事例とその特質については、鹿毛敏夫編『戦国大名の土木事業――中世日本の「インフラ」整備』（戎光祥出版、二〇一八年）を参照されたい。

(2) 「岐部文書」七（『大分県史料』一〇）。

(3) 「島津家文書」六六七（『大日本古文書』家わけ一六―二）。

(4) 「平林文書」二五（『大分県史料』二五）。

(5) 鹿毛敏夫「戦国大名のインフラ整備事業と夫役動員論理」（前掲注1同編『戦国大名の土木事業』）。

(6) 田中健夫『増補倭寇と勘合貿易』（至文堂、一九九六年）。

(7) 高橋公明「室町幕府の外交姿勢」（『歴史学研究』五四六、一九八五年）。

(8) その成果は、村井章介編集代表他『日明関係史研究入門――アジアのなかの遣明船』（勉誠出版、二〇一五年）としてまとめられている。

(9) 松浦史料博物館蔵「シャム国主宛松浦鎮信（法印）書状案」。同史料は、これまでにも活字紹介されているが、平出・闕字への無配慮や誤記・誤読が見られるため引用し難く、本稿では、『平戸・松浦家名宝展』（朝日新聞社、二〇〇〇年）図録掲載のカラー写真版をもとに分析した。

(10) 霊雲院蔵『頌詩』。同史料は、岩生成一「日本南方諸国往復書翰補遺」（『南島史学』一、一九七二年）で紹介されているが、いまだ本格的な考察がなされていない。本稿では、東京大学史料編纂所が昭和二十六年に作成した謄写本をもとに分析した。

(11) ベルナール・P・グロリエ著、石澤良昭・中島節子訳『西欧が見たアンコール』（連合出版、一九九七年）。サター一世のみならず、その先代のバロム・レアッチア一世は「プリヤ・レアッチア・アンチャ・プリヤ・ボロム・レアッチア・ティーレチュ・レアミア・トゥプディ・プリヤ・アン」、サター一世の二男バロム・レアッチア二世は「プリヤ・レアッチア・アンチャ・プリヤ・バロム・レアッチア・ティーレアチュ・レアミア・トゥプディ」が称号で、いずれもその冒頭が「プリヤ・レアッチア・アンチャ」で始まっている。

(12) 鹿毛敏夫「戦国大名領国の国際性と海洋性」（『史学研究』二六〇、二〇〇八年。のち、同『アジアン戦国大名大友氏の研究』〈吉川弘文館、二〇一一年〉に収載）。

(13) 原漢文では、「我国」＝島津国、「貴国」＝カンボジア国と読むこともできるが、史料四に掲出した義久書状写で、五行目の「貴国」（カンボジア国）の語へは擡頭による敬意が確認できるものの、一五行目の「貴国」には見られないことから、後者の「貴国」は島津義久領国を指すと判断するのが妥当と思われる。

(14) その後の十七世紀初頭になると、島津氏の外交権行使は、「日本大将軍家康公」（徳川政権）の権威を背景に強圧化してくる。村井章介氏が紹介する近世初頭の日朝間の外交文書集成『江雲随筆』のなかに、「薩摩州刺史藤氏家久」（近世薩摩藩主初代の島津家久）が「呂宋《ルソン》国司」（スペインのフィリピン総督）に宛てた元和元年（一六一五）十月の書状写があり、家久は、琉球を「我が薩摩州附庸の国」としたことを喧伝した上で、「国小にして財乏し」い琉球に代わって、薩摩―ルソン間で貿易関係を開くことを求めている。詳細は、村井「近世初頭、対馬・朝鮮間の〈境界文書〉群――『江雲随筆』の魅力を語る」

（『朝鮮史研究会論文集』五八、二〇二〇年）を参照。

(15) 前掲注12鹿毛「戦国大名領国の国際性と海洋性」。

(16) 須田牧子「最末期の遣明船の動向と「倭寇図巻」」（上田信・中島楽章編『アジアの海を渡る人々――一六・一七世紀の渡海者』春風社、二〇二一年）。

(17) 松本和也『イエズス会がみた「日本国王」――天皇・将軍・信長・秀吉』（吉川弘文館、二〇二〇年）。

(18) 「一五五四年五月付、ゴア・コーチン間発、メルシオール・ヌーネス・バレトのイグナティウス・デ・ロヨラ宛書翰」（『日本関係海外史料 イエズス会日本書翰集』訳文編二（上））。

(19) 「一五五八年三月一六日付、リスボン発、ポルトガル国王ドン・セバスチャンの豊後にある大友義鎮宛書翰」（『日本関係海外史料 イエズス会日本書翰集』訳文編三）。

(20) 佐野真由子『幕末外交儀礼の研究――欧米外交官たちの将軍拝謁』（思文閣出版、二〇一六年）。

日本中世の「暴力」と現代の「教育」

メイヨー・クリストファー

Christopher M. Mayo——皇學館大学文学部コミュニケーション学科教授。専門は日本史全般であるが、とりわけ日本文化史、日本中世史の研究を中心としている。主な著作に『*Swearing Oaths and Waging War: People, Place, and Ritual Practice within the Ōtomo Warrior Band in Sixteenth-Century Japan*』（皇學館大学出版部、二〇一九年）、『*Communities and Sacred Spaces: Canterbury and Ise in Historical and Cultural Context*』（編、皇學館大学、二〇二〇年）などがある。

前近代の日本社会の大きな特徴の一つに暴力があり、それは戦場のみならず、日常生活にも浸透していた。最も衝撃的な例の一つは、顔面に対する暴力である。本稿では、当時の社会における暴力使用の意味と、顔面への暴力が現在の国内外の教科書に取り上げられる意義について考察していく。

はじめに

現代の日本社会を反映する大衆文化（マンガ、アニメ、テレビドラマ、小説など）には中世の暴力が浸透している。例えばNHK大河ドラマ「真田丸」（二〇一六年）は十六世紀の戦国時代を舞台としているが、その中に豊臣秀吉がキリシタンに対して「耳を削ぎ、そうだな、鼻も削げ、引き廻しの上、磔じゃ。良いな」と命じたエピソードがあった。[1]いわゆる「日本二十六聖人」の事件である。このエピソードでは、秀吉は表面的には宣教師追放令に違反したという理由でキリシタンを罰したということになっている。しかし、これは言い訳に過ぎず、実は外国船の貨物を没収するという貪欲な目的があったのである。番組の制作者は、この乱暴な処罰もまた、秀吉の残酷で気まぐれな判断の一例であったことを明らかにしたかったのであろう。この見解は、家臣団の一人である主人公真田幸村が、主君の精神的な衰えへの憤りを抑えつつも、異国の宗教の信者の苦境に同情を示すことで表現された。つまり、秀吉の精神的な衰えに帰する判断であり、平常の判断力を持っていたら、この異宗教と武家勢力の国際的な対立によって生じた暴虐という解釈である。

「歴史物語」としては大衆受けするかもしれないし、独裁者の持つ権力の恐ろしさという教訓も得られるが、大河ドラマで描かれた「貪欲や精神的な衰え」にはもの足りなさを感じる。史実としてキリシタンの処罰はあったが、秀吉はこの種の肉体に対して科す刑罰をキリシタンのために特に考案したわけではなかった。明らかに中世の刑罰観から生まれたものであったので、その背景と歴史も視野に入れるとより深く理解できる。

鼻耳削ぎの肉刑は以前からあったが、その行為自体というよりも、それがどのような歴史的背景において、どのような意味で行使されたかに注目すべきであろう。日本史における耳鼻削ぎの研究の第一人者である清水克行氏の網羅的な研究によれば、中世では耳鼻削ぎは「残酷」な罰と考えられたのではなく、死刑の代わりに命を助けるための宥免刑《ゆうめんけい》であり、女性を男性と同様に処罰してはいけないという考えがあったため、ジェンダーを配慮した女性への比較的軽い罰であったとのことである。また、ジェンダーの他、身分による罰で、乞食や僧侶は同様に耳鼻削ぎの対象者になったことを指摘し、「聖なる存在」とみなされていたので、死刑を避けたと主張している。さらに、「日本二十六聖人」について、秀吉が「主刑」である死刑に付け加えたことによって、前代の伝統をとどめたと主張し、「見せしめ」として「死刑の付加刑、あるいは残虐刑としての性格が濃厚である」という見解を示した。(2) 確かに法制史の視点からみると、「死刑」（生命を奪う刑）、「付加刑」（主刑に対して付加する刑）、「残虐刑」（残酷な刑）という解釈は説得力がある。(3) 日本文化史・社会史の視点から見た場合、秀吉は異教徒に対して発案した宣教師追放令という新しい社会規範（社会で守るべき道徳、法、慣習など）を強調するため、中世から受け継いだ肉刑に関する社会規範を破ったといえよう。(4)

耳や鼻など顔面に関する肉刑は先行研究では「罰」として捉えたものがほとんどだが、「罰」でありながら、「暴力」の一種でもあった。言い換えると、ルールの要素を強調する規範と、そのルールを適用する暴力を便宜上分けてみる必要があるということであろう。何故なら、必ずしも法に背いていない事例や、タブーや穢れなど罪科の観点とは無関係の事例も含めて分析する必要があるからである。暴力はもちろん、特に耳や鼻などの顔面に対する暴力は日本文化の陰惨な、見苦しい一面であるにも関わらず、大河ドラマにも登場しているように、研究対象としては意義がある。

本稿は、先行研究の成果を踏まえて、「歴史」として中世の暴力と社会規範、「教訓」として現代の視点から理解を深めることを目的とする。過去の歴史において、男性優越主義社会とそれに基づく力関係が女性に対する暴力にどのように現れたかを明確にし、女性への過剰な暴力について分析する。現代の視点において、中世の暴力が現代の国内外の教育・大衆文化の中でどのように現れているか、そして、その検証を通して、過去の暴力が我々の価値観・社会規範を「美徳シグナリング」としてどのように形成し続けているのかについて述べていく。史料・古典文学には、「見せしめ」の役割を果たす暴力が克明に描写されており、中世においては、身分、ジェンダー、宗教などの絡み合いによって社会規範として正当化されていた。そして、現代においてもその役割が続いていることに注目したい。

一、過去とは異国である

日本文化史における暴力が現代の教育カリキュラムに組込まれていることは、海外でも国内でも確認できる。秀吉が外国人宣教師に汚名を着せ、殉死に至るまで迫害したことは英語圏における研究では「残虐行為」として非難の的となっているが、日本のもう一つの種類の暴力は教材として海外の人々に教訓を与えている。[5] 哲学者のメアリー・ミジリー氏は、一九八一年に発表された「ツジギリ」というサムライの「風習」についての論文の中で、異文化に対して道徳的判断を下せないという考えについて問題提起した。[6] 顔面に対する「見せしめ」や汚名を意味する肉体的な暴力の例ではないが、現代人にとって明らかに嫌悪感を抱かせるような異国の風習である暴力がどのように研究対象として解釈されているのかを考察することは有益である。

ミジリー氏の目的は「道徳的孤立主義」(moral isolationism)を批判することであった。この思想は道徳的な判断が可能なのは十分に理解している自分の文化に限られるという考え方で、つきつめれば、異文化を拒否してはいけないという主張である。ミジリーによると、もしある人が武士の行動を残忍だと批判した場合、道徳的孤立主義者は武士の正当性を弁護するために、例えば、「昔の日本人は欧米人ほど個人の命を大切にしていなかった」、「通行人は武士によって一刀のもとに両断されるという仕打ちを受けることを仕方がないことと是認していた」などのような説得力のない理由を無理につけて説明するだろう。この理屈に対し、ミジリー氏は所謂「西洋人的」な視点から、「本当に両断されることを求めたか?通行人が実際にこのような驚くべき嗜好を持っていることについて、十分な根拠があるか」と指摘する。ミジリー氏は、無知、怠惰、偏見、その他の異文化理解の妨げとなる要素を超越して異文化を理解し、その上でその文化について道徳的な判断を下すことは可能であると結論づけた。つまり、サムライやそのサムライの行動を弁護する者が何を考えていようと、我々は「辻斬り」を道徳的に非難すべきであるということである。ミジリー氏がこのような西欧人の道徳と異なる残酷な風習を極端な事例として取り上げる「道徳的孤立主義」を十分な説得力をもって批判したためか、この論文は英語圏の大学のシラバスまたは倫理の教科書に登場することがある。[7]つまり、前近代日本の暴力の実態は英語圏の教育に組み込まれているのである。

そもそも西洋的視点から批判する必要はあるのだろうか。ある意味では、「オリエンタリズム」の要素も入っていると思われる。[8]ミジリー氏は暴力史を題材にして西洋文明を「我々」(us)、東洋文明を「他者」(others)にして、東洋の文明における「後進性」(backwardness)、「受動性」(passiveness)、「風変わりさ」(exoticness)などを強調していることが窺える。しかし、「先進的」な西洋道徳が「後進的」な東洋道徳とほぼ一致している事例もある。中世の日本には辻斬りを非難したミジリー氏の論文を数世紀先取りした記述が存在するのである。史料によれば、中世の日本では、辻斬りは現代の殺害事件と同じように考えられていた。南北朝時代の内乱を描写する軍記物語である『太平記』にはそれに対する批判が記されている。

【史料一】

京・白河を巡って毎夜辻切《つじぎり》をしける間、路次《ろし》に行き合ふ尼・法師・女・童部《わらんべ》、ここかしこに切り倒され、横死《わうし》に逢《あ》ふ物《もの》休《や》む時なし。[9](本論文では、史料の漢字を原則として常用漢字、又は通用の字体に改めた。)

この一節は、明らかに辻斬りを批判したものであり、中世では許されてなかったことが窺える。中世に辻斬りは容認されていなかっただけでなく、近世では禁止されていた。十八世紀の『公事《くじ》方《かた》御《お》定書《さだめがき》』の禁令は次の通りであった。

【史料二】

一、辻切いたし候もの、引廻之上死罪[10]

暴力に対する非難に注目すべきではなく、人民に対してそれをどのように正当化しようとしたかを、歴史的背景をもとに考察すべきである。日本が内戦状態にあった【史料一】の時代でも、武家勢力の最盛期であった【史料二】の時代でも、辻斬りという無差別殺人に対して、現代と似たような態度を共有していたことが見て取れるが、その理由が異なっていることに注意すべきである。
もっと広く暴力に対する「非難」をみると、外形では西洋と同じように見えるが、実はその根底にある理由が異なり、幾つかの相違点も現れる。中世では、人身の拘束は仁政（恵み深い、思いやりのある政治）の理想に反する行為であるとして、現代と違った意味で捉えられていたのである。十三世紀に鎌倉幕府によって発布された『御成敗式目』の武家に関する法律の条文では、家族や財産の差し押さえは違法とされていた。

【史料三】

一、百姓《ひやくしやう》逃散《てうさん》の時逃毀《ときてうき》と称《せう》し損亡《そんまう》せしむる事《こと》
右諸国《みきしよこく》の住民逃脱《ちうみんてうたつ》のとき其領主等《そのりやうしゆら》逃毀《てうき》と称《せう》して妻子《さいし》を抑留《よくりう》し資財《しざい》を奪《うはい》とる所行《しよきやう》の企《くはたて》はなはた仁政《じんせい》に背《そむ》けり若召決《もしめしけつ》せられん処《ところ》に年貢所当《ねんくしよたう》の未済《みせい》あらは其償《そのつくのひ》をいたすへししからすは早損物《はやくそんふつ》を糺返《きうへん》せらるへし但去留《たゝしきよりう》においては宜民《よろしくたみ》の意《こゝろ》にまかすへきなり(11)

逃亡者の妻子に対するこのような行為がなければ、鎌倉幕府はわざわざそのような行為を禁止する必要はなかったので、実際には広く行われていたかも知れない。しかし、たとえ理論と実際が異なっていたとしても、幕府が地方の権力者に及ぼす権限に限界があったことがこの法律で確認できる。社会構造上、支配者と被支配者の間に価値観の相違があることと、権力者の権力がおよぶ範囲が制限されていることは中世と現代の共通点である。
それにも関わらず、「過去は異国である。そこでは生き方が違うわけだから」という名言が示唆するように、過去の人間を理解することがいかに難しいことであるかを忘れてはいけない。もし過去が異国であるとすれば、（ミジリー氏の辻斬りに関する論文も「異国」の批判であったが）前近代の日本での暴力事件を理解しようとする際に現代の倫理基準は役に立たないだろう。中世と現代の考え方がいかにずれているかを見ることができるのは「辻捕り」というもう一つの「辻」において行われた中世の犯罪である。この犯罪によって、通りがりの女性が男に拉致されて妻にさせられることがあった。法律の条文ではこの行為を明確に禁止していたが、その犯罪行為を単に非難したり、現代人の価値観に照らし合わせたりするのではなく、真に理解しようとすることで、社会における暴力の役割についての中世の認識が見えてくるのである。

【史料四】

一、他人《たにん》の妻《め》を密懐《ひつくわい》する罪科《さいくわ》の事《こと》
右強姦和奸《みきかうけんわけん》を論《ろん》ぜず人の妻《め》を懐抱《くわいはう》するともから所領《しよりやう》半分《はんふん》をめされ出仕《しゆつし》をやめらるへし所帯《しよたい》なくは遠流《おんる》に処《しよ》

すへきなり女《をんな》の所領《しよりやう》おなしくこれをめさるへし所領《しよりやう》なくは又《また》これを配流《はいる》せらるへき也次《つき》に道路《たうろ》の辻《つし》にをいて女《をんな》を捕《とら》ふる事《こと》御家人《ごけにん》にをいては百箇《か》日のあひた出仕《しゆつし》をとゝむへし郎従《らうしう》已下に至《いたり》ては右大将家《うたいしやうけ》の御時《おんとき》の例《れい》に任《まかせ》てかたかたの鬢髪《ひんはつ》を剃除《たいちよ》すへきなり但法師《たゝしほうし》の罪科《さいくわ》にをいてはその時《とき》に当《あたり》て斟酌《しんしやく》せらるへし(12)

幕府は女性にも財産の差し押さえや追放などの罰を与えたことが分かる。ではなぜ被害者である女性を処罰したのだろうか。米国ミシガン大学の殿村ひとみ氏によると、「拉致の罪は、秩序維持という幕府の権限に反する罪であった。女性の身体は幕府の権威を強化する手段であった。幕府は土地の没収という罰則を設けることによって、實質的に、夫が復讐する権利を放棄させた。(13)（原文は英文。著者による和訳）」ということである。女性が受けた暴力を女性の責任にする制度は、現代の道徳観のもとでは反感を抱くかもしれない。しかし、中世の法律考案者にとってはそうではなかった。異文化と同様、過去の文化を判断することについてのミジリー氏の指摘に従えば、異文化（過去の日本）の視点に立ってその事象を見る機会を失うことになる。

中世的な顔面に対する暴力を分析する際、「歴史」（history）と「歴史遺産」（heritage）とを区別することは有益であるかもしれない。リチャードホルト氏によると、「歴史とは、どのように過去を説明するか、「歴史遺産」は過去をどのように保管（preserve）するか」という区別ができ、大衆史（popular history）は大抵の場合「過去を分析するのではなく、過去を想起させる（evokes）」ものであるから、「歴史遺産」と見做すべきであろう。(14) もちろん、「歴史」と「歴史遺産」には重複する領域もあるが、極論すれば「歴史」は良し悪し問わずに過去に起こったことの実態を調べたり考察したりすることであるため、教訓などというものは必ずしも研究成果とはならない。そして、「歴史」は利用可能な残存している文書（文字）や大量の考古学的な出土品（モノ）を題材にしているが、その限界があるため、複雑で纏まりのない説明で終わってしまうことは少なくない。一方「歴史遺産」は、歴史的な研究成果の中から、日本の歴史・文化において、特定された意義のある具体物について、現代の人のためにできる限り分かりやすい解釈を提供するものである。したがって、「歴史遺産」には教育的な「教訓」の要素が含まれているのである。結果的に、「歴史」は「歴史遺産」と同一のものではない。どちらのアプローチにもメリットはあるが、両者を混同してしまわないように注意しなければならないだろう。

二、現代教育における前近代の暴力

日本では、高等学校教科書において、顔面に対する暴力について学習する機会が与えられている。教科書に頻出するのは、豊臣秀吉の宣教師や信徒への処遇と、それ以外の少なくとも二つの出来事である。例えば一二七五年に農民が阿弖《あて》河荘《がわのしょう》の権力者に提出した文書があげられる。これは、農民が書いたものである可能性が高く、庶民の声を聞くことができる貴重な史料とされている。また、幕府の地頭の下での様子が生き生きと描かれていることから、高等学校教科書に直接引用されることもあり、中世の顔面に対する暴力の代表的な例として知られている。

【史料五】

阿テ河ノ上村百姓ラツヽ《（謹）（ン脱落）》シテ言上

一、ヲンサイモク《（御材木）》ノコト、アルイワチトウ《（地頭）》ノキヤウシヤウ《（京上）》、アルイワチカフ《（近夫）》トマウシ《（申）》、カクノコトクノ人フ《（夫）》ヲ、チトウ《（地頭）》ノカタエセメ《（責使）》ツカワレ候ヘハ、ヲ《（テ）》マヒマ候ワス候。ソノヽコリ《（残）》、ワツカニモレ《（洩）》ノコリテ候人フ《（夫）》ヲ、サイモクノヤマイタシエ《（山出）》、イテタテ《（出立）》候エハ、テウマウ《（逃亡）》ノアト《（跡）》ノムキ《（麦）》マケト《（蒔）》候テ、ヲイモトシ《（追戻）》候イヌ。ヲレラカコノムキ《（麦）》マカヌモノナラハ、メコトモ《（女子）》ヲヲイコメ《（追込）》、ミヽ《（耳）》ヲキリ、ハナヲソキ《（削）》、カミ《（髪）》ヲキリテ、アマ《（尼）》ニナシテ、ナワ《（縄）》ホタシ《（絆）》ヲウチテ、サエナマント《（荷）》候ウテ、セメセン《（責）》カウセラレ候アイタ、ヲンサイモクイヨ〳〵ヲソナワリ《（遅）》候イヌ。(15)

その内容はおぞましいもので、歴史研究者によって、地頭の行動は「残酷な拷問」と評されることもある。教科書の教師用マニュアルには、この事件から導き出されるいくつかの教訓が追加されている。(16) まず、「地頭の乱暴の凄まじさと、それによって虐げられる農民の苦しさを読み取ることができる」と指摘している。しかし、「乱暴の凄まじさ」、「虐げられる農民の苦しさ」、「非法横暴」などの言い回しはマニュアルの著者による補完であり、農民自身が使った言葉ではない。著者は歴史研究者でもあるので、中世の世界観をふまえ、文書の全体を見わたして、納入の負担に重点を置いたことについても言及するが、ここで「苛酷」などの見解も混ぜて、「歴史遺産」の視点から史料を説明する傾向があり、教訓を付け加えたといえるだろう。清水克行氏は「歴史」の立場から考察して、この史料について鋭い指摘をしている。

かりに百姓の罪をその妻がかぶるのが一般的であったとしても、耳鼻削ぎはひどすぎないか？　たんに身柄を差し押さえられるのと、耳・鼻を削がれるのでは話がちがう。おそらくこの史料が教育現場で多くの生徒たちに強い印象を残したのも、この「ミミヲキリ、ハナヲソギ」の一節があるがゆえではないだろうか？　この一節さえなければ、この史料はこれほど有名な史料とはなりえなかっただろう。(17)

ミジリー氏と同様に、異国の代わりに「異時代」に対して、暴力の史料を通じて現代の文明を「我々」(us)、過去の文明を「他者」(others)にして、過去の風変わりなこと(exoticness)を強調しているといえるのではないだろうか。

阿弓河荘の史料を教科書に掲載することはもう一つの役割を果たしている。それは過去の暴力を非難することによって、教員と生徒の間に「美徳シグナリング」(virtue signaling)が形成されるということである。「美徳シグナリング」は、自分が倫理的であることや、道徳的価値観を持っていることを周りの人に知らせる方法の一つである。教育現場では、道徳的価値観を身につけさせる役割もあるので、過去の風変わりな行為を非難することで、現代の社会に相応しいと思われる価値観・社会規範を形成させることができるのである。権力者が社会の弱者をこのように凄まじく支配することを非難することは誰にでも容易にできるので、その非難によって価値観を固定化し、内在化する機会となる。しかし、もっと深く掘り下げたり、事件の経緯を追跡したりすることによって、暴力は史料全体のごく一部に過ぎないということが分かり、地頭が悪く扱われているというよりもむしろ、法制度の発達や農民がその制度を上手に利用しているという印象を強めることもできる。そして、その歴史を学ぶというより、その時代の社会問題に焦点を当てるというメリットがある。確かにこの史料を選んで、暴力の部分を逐一引用して地頭の残酷さを強調することは、「歴史遺跡」のアプローチであるが、その出来事から現代の社会に役に立つ教訓を引き出すという意義もある。

生徒が授業で遭遇するもう一つの顔面に対する暴力の事件は、高等学校の国語教科書で紹介されている。しかし、阿弖河荘の残酷さが強調されているのではなく、中世のユーモアの例として紹介されている。『徒然草』は、兼好法師が書いた随筆で、完成時期は不明だが、十四世紀前半に成立したと考えられている。

【史料六】

是《これ》も仁和寺《にんなじ》の法師、童《わらは》の法師にならんとする名残《なごり》とて、各《おのおの》あそぶ事ありけるに、酔《ゑ》ひて、興《きよう》に入るあまり、傍《かたはら》なる足鼎《あしがなへ》を取りて、頭《かしら》にかづきたれば、つまるやうにするを、鼻をおし平《ひら》めて、顔をさし入れて舞ひ出でたるに、満座興に入る事かぎりなし。

> しばしかなでて後、抜かんとするに、大方《おほかた》抜かれず。酒宴《しゆえん》ことさめて、いかがはせんと惑《まど》ひけり。とかくすれば、頸《くび》のまはりかけて血たり、ただ腫《は》れに腫れみちて、息もつまりければ、打ち割らんとすれど、たやすく割れず、響《ひび》きて堪《た》へがたかりければ、かなはで、すべきやうなくて、三足《みつあし》なる角《つの》の上に、帷子《かたびら》をうちかけて、手をひき杖《つゑ》をつかせて、京なる医師《くすし》のがり、率《ゐ》て行きける道すがら、人のあやしみ見る事かぎりなし。医師のもとにさし入りて、向ひゐたりけんありさま、さこそ異様《ことやう》なりけめ。ものを言ふもくぐもり声に響きて聞えず。「かかることは、文《ふみ》にも見えず、伝へたる教へもなし」と言へば、又仁和寺へ帰りて、親しき者、老いたる母など、枕上《まくらがみ》に寄りゐて泣き悲しめども、聞くらんとも覚えず。
>
> かかるほどに、ある者の言ふやう、「たとひ、耳鼻こそ切れ失《う》すとも、命ばかりはなどか生きざらん。ただ力を立てて引き給へ」とて、藁《わら》のしべをまはりにさし入れて、かねを隔《へだ》てて、頸《くび》もちぎるばかり引きたるに、耳鼻かけうげながら抜けにけり。からき命まうけて、久しく病《や》みゐたりけり。(18)

逸話を三つに分けて考えてみよう。物語の序盤では、酔っぱらった僧侶が、頭に鼎をかぶって他の人たちを楽しませるために踊っている。中盤では、喜びはパニックに変わり、鼎を取り外そうとすると、出血し、呼吸困難に陥るほど悲惨な状況になった。彼の仲間の僧侶は、医師のところに連れて行ったが、その時点で彼の言葉はくぐもって不可解で、コミュニケーションする能力を失っている。終盤では、僧侶の友人や老いた母が悲惨な状況になったことに悲嘆している。さらに悪いことに、本文で強調されているように、鼎の中の男は彼らの嘆きを聞くことができず、人々の心配や感情が伝わらない。最後の手段として、彼らは、鼻と耳を引き裂くほど強く鼎を引っ張った。かろうじて生き延びることができたが、その後長い間傷は癒えなかった。一般的には、「ユーモア」として解釈され、西洋文学の『グリム童話集』やマザーグース童謡のように「ブラックユーモア」と捉える研究者もいる。(19)

三つの部分を通して考えると、滑稽な話と悲劇的な話が融合している。川平敏文氏によれば、江戸時代の読み方は現代の読み方と異なって、『徒然草』の各段を別々に読むのではなく、前後の話とともに読んで、その教訓としての繋がりを意識したので、滑稽な部分は明治時代まで強調されなかった。(20)

しかし、教訓を強く意識したと言っても、挿絵からみればあまり暴力は強調されていなかったようである。印刷物が普及した十七世紀には、冒頭の滑稽な部分で僧侶が鼎を頭に乗せて踊っているところや、鼎を取ろうとする様子が描かれている挿絵をいくつか確認できたが、耳鼻が切り失われた恐ろしい様子が描かれたものはまだ確認できていない。この物語の人気を考えれば、そのような挿絵は存在するだろうが、存在していたとしても、この時代の一般的な印象としては、滑稽な踊りのある最初の部分に重きが置かれていたということであろう。もちろん暴力的な要素は残っているが、それを軽快なイラストで和らげている。その後、明治時代になると、物語の冒頭部分が強調され続けたため、娯楽的なものとして見られるようになったという証拠がある。月岡芳年は、日本の伝統的な物語をモチーフにした浮世絵でよく知られている。一八八二年の浮世絵では、第五三段の「是も仁和寺の法師」というエピソードは「仁和寺鼎踊」と名付けられているが、その作品には、物語から暴力性が完全に取り除かれている。少年少女と老人（僧侶か）が一緒になって、障子の向こうに男の特大の影が映し出された踊りを見ている。「仁和寺の障子にうつる角大師」などの一連の川柳は[21]、おそらく滑稽なものと考えてイメージを描いたのであろう。我々は子供や老人と同じ位置にいるので、彼らの感情に共感しているのだろうが、少女の顔は部分的に隠されており、少年の顔は全く見えず、老人は笑いや驚き、恐怖と解釈されるように口を開けている。ユーモアとしての物語に慣れ親しんだ日本の読者は、この作品をユーモアとしても解釈したのではないかと推測できる。しかし、客観的に見れば、影で表している「恐ろしさ」とエピソードの序盤にみえる「ユーモア」が融合しているといえるだろう。中学校でこの段のテキストを挿絵と共に紹介する授業はあるが、「軽率な、後先考えない行動がその後の己の人生を大きく変えることになりかねない」という学習者のコメントから分かるのは、教員の指導があれば、若い学習者もこのニュアンスを読み取ることができるということである[22]。

この作品が、教師による指導や異文化の背景知識のないまま、宗教や民族の異なる文脈に移植されると、どうなるのだろうか？　不思議なことに、以前は滑稽に見えたものが、より威嚇的なトーンになっている例もある。この版画の一つを所蔵するニューサウスウェールズ美術館の説明文によると、「障子に映るシルエットに怯える子供たち」である。そうなのだろうか？　確かに、男の頭の上に鼎があるために影の形が崩れていて、どこか威嚇的に見えるかもしれない。しかし、子供たちは二人とも座ったまま影を指差している。説明文は老人について言及していないが、恐怖よりも驚きの方

図1　「仁和寺鼎踊」下書き

図2　「仁和寺鼎踊」最終版

が大きいようで、少し後ろに倒れているように見える。「仁和寺鼎踊」の下書きの少女の顔には、顔の線があり、微笑みと思われるものが推測できるが、最終版では曖昧である（図1・2）[23]。時代も文化も異なる文脈に置かれたとき、このイメージを正確に解釈することはかなり難しくなり、過去は異国であり、異国での生活は異なるものであることを改めて示している。話の内容を知っている我々には『徒然草』の序盤の方が思い浮かぶが、海外では話の内容が知られていないので、ユーモアとしての解釈は思い浮かばない場合もある。それと同じように、江戸時代と明治時代でユーモアとして捉えられていた経緯があるので、滑稽な話として教科書に掲載することは可能である。

歴史への「歴史遺産」アプローチと類似点を共有する教育環境では、現代の読者に完全に適した解釈が適切であるかもしれないが、歴史的文脈について知りたい場合はどうだろうか。阿弖河荘の場合（【史料五】）、個々の地頭の行動を別にして、『御成敗式目』（【史料三・四】）で見たように、妻子に対して暴力行為を働いたり、家族や財産を差し押さえしたりすることはすでに違法とされていたので、暴力は史料の極一部分でしかない。それゆえ、農民はそれを批判しているのではなく、義務の軽減を望んでいたという解釈もある。「これも仁和寺の法師の話」（【史料六】）では、『徒然草』全体の文脈の中では、残念な登場人物の一人であると理解することができるかもしれないが、作者自身が解釈のヒントを与えてくれたのかもしれない。その証拠に次の逸話である第五四段の最後に「あまりに興あらむとすることは、必ずあいなきものなり」という意見を付け加えている。仁和寺での出来事について直接コメントしたものではないが、おそらく僧侶の逸話全部に対して書いたのであろう。言い換えると、暴力の加害者がいないので、「天罰」のようなものと考えられ、愚かなことをすると、このように顔面に暴力を受けて「見せしめ」になる恐れがあるということである。興味深いことに、この逸話の解釈は、豊臣秀吉が命じた暴力と共通点がある。この物語の僧侶は、大河ドラマのキリスト教宣教師や信徒と同じような耳鼻への暴力を受けているので、宗教は異っているが、いくら現代の視点からみて「残酷」であり「過度」であると非難できるといっても、当時の考え方では宗教関係者という身分に合わせた暴力といえるだろう。

三、暴力の歴史的文脈

豊臣秀吉の行為を特殊な例として挙げたり、前近代の日本の道徳観と現代の道徳観、または西洋文明と東洋文明の道徳観の相違点を強調して暴力を非難したりすると、オリエンタリズムの罠に陥る危険性があると前節で述べたが、前近代ヨーロッパにも顔面を対象にした暴力の事例があり、その普遍性が窺える。ダニエル・バラズ氏は、中世初期ヨーロッパにおける暴力と「残酷」の概念について、暴力は「正当な支配者の特権」であったが、それが過剰になり、文化的、社会的、政治的要因によって決定される一定の閾値を超えると、それは残虐行為となり、「非合法な暴君の証である」と主張している。バラズ氏によると、「意図」が重んじられるようになると、その意図が正当なものであれば、暴力は容認されるが、そうでなければ非難の対象になるので、暴力の形にさほど拘らなくなった。このため、「暴力の道徳的評価における意図の役割は、十字軍を称賛に値する暴力の例として正当化するのに役立つ可能性がある」と指摘した(24)。仁政の支配の重要性についての『御成敗式目』の議論は、人々にとっての顔面欠損がどのような意味を持っていたのかをよりよく理解するためのヒントを与えてくれる。

暴力は、状況によっては慈悲の行為として正当化される可能性があることも示唆されている。清水氏は網羅的な研究によって、沢山の事例を比較した結果、顔を傷つける肉刑は死の代わりとなる寛大な措置でもあり、主に女性、二次的に僧侶に用いられていた慣習が中世の社会に浸透したと主張している。また、中世には鼻や耳を切り落とされた女性が珍しくなかったかもしれないが、鼻や耳などの体の一部が欠けていることはハンセン病者、非人、追放者と関係があるため、このような女性は同じようにみなされていたのではないかと氏は考えている(25)。このようなジェンダーと力関係の洞察に基づいて、中世の顔面に対する暴力は汚名を着せるために容姿を毀損する行為の一種として考えることができる。次に代表的な事件を分類し、それらの意義を考察していきたい。

（1）暴力によるジェンダーと力関係

権力者の妻や娘は宮廷の上流階級の女性であり、社会的な地位があったため、顔面に対する暴力を避けることができたという先入観があってもおかしくない。実は、社会的地位ではなく、ジェンダーによる社会規範の方が有力であって、暴力を通じて男性が女性の行動を抑制した事例はある。平安後期成立の歴史物語である『大鏡』では、もし妻が夫を捨て他人の妻になった場合、元の夫は次のような暴力を考えていたと述べている。

【史料七】

あはれ、翁《おきな》らがわらはべのさやうにはべらましかば、しら髪《がみ》をも剃《そ》り、鼻をもかき落としはべなまし。よき人と申すものは、いみじかし名の惜しければ、えともかくもしたまはぬにこそあめれ(26)。

文学作品の中での記述であるから、実際に行われなかったかもしれないが、当時の社会規範や世界観を知るための手がかりとして考えられ、名誉喪失などの目的もあった可能性が窺える。清水氏によると「主の制裁」であったが、殺害したいほどの怒りがあったとしても妻を殺害する権利はなかったので、ジェンダーに配慮して仁政・慈悲を示したというよりむしろ、振られたことによる怒りに任せて、女性に対して支配的な力関係を強調する気持ちを表明したのかもしれない。現代風の言葉でいえば、DVの一種であって、この場合、夫がDVを空想していたエピソードとしても捉えられる。しかも、この社会規範は文学作品に記述されているので、後世にもその影響があったと考えられる。つまり、この空想した「見せしめ」は後世の女性に対する警告と男性に対するDVの正当化の役割も果たしていると言えよう。結局、このような暴力が批判されることはあまりなかったのである。

これに対して、上流階級の男性に汚名を着せるために容姿を毀損する行為は強く非難されていた。鎌倉時代の軍記物語であった『源平盛衰記』には、平時忠が法皇《ほうおう》（出家した太上《だいじょう》天皇）の使者に対して顔面に暴力を与えたエピソードがある。

【史料八】

御壺の召次花方は、平左衛門尉重国に具して、院宣の副使に西国へ下りたりければ、平大納言時忠卿、花方を捕へて金《かね》を以て頬《つら》を焼き「波方」とぞ焼き付けたる。その後髻《もとどり》を切り、鼻を削《そ》ぎて、「これは己《おのれ》をするには非ず」とて追ひ放ちけり。無益《むやく》の院宣の御使勤めて、身のかたわをぞ付きにける。さてこそ花方をば、異名には波方とも呼びけれ。「時忠卿の、己をするに非ずと宣ひけるは、されば法皇の御事を申しけるにや。畏し。畏し」とぞ人皆舌を振《ふる》ひける(27)

清水氏はこのエピソードについて二つの指摘をしている。まず、この場合、「鼻を削ぐ」というより「鼻を叩いて潰す」という暴力であったと示唆している。そして、男性に対するこのような暴力が極めて少ないことから窺えるのは、女性への肉刑であったというイメージである。(28) これらの点に加えて、男は男の顔面への「見せしめ」のため暴力を避ける傾向があったので、宥免刑を建前にして考えていたことは史料に見られるが、言い換えれば、男性社会において、女性を特別に「見せしめ」にして、暴力を通して男性優越主義を示すために女性の顔を切り刻んだ男性もいたのである。当時の男性がみなこのような暴力行為をしていたというわけでもないし、そのような認識はなかったかもしれないが、暴力行為でそれに伴う社会規範を構築したことに注目すれば、もう一つの有意義な教訓が得られるのではないだろうか。

これまでに検討してきた処罰の例から導き出される一つの洞察は、男女ともに、社会におけるアイデンティティと地位の指標としての髪の毛の重要性である。勝浦令子氏は、「女性の髪の長さは社会的地位に直接対応していた。髪が短ければ短いほうが社会地位の低さを示した」と指摘している。また、女房を尼僧にすることで、地頭によって科された「刑罰は女性の世俗的自由を実質的に奪い、性の権利を剥奪し、夫婦関係を断絶させるものであった」とも指摘している。[29]殿村ひとみ氏は、阿弖河荘の妻たちの苦境は、姦通女のそれに似ているとして次のように主張している。

短髪は恥辱の象徴であり、その女性の女性機能が意図的に奪われたことを目に見える形で表している。おそらくは、不本意な性交の被害をうけるよりも恥ずかしいことであったであろう。（原文は英語。筆者による和訳。[30]）

また、上流階級と下流階級の男性にとって、短髪は自分のアイデンティティを形成していた地位の喪失を意味していた可能性がある。多くの犯罪に対して、下層階級の男性は単に髪を切って罰せられたことがあった。高野山文書には、一三三二年に賭博や斬りつけ、殴打、暴行などの罪で、髻を切ることを罰とすることが規定されていた。勝俣鎮夫氏はこのように外見が変化したことによる苦悩や苦痛が刑罰の目的であったとしている。つまり、「見せしめ」の役割も果たしたのである。髪の毛がなくなるということは、社会から除外された犯罪者ということになり、下層階級の男にとっては耐え難いことであった。勅使のような上流階級の男にとっては、法皇に報告した際の恥ずかしさは想像に難くないだろう。

「是も仁和寺の法師」のエピソードでは、僧侶は女性と同じように鼻耳削ぎの対象者になったと考えられているが、僧侶は必ずしも被害者であるだけでなく、僧侶による女性に対する暴力の加害者である事例もあり、宥免のために働きかけた事例もある。例えば、加害者として、一四八六年に興福寺の僧侶は、女性の泥棒の耳と鼻を切り落とした。[31]宥免刑にした事例として、一五三一年に、薬師寺の僧侶が不倫の罪で最初に女性を死刑にしようとしていたが、結局その女性の鼻を切り落とし、髪の毛を半分剃っただけで済ました。[32]あるいは、一五五四年にある女性がものを盗み、鼻を切り落とされるように決められたが、僧侶の嘆願により救われた。[33]清水氏が論じているように、耳や鼻の切断は死刑の代替としての寛大な措置と考えられていた。確かにそうであるが、僧侶は宥免刑にしたことによって「美徳シグナリング」ができたともいえよう。中世文化史において、意図していなかったとしても、男女関係と力関係の社会規範を考える上で、権力者は慈悲を示すように期待される一方、それを示す際に美徳シグナリングが達成できたわけである。特に僧侶が物語や記録の作成に関わっていることもあったので、当然大抵の場合僧侶の良い面を強調したと思われる。言うまでもなく、非権力者の女性はこのような機会はさほどなかったと考えられる。

このような事象は庶民の間にも存在しており、農民は、互いに耳や鼻の切除を行っていた。『山科家礼記』という年代記には、一四八九年に畑の黒豆を盗んだ若い女性が村人に捕まったという記述がある。捕らえられた女性は村人によって鼻を切り落とされることになったが、地元の僧侶の介入で助けられ、宥免された。[34] ここでは汚名を着せるため顔面に対して暴力を行うことを考えていたことに注目すべきである。阿弖河荘(【史料五】)では、地頭の暴行を非難していたが、おそらく行為自体ではなく、その理由を非難していたのではないかと思われる。つまり、社会規範を守らなかったらこのような暴力が正当性されることもあったし、最も社会規範と暴力で抑制されていたのは女性であったと思われる。

(2) 宗教の免除、宥免

法皇の使者の事例は既に見たが、その暴力は非難されて、大抵の場合、僧侶以外の上流階級の男性は汚名を着せられるための暴力から免れていたこようだ。顔面への暴力の対象者としての僧侶についてもう少し考えてみよう。死刑の宥免刑として耳鼻削ぎが用いられたことはすでに述べたが、その考え方の根拠として最も明確なものはおそらく室町前期の軍記物語であった『義経記』にある。その中に、源義経が僧侶たちの襲撃を受けた時に、その僧侶を殺したり、赦したり、汚名を着せるために容姿を毀損する行為をしたエピソードが記されている。引用文は少し長いが、内容はかなり興味深いものである。

【史料九】

夜は御徒然《つれづれ》なるままに、勧修坊の門外に佇《たたず》み、笛を吹き鳴らして慰ませ給ひける程に、その頃《ころ》奈良法師《ならほふし》の中に、但馬阿闍梨《たぢまのあじやり》といふ、死生不知《ししやうふち》なる者あり。同宿に、和泉《いづみ》、美作《みまさか》、弁《べん》の君、大夫坊《たいふばう》とて、これら七人与《くみ》して申しけるは、「我らが南都にて悪行無道《あくぎやうむだう》なる名を取りたれども、別に為出《しい》だしたる事もなし。いざや夜々佇《よるよるたたず》みて、人の持ちたる太刀はひて、我が朝《てう》の重宝《ちようほう》にせん」とぞ議《ぎ》しける。《省略》

このように但馬阿闍梨という悪僧は他の同僚と悪党を組んで、悪行を企てていたので、「意図」という視点からみると、明らかに僧侶たるべき者の行為ではない。そのため宥免の資格もなくなったと思われてもおかしくないが、実は「意図」ではなく、身分の方が重んじられ、源義経に会った際に、暴力行為に及ぶのである。

《省略》「各々六人は、築地《ついぢ》の陰の仄暗《ほのくら》き所に立ちて待て。太刀の尻鞘《しざや》に腹巻の草摺《くさずり》を投げかけて、『此処《ここ》なる男の人を打つぞや』と言はば、各々声に付きて走り出で、『いかなる痴者《しれもの》ぞ。仏法興隆の所に、度々衆罪《たびたびしゆざい》を作るこそ心得ね。命な殺しそ。侍《さぶらひ》ならば髻《もとどり》を切つて、寺中を追へ。凡下《ぼんげ》ならば耳鼻を削りて追ひ出だせ』とて、奪らぬは不覚人共《ふかくじんども》」とてぞ進みける。

判官は何時《いつ》もの事なれば、心を澄まして、笛を吹き給ひておはしけるところに、興《きよう》がる風情にて通らんとする者あり。判官の太刀の尻鞘に腹巻の草摺をからりと当てて、「此処なる男の人を打つぞや」と言ひければ、この法師共「さな言はせそ」とて三方より追つかけたり。

弁慶のエピソードと似ているので、「二番煎じ」と批判されることもあるし、文学作品中の記述であるから実際に行われたかどうかは確かではないが、暴力の内容を中心にしてみると、おそらく当時の人々は暴力のルールを認知していたので、その常識については史実であろう。最初に襲撃してきた悪僧は命を助ける代わり耳鼻を削ぐという条件であるが、悪僧は「慈悲」を示すことは明らかに矛盾であり、この「宥免」の暴力は実は良くないという最初の手がかりになる。

かかる難こそなけれと思《おぼ》し召し、太刀抜いて、築地を後ろに当てて待ちかけ給ふところに、長刀《なぎなた》差し出だせば、ふつと切り、小刃刀《こそりば》差し出だせば、ふつと切り、小長刀、小反刃の間に四つ切り落し給へる。

かやうに散々に切り給へば、五人をば同じ枕《まくら》に切り伏せ、残りは手負ひて逃げて行く。但馬阿闍梨を築地の切所《せつしよ》に追つ込うで、太刀の峰にて、生けながら掴《つか》んで捕り給ふ。「汝《おのれ》は南都には誰《たれ》といふ者ぞ」と問ひ給へば、「但馬阿闍梨《たぢまのあじやり》」と申しければ、「命は惜しきか」と宣《のたま》へば、「生《しやう》を受けつる者の、命惜しからぬ者や候」と申しければ、「さては聞くには似ず、汝は不覚人《ふかくじん》なりけるや。直《ぢき》に頭《かうべ》を斬《き》り捨てばやと思へども、汝は法師なり。某《それがし》は俗なり。俗の身として僧を斬らん事、仏を害し奉るに似たり。されば汝が命を助くるなり。この後《のち》かやうの狼藉《らうぜき》すべからず。明日南都にて披露せんずる様《やう》は、『某こそ源九郎判官《くらうはうぐわん》と組んだりつれ』と言へ、さては剛《かう》の者と言はれんずるぞ。『証《しるし》はいかに』と人問はば、『なし』と答えば、人《ひと》用ゐべからず。これを証にせよ」とて、大の法師を捕つて押さへて、強胸《こはむね》を踏まへ、刀を抜いて、耳と鼻とを削りてぞ放たれける。「なかなか命死にたらばよかるべきに」と嘆きけれども甲斐《かひ》ぞんき。(35)

義経が悪僧五人を殺し、最後に阿闍梨の命を助ける代わりに耳鼻を削いだら、耳鼻削ぎよりは「死」の方がましだと嘆いたというエピソードについて、清水氏は耳鼻削ぎは宥免刑であったことを強調した。さらに耳鼻削ぎは宥免刑だが、「死」に準ずるものと考えられ、その象徴であったとも指摘した。[36]しかし、「死」の代わりとして行う「死」に準ずる行為は実際に「宥免」と言えるだろうか？　義経は阿闍梨以外の僧侶五人を実際に殺害したにもかかわらず、阿闍梨に対しては、これを殺すことは仏を殺すことと同義であるから、死に準ずる見せしめの罰である耳鼻削ぎをすることにした。このことによって、慈悲を示すべきところで慈悲を示さなかったという非難を回避しようとしたとも考えられる。しかし、殺害しなかったとは言え、それに準ずる見せしめ行為を行うことが、果たして慈悲と言えるだろうか。言葉で宥免や慈悲と唱えているにも関わらず、行動において「見せしめ」を最終的に行っているので、権力者・勝者の正当性である「美徳シグナリング」と非権力者・敗者の非正当性である「悪徳シグナリング」と捉えることができる。死に準じる罰を課すことによって見せしめにすることは慈悲とは言えるか。まさに英語の慣用句「killing with kindness」（過剰な善意によって相手を駄目にする）が示す通り、「死」に準じる残虐な暴力を行なったといえる。

おわりに

前近代の日本は多民族国家であって、何世紀にもわたって異宗教から影響を受けてきた。キリスト教は仏教と同様、宗教衝突だけでなく宗教共存ももたらしたが、キリスト教は国内政治だけでなく、国際貿易にも絡んでいたので、仏教と同様、権力者の関心の対象となったが、その要因は異宗教であったからだけであるとは言えない。豊臣秀吉による外国人宣教師の扱いは、西洋文明と東洋文明の衝突の後始末でもなく、彼の特殊な残酷で気まぐれな判断でもなかっただろう。国全体が武装化され、前近代の日本では、常に臨戦態勢にあった。だから、すでに暴力への耐性が高かったこともあって、とりわけ汚名を着せるために容姿を毀損する「見せしめ」としての暴行への耐性は目立つといえるだろう。いや、実は現代の国際社会でも暴力への耐性は高いと言えるし、残念ながら「見せしめ」の形は違っても、現代にも課題として残っていると考えられる。だから、前近代の暴力からどのような教訓が得られるかを慎重に考察する必要がある。

しかし、前近代はどんなに暴力的であっても、それは論理的なルールに従う世界でもあったので、たとえその世界観であっても、現代の教育現場で紹介すればより深く暴力と社会規範の密接な関係が理解できるであろう。男性社会であり、男性優越主義の面があったので、名誉喪失の目的も含めて顔面に疵をつけることは主に女性に対して行われ、女性を特別に「見せしめ」にしたのである。それゆえ、阿弖河荘の農民の場合は、地頭の行動を批判したのは、女性に対する耳鼻を削ぐ暴力行為というよりもむしろ、他の事象（納入の負担趣など）により重点を置いたと考えられる。

鎌倉幕府が性別や身分の違いによって暴力を調整したことも興味深い特徴である。『御成敗式目』などで可視化されたルール、文学作品に表現された宥免刑の呼びかけ、暴行はほとんど男性によるものであったことが、中世が男性社会であったことの現れである。しかも、その暴力のルールと社会規範の組み合わせで、仁政・慈悲という言説によって女性と非権力者を抑制することもできたのである。暴力がどのように用いられたか、誰に対して用いられていたか、どのような場面で起こったかについての不満や批判などはあったかもしれないが、中世の人々はその暴力の存在自体に喧しい異議を唱えることはなかったのである。

注

（1）NHK「大河ドラマ　真田丸」（二〇一六年）第三〇巻「黄昏」五分五三秒～六分。

（2）清水克行『耳鼻削ぎの日本史』（洋泉社、二〇一五年）一四四頁。

（3）同前書、六八、七五、一四四頁。

（4）規範、暴力、言説の密接な関係について、ガイ・ハルサルの研究参照。Guy Halsall, *Violence and Society in the Early Medieval West*, Woodbridge: Boydell Press, 2002.

（5）豊臣秀吉の非難について、教科書として使用されているヘンシャル氏のものもある。Kenneth Henshall, *A History of Japan: From Stone Age to Superpower*, 2nd Edition, Houndmills, Basingstoke, Hampshire : Palgrare Macmillan, 2004, p. 47.

（6）Mary Midgley, "Trying Out One's New Sword," in *Heart and Mind*, 69–75, London: Methuen, 1981.

（7）倫理の教科書の中、例えばRuss Shafer-Landau, ed., *Ethical Theory: An Anthology*, 58–61, Hoboken, NJ: John Wiley & Sons, 2007; Neil Levy, *Moral Relativism: A Short Introduction*, London: Oneworld, 2014, pp. 169–179.

（8）Jordan Sand, "Mary Midgley's Misleading Essay, 'Trying Out One's New Sword'"（未発表、二〇一九年）にも「オリエンタリズム」という指摘がある。

（9）長谷川端校注・訳『太平記②　新編　日本古典文学全集五十五』（小学館、一九九六年）六九頁。

（10）石井良助編『徳川禁令考　後集Ⅱ』（創文社、一九六〇年）四二六、四二七頁。

（11）佐藤進一、池内義資編『中世法制史料集』「御成敗式目」（岩波書店、一九五五年）第一巻、二四、二五、五一頁。

（12）佐藤進一、池内義資編『中世法制史料集』「御成敗式目」、四八、四九頁。

（13）Hitomi Tonomura, "Sexual Violence Against Women: Legal and Extralegal Treatment in Premodern Warrior Societies," in *Women and Class in Japanese History*, edited by Hitomi Tonomura, Anne Walthall, and Wakita Haruko, 135–152, Ann Arbor, MI: Center for Japanese Studies, the University of Michigan, 1999, p.140.

（14）Richard Holt, "Afterword: History and Heritage in Sport," in

Sport, History, and Heritage: Studies in Public Representation, edited by Jeff Hill, Kevin Moore, Jason Wood, 263–266, Rochester, NY: Boydell Press, 2012, p. 263.

(15) 石井進、五味文彦、笹山晴生、高埜利彦編『詳説日本史』(学習者用、山川出版、二〇〇五年) 一〇三頁、原文は東京大学史料編纂所『大日本古文書　家わけ一ノ六　高野山文書』(東京大学史料編纂所、一九〇六年) 四八六~四九〇頁。

(16) 石井進、五味文彦、笹山晴生、高埜利彦編『詳説日本史』(教授資料、山川出版、二〇〇五年) 二一四~二一五頁。

(17) 前掲注2清水著書、三三頁。

(18) 神田秀夫、永積安明、安良岡康作校注・訳『方丈記　徒然草　正法眼蔵随聞記 新編　日本古典文学全集四四』(小学館、一九九五年) 一二二~一二四頁。

(19) 前掲注2清水著書、九〇頁。

(20) 川平敏文「徒然草「鼎」の段を読む」(『文彩』第五巻、二〇〇九年) 一二~一九頁。

(21) 嶋内裕子『徒然草の変貌』(ぺりかん社、一九九二年) 一五六頁。

(22) 井上泰「中学校国語科の古典学習における絵画テキストの活用――「徒然草絵」を読み解く二」(『中等教育研究紀要／広島大学附属福山中・高等学校』第五四巻、二〇一四年) 一三三~一三八頁。

(23) 月岡芳年「仁和寺鼎踊」大英博物館蔵、整理番号：一九九〇、〇六一四、〇．一．四三。

(24) Daniel Baraz, "Violence or Cruelty? An Intercultural Perspective," in *'A Great Effusion of Blood'? Interpreting Medieval Violence*, edited by Mark D. Meyerson, Daniel Thiery, and Oren Falk, 164–189 , Toronto: University of Toronto Press, 2004, pp. 165–166, 180.

(25) 前掲注2清水著書、八五~八七頁など。

(26) 橘健二、加藤静子校注・訳『大鏡 新編　日本古典文学全集三四』(小学館、一九九六年) 二七〇頁。

(27) 水原一考定『新定　源平盛衰記　第五巻』(新人物往来者、一九九一年) 一二九頁。

(28) 前掲注2清水著書、七四、七五頁。

(29) Katsuura Noriko, "Tonsure Forms for Nuns: Classification of Nuns according to Hairstyle," in *Engendering Faith*, edited by Barbara Ruch, 109–129 (Ann Arbor, MI: Center for Japanese Studies, the University of Michigan, 2002.

(30) 前掲注13、一四六頁。

(31) 辻善之助編『大乗院寺社雑事記　第八巻』(三教書院、一九三一~一九三七年) 四一三頁。

(32) 「中下賜検断之引付」文明十八年一月二十六日『奈良国立文化財研究所年報』(一九六八年) 二七頁。

(33) 早川純三郎編『言継卿記』(国書刊行会、一九一四年) (天文二十三年十一月七日、九日)、四二三~四二四頁。

(34) 豊田武、飯倉晴武編『山科家礼記　史料纂集　第三十五巻』(続群書類従完成会、一九六七~一九七三年) 三四~三五頁。

(35) 梶原正明校注・訳『義経記 新編　日本古典文学全集六二』(小学館、二〇〇〇年) 三一三~三一六頁。

(36) 前掲注2清水著書、五八~五九頁。

付記　コロンビア大学における大学院生東洋大会 (二〇〇八年) において、本論文の草稿を報告した際に、貴重なコメントを頂いたマックス・モアマン (Max Moerman) 教授を始めとする参加者のみなさんと、日本語訳と論文全体の校閲をしていただいた豊住誠教授に感謝申し上げる。

一亡命作家の軌跡：西欧キリスト教世界の対岸から
――フアン・ゴイティソーロのバルセロナ、サラエヴォ、マラケシュ

今福龍太

いまふく・りゅうた――東京外国語大学名誉教授。専門は文化人類学。主な著書に『群島―世界論』（岩波書店、二〇〇八年）、『ミニマ・グラシア』（岩波書店、二〇〇八年）、『ヘンリー・ソロー　野生の学舎』（みすず書房、二〇一六年）などがある。

二〇一七年六月四日、作家フアン・ゴイティソーロがマラケシュで八六年の生涯を閉じた。本稿はスペイン人としてバルセロナに生まれ、フランコ体制下にパリへ亡命し、内戦下サラエヴォでの戦争取材を経てモロッコのイスラーム民衆世界に自らの魂の拠り所を定めた、一人の反体制知識人の苛烈な精神遍歴をたどる。

一、フアン・ゴイティソーロ
――西欧のまったき外部へ

苛烈な思索的・心情的葛藤の生涯を生きた一人の亡命作家がいた。バルセロナ、サラエヴォ、マラケシュという場所を移りながら展開された彼の身体と精神の軌跡は、西欧キリスト教世界の歴史的非寛容から決別してイスラム民衆世界に浸透していく一人の知識人の特異な道筋を示している。その「叛乱」と「連帯」の軌跡を、現代の非寛容と分断の時代への根源的批判としてとらえ、作家の過激な生涯と思想への追悼の試みとしたい。

二〇一七年六月四日。バルセロナ出身の亡命作家フアン・ゴイティソーロが、八六年の生涯をマラケシュで閉じた。その死を報じるスペインやモロッコの新聞記事を読みながら、深い喪失感とともに、ジャン＝リュック・ゴダール監督の映画『われわれの音楽』*Notre Musique*（二〇〇四）のとりわけ印象的な場面がふたたび脳裏によみがえってくるのを抑える

ことができなかった。

そこでは、セルビア軍による空爆によって破壊されたサラエヴォ図書館（旧東方学研究所、正式にはボスニア・ヘルツェゴヴィナ国立図書館）の瓦礫のはざまを縫うように歩くゴイティソーロの瞑想的な姿が映し出されている。彼は柔和な表情のなかにも決然たる思想革命の意思を込めて、非寛容の暴力が蔓延するこの危機の時代に呼びだすべきであると彼が信ずる詩人たち、たとえばキューバの形而上詩人ホセ・レサマ・リマやスペインの秘教的詩人ホセ・アンヘル・バレンテの詩句の断片を静かに唱えている。「不可視の闇から現われた最初の可視的な光の獣……」「きらめくばかりに肉体化する言葉……」。歴史的な自己が呪縛されてきた言語や宗教の頸木《くびき》を引きちぎるようにして示された、これら先人たちの苛烈な批評的情熱をひきつごうとするゴイティソーロ。惰性によって腐食したことばの芯を救い出し、無理解と忘却の淵に追いやられていた言語的思索をいまに蘇らせるために。ゴイティソーロは、サラエヴォのような悲惨な政治的廃墟に降り立ったときも、レサマ・リマやバレンテとおなじく、決して政治化された詩人ではなく、魂の真実をめぐる形而上学、政治的風景のなかにひそむメタ・ポエトリーを指向する詩人であろうとした。

サラエヴォ図書館の瓦礫のあいだを、過去を救済しようとする「歴史の天使」（ベンヤミン）さながらに歩くゴイティソーロ。この建物で起こった一五〇万冊にもおよぶ貴重な書物の痛ましい破壊行為は、彼によって、「記憶殺し」memoricidioという喚起的な言葉で、すでに戦火のさなかの訪問（一九九三年）のときに厳しく告発されていた。民族的・宗教的な単一価値の優位性を守ろうとする排外主義的・浄化主義的な勢力にとっては、サラエヴォという、ムスリム人、ユダヤ人、セルビア人、クロアチア人が混住し、イスラム教、ユダヤ教、セルビア正教、カトリック教が何世紀にもわたって共存してきた都市自体が、民族・文化・宗教の混成体として多様性を生きるハイブリッドでコスモポリタンな場の象徴として、憎く邪魔な存在なのであった。そしてそうした目障りな存在を葬るためには、十二万人のムスリム人の虐殺では飽き足らず、イスラムの貴重な典籍を保存する、都市の集団的記憶としての知のアーカイヴである図書館を爆破することこそがもっとも効果的なやり方であった。この悪辣な意図にもとづく破壊行為の野蛮さを、ゴイティソーロは誰よりも精確に指摘することができた。

もし「大セルビア」の領土からイスラムの痕跡が全て一掃されねばならないならば、ボスニアのイスラム系住民の集団的記憶そのものであるこの図書館は、浄化の報復の炎の中に消え失せる運命を、すでに宣告されていたのである。（……）出逢いと収斂の場、相違が排除を生まず、影響しあい浸透しあうことによって混合し、互いを豊かにしあう場。そんなボスニアの首都サラエヴォは、一種独特で刺激的で開放的な、ヨーロッパの都市の一つのあり方を提起している。「していた」と過去形で書くには、まだ忍びない。

（ファン・ゴイティソーロ『サラエヴォ・ノート』山道佳子訳、みすず書房、一九九四、五五・五八頁）

しかもサラエヴォ図書館の破壊は、単にセルビア軍のムスリム人に対する集団的記憶の抹殺を通じての「民族浄化」の暴力を意味するだけではなかった。それは、逆説的にも、ヨーロッパそのものが、自らの幻想的な人種的・宗教的純血性を守るために、長い歴史のなかで断行してきた数多の暴力的な殲滅行為の記憶を、ゴイティソーロのなかにはっきりと喚び出したのである。それらの過去は、西欧近代の歴史のなかで巧妙に隠蔽され、忘却されようとしていた。『サラエヴォ・ノート』のなかでゴイティソーロはこう書いている。

シスネロス枢機卿がグラナダのビバランブラの門の前でアラビア語の手稿本を焼いてから五世紀が経ち、「新大陸発見五〇〇年」の記念行事が数々執り行われる中、この五〇〇年前のエピソードは、はるかに大きな規模で繰り返されたのである。セルビア民族の神話の捏造者たちは（……）先祖殺しの夢をかなえたわけである。その結果、アラビア語・トルコ語・ペルシャ語の何千冊という手稿本が、永久に消えてしまった。このような形で失われた遺産は、歴史、地理、旅行、神学、哲学、スーフィズム、自然科学、天文学、数学に関する本、辞書、文法書、詩歌集から、チェスや音楽に関する書物にまでわたっていた。今日のサラエヴォ図書館は、柱や馬蹄形アーチやバラ窓に飾られ、先端に歯状装飾が施された外壁の骨組みだけを残している。焼夷弾を受けた天上の鉄骨は巨大な蜘蛛の巣のようになり、中庭の柱廊の古い繊細な石膏細工はほとんど跡かたもなく失われ、建物の内部の空間には瓦礫と梁《はり》と焼けた紙が大きな山をつくっていた。

（ゴイティソーロ、前掲書、五五～五八頁）

焚書という、象徴的な記憶抹殺による歴史の否定。この繰り返される悲劇の連鎖が、破壊されたサラエヴォ図書館の瓦礫を自らの集合的身体に加えられた裂傷のようなものとしてゴイティソーロに意識させた。人々がボスニアの内戦を見るときの、過度に政治化された短絡的な視線から決然と離れたとき、そこにゴイティソーロが見てとったものは、一五世紀末のキリスト教スペインの「国土再征服《レコンキスタ》」の歴史が同じようにして行ったイスラム駆逐とユダヤ追放の構図の写し絵であり、ひいては西欧なる主体がもつ深い記憶の深部にある、イスラムおよびユダヤにたいする弾圧をめぐる隠された痛点であった。そしてさらにいえば、一九三一年にバルセロナに生を受けたゴイティソーロにとって、混乱の内戦期を経て彼が七歳のときに始まる独裁者フランコによる国家主義的な「スペイン」とは、まさにこのキリスト教純血主義と異民族排斥的な国家統合原理が民衆の自由を脅かしつづけた歴史の総決算ともいうべき、暴力的な抑圧機構そのものだったのである。

ゴイティソーロは、西欧の知識人が、ボスニアの戦乱が胚胎する深い歴史的射程のもとでの真の意味を問い直そうともせず、健忘症とともに傍観を決め込むことによって、イスラム排斥の長い歴史に加担している状況を烈しく告発する。この銃弾の飛び交う戦地に防弾チョッキを着けて自ら乗り込み、ムスリム系の民衆が送る非日常なる日常をその現実と感情の細部にいたるまで伝えること。この倫理的な使命は、おなじように果敢にこの地に単身乗り込み、ベケット劇『ゴドーを待ちながら』を地元劇団とともに上演することで状況の真の危機を世界に向けて語らせようとしたアメリカの作家・批評家スーザン・ソンタグのやむにやまれぬ情熱とともに、われわれの時代におけるもっとも誠実かつ冒険的な思想行為として記憶にとどめられることだろう。ソンタグと自分自身とを除いて、ただ一人の西欧知識人もサラエヴォの真実を見ようとしないという事態は、かつて多くの西欧人が義勇兵として戦火のスペインに向かった時代にありえた倫理的態度がもはや過去のものになってしまったことを、ゴイティソーロに深く実感させることにもなった。彼は書いている。

正義を守るために即座に反応した一九三六年の国際世論と、少数の意識ある人々を除き、ゲッベルス［ヒトラーのもと、プロパガンダ相として焚書や退廃芸術の展示、シナゴーグの襲撃などを指導］やミラン・アストレイ［フランコ独裁政権のもとでバスクやカタルーニャなど少数民族をふくむ民衆弾圧を主導したファシスト将軍］の出来のよい弟子たちの進攻・テロ・殺人を前にしてまったく無関心な今日の知識人や芸術家たちとの間のギャップを、どう説明すればよいのだろう。躊躇せずに積極的にコミットしていった当時の作家たち、ヘミングウェイ、ドス・パソス、ケストラー、シモーヌ・ヴェイユ、オーデン、スペンダー、パスらはどこにいるのか。攻撃され武器も持たない民衆たちとともに戦った、マルローやオーウェルはどこにいるのか。名ある作家たちの関心をサラエヴォに引き付けようというスーザン・ソンタグや私の試みは、今のところ実を結んでいない。

（ゴイティソーロ、前掲書、一〇八頁。割注は引用者）

『誰がために鐘は鳴る』のヘミングウェイ、『カタロニア賛歌』のオーウェルは、いまどこにいるのか？　ここでゴイティソーロが主張しているのは、ヨーロッパが体現していたはずの「道徳的優位性」の神話が、真に崩壊してしまったことへの厳格な批判である。そもそも、オーウェルらもまた、この西欧の道徳的優位という理念が、ファシズムによる人種・宗教・思想をめぐる浄化主義的なイデオロギーの根幹においてもはたらいていることを鋭敏に察知していたのだった。とすれば、彼らのスペイン内戦へのコミットメントは、自らの道徳的優位性にもとづく責任を果たすという幻想からではなく、むしろヨーロッパのキリスト教世界にたえずくすぶる自己中心的な道徳と正義の押し売りをこそ、自らの問題としてえぐり出そうとする果敢な自己内省的行為でもあったのである。

ここに、ゴイティソーロが、スペインの、そして究極においてはヨーロッパのもっとも厳格な批判者であることの真の意味がある。あらゆる人種主義、あらゆる性差別、あらゆる保守的蒙昧主義、あらゆるセクト的なアイデンティティ・ポリティクスに叛旗をひるがえし、教条的なヨーロッパの辺境へと赴き、ついにはそのまったき外部へと超出したゴイティソーロ。彼は、厳格な歴史批判をただ言論の場において表明しただけでなく、自らの生のすべてを通じて身体的に証明しようとしたのだった。

二、モロッコからの思索

サラエヴォの心臓部ともいうべき古い広場、小さなモスクへと下る坂道にあるバシュ・チャルシアの広場を彷徨い歩くゴイティソーロ。爆弾に腹をえぐられて放置された金属製の売店が無人のまま並び、優美な彫刻のほどこされた円屋根をもつオスマン・トルコ様式のブルサ・バザールの脇には、無数の銃弾を浴びた一台の黄色いトラックがうち捨てられたまま沈黙している。ここでゴイティソーロが誰よりも鋭く、また懐かしく想起しているのは、この町で花開いてきたダイナミックで包容力ある混成的なイスラム民衆文化のにぎわいの記憶である。そしてこの、十六世紀にアラブのスーク（市）をモデルに造られたバシュ・チャルシアの広場が無残にも破壊されたことへの怒りと哀惜は、ゴイティソーロの自己存在の核心、彼の創造の母胎ともいうべきある特別の広場への、深い愛と思い入れの反響でもあった。それがマラケシュの中央広場、ジャマ・エル・フナである。

ジャマ・エル・フナ、「人々が集まるところ」。あるいは別の解釈では「死の集会所」。いずれにしても、町に夕闇が迫れば、そこは生と死が渾沌として黄昏の光を奪い合うかのように、あらゆる風体をした雑多な人々が集まってくる。吟遊詩人、大道芸人、曲芸師、コメディアン、ストーリーテラー、駱駝売り、驢馬売り、物乞い、アラーの名を叫びつづける盲人……。バザールの奥にはユダヤ人居住区もあり、町はこの広場を起点として文化的な異種混淆性を長いあいだ生き続けてきた。

ゴイティソーロは、彼が死までの三十余年を暮らすことになったマラケシュの町への愛情あふれるエッセイ「人類の口承遺産」で、こう書いている。

> 広場という宇宙は、自由で肩ひじ張らない商業空間の雑多な混成体であった。胡散臭い行商人、ペテン師、物乞い、水売り、よろず修繕人、工芸職人、巧みな指先の技芸で悪事をはたらくすり、わんぱく小僧、狂人、いかがわしい商売女、襤褸をまとった田舎者、ごろつきの若者、カード占い師、もぐり医者、説教師、民間祈祷師。これら、かつてはキリスト教およびイスラム教社会のみずみずしくも豊かな精髄であったものが、（……）近代初期の資本階級の発生と、彼らによる国家体制が民の生活へ浸透することによって、一撃のもとに破壊されていった。それは、いまや現代社会の技術的進歩と道徳的な空虚とがないまぜになった世界で、霧のようにかすかな記憶として生きのびているにすぎない。サイバネティクスとディジタル視聴覚装置の帝国が人間の思考や繋がりを平板なものに変え、子供たちをディズニー化し、空想する力をすっかり退化させてしまった。今日では、たった一つの町が、多くの人々から「第三世界」と呼ばれて蔑まれつつ、人類文化において消えかける口承遺産《オーラル・ヘリテージ》を最後まで守るという栄誉に浴している。それこそがマラケシュであり、その旧市街にあるジャマ・エル・フナ広場である。この広場の傍らで、二十年ほどにわたる折節を、私は歓びとともに書き、路地をそぞろ歩き、生きてきたのである。
>
> (Juan Goytisolo, "The Oral Patrimony of Humanity", *Cinema Eden: Essays from the Muslim Mediterranean*, London: Eland, 2003, pp.7-8)

文明のディジタル技術的な「進歩」は道徳的な空洞を人間の心に呼び込み、想像力を枯渇させる。容赦ない批判の言葉は、しかし観念的な思想からではなく、ジャマ・エル・フナという、徹底して具体的な声と身体の多様性の精髄を生きる広場の傍らに長年住みつづけることによってゴイティソーロの確信へと変わっていった。現代世界が、このような豊かな声とにぎわいと叫びによって充満する空間を失うことは、人間文化の死活に関わる問題である。ゴイティソーロはそう信じ、再開発によって駐車場へと解体される計画が持ち上がったジャマ・エル・フナを守るためにユネスコに強くはたらきかけ、この民衆文化の多様性が育まれてゆく母胎空間が正式に「世界口承遺産」として登録され、保存される道筋を開いたのであった。

偉大な旅行家ジェロームとジャンのタロー兄弟が『アラブの祝祭』(一九一二)などで生き生きと描きだしたマラケシュ。ジョージ・オーウェルが、フランス植民地下での貧窮と民衆の疎外を嘆いた「マラケシュ」(一九三九)。あるいは、セファルディム・ユダヤ系でブルガリアに生まれた流亡作家エリアス・カネッティが、一九五〇年代なかばの広場で体験した音響的・身体的な陶酔を描いた『マラケシュの声』(一九六七)。これら先人たちも感じ取ったジャマ・エル・フナの、包容力ある文化的母胎としてのエネルギーにいまも大きな違いはない。ジャマ・エル・フナの快活な息吹に抱かれるために作家が日々通っていたカフェ・マティシュの壁には、ゴイティソーロの署名が額に入って飾られていたという。そこには達者な手書きのアラビア文字でひとことこう書き添えてあった。「私はジャマ・エル・フナの息子であり、それを誇りに思う」と。

たしかに彼はマラケシュの息子へと転生した。けれども、ゴイティソーロのモロッコとは、それじたいが独立した、特殊で個人的な関わりによってのみ生じたものではかならずしもなかった。たしかに、一九六〇年代のパリ、街にアラブ系の住民が流入してくるはじまりの時代に、彼があらたな性的関係に目覚めることになるモロッコ人男性との出逢いが、ゴイティソーロをタンジールやマラケシュへと押し出す個人的なきっかけになったことは事実である。だが同時に、ゴイティソーロ自身が、西欧世界とイスラム世界の、スペインとモロッコとの、白人とマグリブの民とのあいだの、屈折した、不均衡なかかわり合いの歴史のなかに自らを置き、その複雑な関係性を現地に赴くことで深く問い直そうとした一群の人々の知的系譜に連なっているという自覚とともに書き続けたことも、またたしかなのである。

モロッコ民衆世界へのヨーロッパの偏見、無関心を、フランス植民地下のモロッコに赴いて鋭く直感した先駆者がオーウェルであり、彼のエッセイ「マラケシュ」（一九三九）であった。ふつうの旅人は、熱帯の風景のなか、乾き切った土やサボテンや椰子の木や遠くの山は見えても、痩せた土地に鍬を入れる民衆たちの姿は見落としてしまう。北アフリカの飢えた国々が観光地になるのは、「人の肌が褐色である場所では、彼らの貧しさにまったく気づかないですむ」からである、とオーウェルは書いている。白人たちは、彼らがぼろ切れのようにしか見えないため、「おなじ人間のなかを旅している」とはかけらも考えないのである。フランス植民地下の抑圧のもとにおかれ、不可視とされてしまう民衆世界への義憤を込めて、オーウェルは諧謔とともにこう書いている。

モロッコはフランス人にとって何を意味するだろう。オレンジ畑か政府行政の仕事だ。ではイギリス人にとってはどうか。らくだと城、ヤシの木、外人部隊、真鍮製のトレイ、それに盗賊である。九割方の住民にとっての暮らしの実態は、侵食された土壌からわずかな食物を絞り出す際限のない骨折り仕事なのだが、ここに長年住んだとしてもそのことに気づかずにすむかもしれない。

（ジョージ・オーウェル「マラケシュ」『オーウェル評論集Ⅰ　象を撃つ』平凡社ライブラリー、四〇頁）

こうしたアラブ系の民衆にたいする偏見にみちたステレオタイプは、およそ過去のものになったとはいえない。だがすでにオーウェルの時代から、白人たちはどこかで後ろめたさを感じてもいた。モロッコの植民地政策において虐げられ、軍役に利用されている民衆にたいして白人が薄々感じている疑念や恐怖の感情を、オーウェルは敏感に察知する。「あといつまで、われわれはこの人たちをあざむいていられるのだろう。どれだけたつと、彼らは銃口を逆にこちらに向けるようになるのだろう……」。白人たちは頭のどこかにこうした思いをしまい込んでいた。軍馬に乗る将校も、行進する下士官も、旅行者ですら。それは、誰もが感ずいていながら、おのれのうわべの賢さを繕うために決して漏らすわけにはいかない、一種の秘密なのである、とオーウェルは喝破している。

「いまの世界に、一人のオーウェルもいないのか？」とサラエヴォで嘆いたゴイティソーロは、まちがいなくこうしたオーウェルのマラケシュでの直感を共有していた。ヨーロッパが自覚的に隠蔽する他者の影が、やがて実体をともなって自らの不義を暴きたてるにちがいないことを予感していた。ゴイティソーロがフランス亡命後の体験にもとづき、小説『戦いの後の光景』（一九八二）のなかで、移民によってイスラム化するパリの街区、すなわちアラビア文字によって都市空間の細部が次々と上書きされてゆく街を目撃したときのフランス白人の混乱と恐怖《パニック》をパロディックに活写したとき、彼は白人によってひた隠しにされてきたあの長年の「秘密」を、まさに暴こうとしたにちがいなかった。

イベリア半島、そしてスペインの中世以後の長い歴史への省察をもとに、イスラム民衆世界へのおおいなる無理解と偏見が過去から現在に至るまで西欧世界を覆い尽くしていることへのゴイティソーロの憤激は誰よりも大きかった。純血主義への徹底した批判と、ほとんど呪詛のようなスペイン国家のイデオロギーへの拒否の言葉は、作家としての彼の立場を、「スペイン文学」の生産と受容のメインストリームから疎外することにもなった。だがそうした容赦ない批判が生まれ出る源泉には、彼の出自をめぐる屈折した個人史が深く影を落としていた。

一九三一年にバルセロナで生を受けることがもつ、特別の歴史的な宿命を、ゴイティソーロほど身をもって生きた者もいないかもしれない。彼がしばしば語ったように、彼の幼少期にスペインをファシズムの閉域に押し込めたフランコこそ、彼自身にとっての「現実の、暴君としての父親」にほかならなかった。フランコ主義の根幹をかたちづくる「国家カトリシズム」の不寛容のイデオロギーと、国家と宗教の権威的な癒着関係から離脱することが、反逆児ゴイティソーロの、バルセロナでの知性の自由を求める闘いであった。成長期の彼に抑圧として覆いかぶさっていたのは、さらに極端に保守主義的な中産階級としての彼の家庭そのものだった。バスク系の家系を持ちながらそうした出自を隠そうとする父親は頑迷なフランコ主義者であり、家中に権威を振りまいていた。父親はスペインの国家カトリシズムの無条件の信奉者でもあり、言語純正主義者でもあって、カタルーニャ系のリベラルな家庭出身の妻（フアン少年の母）とその両親たちに、家庭でカタルーニャ語の会話することを厳しく禁じた。さらに内線の戦火を逃れて疎開中、ゴイティソーロが七歳のとき、バルセロナに用事で出かけた母がフランコ軍側にたつ勢力の爆撃に遭って死亡する事件が起こったが、父親はこのとき、共産主義者たちが母を殺したのだと息子たちに説明し、長いあいだこの嘘をつき通した。

さらにもう一つの決定的な出来事が、彼が二十代はじめの政治的覚醒期に起こった。彼の父方の曽祖父アグスティン・ゴイティソーロは、十九世紀後半に故郷バスクを出奔して当時のスペイン植民地キューバに渡り、そこで成功して財を築き、キューバ中部クルーセスの大きなサトウキビ・プランテーションにおいて多数の奴隷をかかえることになった農園主であった。祖父の代に、一家はキューバ独立戦争および米西戦争によるスペイン植民地の喪失を見越してバルセロナに拠点を移していたが、バルセロナの家にはキューバ時代の多くの家財が彼の青年期に至るまで遺されていた。そんな古い家財の一つに、彼はある時、膨大な数のキューバ黒人奴隷たちによる嘆願の手紙がなにげなく保管されているのを発見する。それらは例外なく、強制労働の痛苦と悲惨を稚拙なスペイン語によって訴え、主人の慈悲を哀願する手紙であった。多くの黒人奴隷たちは、曽祖父の農園に帰属する奴隷としてゴイティソーロの姓を名乗っていた。病気を訴え、夫の死を訴え、不運を訴えるファクトーラ・ゴイティソーロ、セレフィーナ・ゴイティソーロ、ビセンテ・ゴイティソーロ……。縁者でもない無数の黒人のゴイティソーロたちが紡ぎ出す、稚拙ではあれ真実の言葉が、彼の存在を痛打した。後に革命後のキューバを視察した作家が曽祖父の農場のあった場所を訪ねたとき、彼はそこでフアン・ゴイティソーロなる自分と同姓同名の黒人さえ発見することになったのである。

これらの手紙を見出した時、マルクスの著作に親しみはじめていたゴイティソーロにとって、自らの現在の、物質的には何不自由ない特権的な暮らしが、じつは過去の奴隷の搾取によって実現したものであることを認めることの痛苦ははかりしれないものがあったであろう。この発見は、その後のゴイティソーロの小説作品のなかで、さまざまに加工され、変奏されながら、終始もっとも強力なオブセッションのようなものとして、あるいは彼自身の歴史的存在としての窮地を乗り越えるための不可避の「物語素」として、『アイデンティティの徴』（一九六六）や『土地なきフアン』（一九七五）のなかでくりかえし言及されることになった。

彼もまた、自らの集合的かつ個人的な歴史の内部に、「不可視の人々」の影を背負っていることを理解したのである。その影のような他者がイスラム教徒であれ、ユダヤ人であれ、あるいは黒人奴隷であれ、その影は主人に永遠につきまとい、本体が本体であることの証の半分は影の側にあることを、たえず自らの尊厳の回復として求めつづけていた。この重い真実をゴイティソーロは全身で受け止めた。そしてその真実は彼のその後の生き方と思考のすべてを導き、創作の隠された主題を力強く牽引することになった。

三、ジュネの傍らで

ゴイティソーロの文学的・道徳的「師匠《メントル》」であり、親しい友人でもあったジャン・ジュネについて触れるには複雑な手続きが必要であろうが、ここでは簡潔に触れるにとどめよう。フランスに亡命してほどなく、ゴイティソーロはジュネと知りあうことになった。ジュネはすべての制外者たち、アウトローたちの擁護者として彼の前に現われた。とりわけ囚人、麻薬中毒者、不法入国者といった文明世界においてもっとも周縁的な掃き溜めにうち捨てられている者たちへのジュネの没頭と、彼らを美的に救済しようとする情熱は鮮烈だった。「私が聞きたかったことを彼はすべて話してくれた。私が探していたものすべてを彼は見せてくれた」。ゴイティソーロはジュネのことをこう述懐している。

しかもジュネは、ゴイティソーロの性的な自由への渇望を最初に会ったときに見抜いた。ジュネの、性的制外者への過激な肩入れもまた、生のまったき自由に向けての鮮烈なモデルであった。ゴイティソーロが、フランスで妻となる最愛の女性モニークを裏切ることなく、ホモセクシュアルな関係性にむけて飛躍するための決意を下すことができたのも、ジュネのそうした生き方への深い帰依ゆえのことだった。ジュネを彼に紹介したのはモニークであったが、思慮深い作家・編集者であったモニークは、ゴイティソーロの性的な自由への渇望が、「ゲイ」というアイデンティティの単独性・排他性のなかへの退却ではなく、いかなる境界をも認めない、よりラディカルな生の解放に向けての渇望に由来するものであることを理解し、いくらかの悲しみとともに、より開かれた関係をゴイティソーロとともに築くことの可能性に賭けたのであった。

ゴイティソーロがちょうど生まれた頃のバルセロナの「支那街《バリオ・チーノ》」にたむろするならず者や見捨てられた者たちの渾沌と性的放縦の世界を『泥棒日記』などで活写したジュネ。スペインから海峡を隔てて水平線上に姿を見せるモロッコ、タンジールの街を憧憬とともに眺めるジュネ。ゴイティソーロは、小説『フリアン伯爵』(一九七〇)の第一部のエピグラフに、『泥棒日記』からのこんな一節を思い入れたっぷりに掲げることで、ジュネへの彼の深い精神的傾倒とオマージュを表明し、さらに彼自身が性的自由の探究の果てに、民衆的な豊かな渾沌と共生の場を求めて、モロッコへと流れていったことの背後にある真実を表明していた。

ぼくはタンジールを夢見た。その街がこれほど近くにあることに魅了された。ぼくにとってこの街の威信は、それが反逆者たちにとってもっともお気に入りのたまり場であるという事実にあった。

(ジャン・ジュネ『泥棒日記』。ゴイティソーロによる引用。Juan Goytisolo, "Don Julián", *Obras Completas III: Novelas (1966-1982)*, Barcelona: Galaxia Gutenberg, 2006, p.431)

反逆者、裏切り者、国賊……。この "traîtres" とは、ジュネにとってもゴイティソーロにとっても、名誉の失墜であるどころか、威信そのものの輝きを発していた。この反逆者、この裏切り者とは、作家であることの本質であり、真の文学が生まれ出る聖地であった。呪詛、悪態、ののしり、痛罵によって特徴づけられる『アイデンティティの徴』以後のゴイティソーロの小説の晦渋な語り口、とりわけイスラムをはじめとする他者の排除をめぐる歴史的主題と苦渋の個人的来歴とが錯綜しながら描き出される、ほとんどピリオドすら存在しない多声的で混濁した物語手法は、ひとことでいえば、真の「反逆者」の文体であり物語であったといえるだろう。そして『戦いの後の光景』のなかで「スーフィーの放浪行者」として描かれたジュネらしき人物の肖像は、ゴイティソーロの反逆的な文学者としての理想像にほかならなかった。

虚栄から逃れる男、便宜的な外的規則や形式を軽蔑し、弟子を求めず、称賛を拒絶する。その美質は隠されて悟られず、それをそのうえさらに覆い隠して秘密のものとすべく、彼は、その身にふさわしくない軽蔑すべきことがらの実践に喜びを見出す。そのようにして彼は同胞たちによる非難を引き起こすだけではなく、職務からの追放と断罪をその身に招く。

（『戦いの後の光景』旦敬介訳、みすず書房、一九九六、二一七頁）

弟子ならざる帰依者、覚醒した崇拝とともにある同志、言葉を超えた盟友。そうした特別の同胞としての、ゴイティソーロのジュネにたいする唯一無二の敬愛の情は、次のような文章のなかに滲み出している。一九八六年、ジュネがパリのホテルの一室で死んでいるのが発見され、その遺体がモロッコはタンジールの南八〇キロほどの大西洋に面した港町ララッシュ（アライシュ）の墓地に埋葬された後に書かれたテクストである。

海の反対側、いま私がこの文章を書いている北アフリカの側から証明できるのは、ジュネの奇想天外な生涯から人々がでっちあげる悪評にみちたイメージ――体制順応的なインテリや訳知り顔の評論家とその無数の仲間たちの一群がジュネを拒絶することで蔓延しているあのイメージ――がここでは消えてゆき、含蓄に富んだ詩的ともいえるイメージにとってかわられるという事実である。ララーシュの古いスペイン人墓地に埋葬されたナズラーニ［アラビア語でヨーロッパのキリスト教徒をさす］。抑圧された者たちの擁護者にしてパレスチナ人の大義のよき理解者。ジュネは、ヨーロッパで死んだ移民労働者の遺体の一つであるかのように、モロッコへひっそりと送り還された。そんなジュネのイメージは、もはやコクトーやサルトルが知っていた男、パリの文壇に醜聞を持ち込んだあの男とは似ても似つかない。(……)

詩人の簡素な墓は、陸が海に切れ落ちる数メートルのところにあって、断崖の下には海流によって渦巻く波が勢いよく打ち寄せていている。(……)名もなき手が墓に花束を手向け、周囲の植物に水をやり、まるで死者の形見ででもあるかのように墓碑銘に敬虔な祈りを捧げる。モロッコ人もヨーロッパ人も。彼らはその場に長いあいだとどまり、ほとんど聖なる敬意の光暈につつまれて、いつまでもいつまでも墓を眺めている。

(Juan Goytisolo, "The Poet Buried at Larache", *Cinema Eden*, Op.Cit., p.29)

「ララッシュに埋葬された詩人」というのがこのジュネ追悼の文章の表題である。ヨーロッパに決別し、その「対岸」に去ったゴイティソーロ以外に書くことのできない文章であろう。モロッコにおいて、ジュネの存在は民衆の生のたたずまいとのあいだにある種の「親和性」をもって豊かに守られる。海の向こうでの軽蔑や拒絶は、自己中心的で狭量な文化の態度として自らの非を露呈する。こちら側の明るい海と大地に抱かれた墓に静かに横たわるジュネは、いつまでも人々の情愛を受け止め、勇気を鼓舞する象徴と化している。ヨーロッパの対岸からの、絶対的な他者の影を従えた、永遠の思想的挑発に身構えながら……。

そして私がいま深くこの文章に心揺さぶられる理由は、ゴイティソーロの遺体もまた、死した後にこのララッシュの海辺の墓地に送られ、彼の永遠のアイドルであるジュネの傍らに葬られたという事実があるからである。私はこの事実を、ゴイティソーロの死後一週間ほどして書かれたヘルバシオ・サンチェスの追悼記事で知った。ヘルバシオ・サンチェスはスペインの報道写真家として一九九三年の戦火のサラエヴォに赴き、ゴイティソーロやソンタグとともに行動しながら、ムスリム人の傷ついた民衆の尊厳にみちた姿と、破壊されゆく一つの混淆都市の冷厳な滅びの姿とを、現地から世界のメディアに向けて渾身の使命感とともに伝えつづけた人物である。ゴイティソーロはサラエヴォ取材のあと、彼が使った防弾チョッキの鋼鉄板をサンチェスに譲った。「きみの方がこれが後々必要になるだろうから」というのがゴイティソーロの微笑しながらの言葉だったという。だがその鋼の板は、純血主義と国家主義の不寛容を誰よりも烈しく告発しつづけた一人の抵抗作家の「反逆」の徴として、サンチェスの、そして私たちの未来に向けての決意をあらたにうながす魂の形見となるであろう。

四、「反時代」という前衛

ゴイティソーロとは、徹底的に「反時代的」な作家であった。彼の、文学の商品としての市場的な流通に背を向けた態度は、まさに時代錯誤的《アナクロニズム》と言いうるものであった。すなわち彼の「反時代性」は、資本主義社会のノーマリティにたいする根源的抵抗として、徹底して「アンーファッショナブル」であり続けようとした壮絶な意思の産物であった。彼のそうした反時代性の根拠は、大きく四つほどにまとめることができるだろう。

第一に、ゴイティソーロは「書く」ことが徹底して政治的行為であるという信念を貫いた。「政治現象について書く」のではなく、「書く」ことによってミクロで内的な「政治」を微細に表現することが文学の使命であると彼は深く信じた。この態度は、現代の資本主義的商品としての「小説」市場が、晦渋で屈折した態度としてもっとも嫌うものである。第二に、彼はイスラムから世界を奪還しようとかわらぬ悪意を示しつづける西欧にたいして容赦ない批判を浴びせつづけた。だが同時に、彼の擁護する「イスラム」とは教条主義的なものではまったくなく、マグリブやトルコやパレスチナに残されたイスラム民衆世界の豊かさと包容力に全面的に立脚するものであった。そのことによって、彼のヴィジョンはイスラム諸国家の政治的規律や原理主義的な戒律による人民の自由意思の締めつけにたいしても、強い批判的メッセージを孕むものとなった。この立場は、きわめて特異な思想的ポジションであり、二項対立的なイデオロギー闘争の議論に精を出す人々には、容易に理解されなかった。第三に、こうした彼の複雑な思想を表明する小説の文体は、徹底的に破壊的で絢爛たる混濁と多様性に開かれていた。透明な意味を伝達するだけの句読法《パンクチュエーション》を拒否し、ピリオドも段落もなく延々と言葉が奔流のようにほとばしる物語手法のなかで、作家のナルシスティックで陶酔的な「自己」は、歴史的な人類の経験へと怒濤とともに巻き込まれて消失してゆくのだった。この文体、この叙述のスタイルについてゆける読者の数は非常に限られていた。第四に、彼はホモセクシュアルでありつつ、「ゲイ」という囲い込まれたアイデンティティ・ポリティクスに与しなかった。むしろそうした性的少数者がゲットーのなかで団結し運動を組織することに対して、彼は反発した。いかなる境界の設定をも拒絶したゴイティソーロは、マラケシュの民衆世界において、ゲイという共同性の集団的認知がまったく不要であることをしばしば強調した。そこでは、妻を持つ多くの男たちが別の男との関係を持ち、女もそれを認め、子供も含めた拡大家族的な家を形成しているケースがいくらでもあるのだった。ゴイティソーロ自身もジャマ・エル・フナの傍らにある飾らない家で、死ぬまでそうした拡大家族とともに暮らした。彼のパートナーの弟の子供たちをまるで彼の遺志の相続人であるかのように愛し、庇護し、その子供のうちの一人をスペインに留学させてスペイン語を学ばせ、彼の死の後には彼の著作をモロッコにおいて守りつづけてゆく後継者に指名した。

私は、彼のこうした「アナクロニズム」のすべてに強く惹かれる。文明世界のあらゆる既成の常識と思い込みを決然と拒否してゆく、その廉直でさえある意思の自由さに心打たれる。これでもなお、私たちはゴイティソーロを「反時代的」な作家であるといって等閑視できるだろうか。イスラム世界への紋切り型の偏見が、「テロ」という、一切の否定的なものを詰め込むことのできるやせ細った言葉とともに、慎ましく懸命に生きようとするイスラム民衆を刺し貫いている昨今。私たちは、そのような貧弱で画一的な記号によって世界を分断する無知蒙昧から、ゴイティソーロとともに脱してゆかねばならない。

『パレスチナ日記』にこんな示唆的な一節があった。

私のモロッコ訛りのアラビア語も、モロッコに移住したユダヤ人と間違われるために、見知らぬパレスチナ人と話す際には使うことができない。不信感を抱かせないためである。しかし同じ訛りも、友人たちと話す際には、連帯の道具となり、一気に互いの距離を縮める役割を果たしてくれるのである。この「記号論」を学んでいくと、最後には訳がわからなくなる。境界線上に生きる者の身分は何をもって決まるのか。人間か、それとも記号か。

（ファン・ゴイティソーロ『パレスチナ日記』山道佳子訳、みすず書房、一一三頁、一九九七、改行省略）

この「記号」とは、そのすべての変異《ヴァリエーション》を集約すれば、結局は人間が所属すると見なされるすべての「カテゴリー」とそれにもとづく「アイデンティティ・ポリティクス」の閉域を指すのだろう。誰もが、見知らぬ他者が何者であるかを記号によって認定し、分類し、カテゴリー化しようと躍起になっている。ディジタル化社会とは、まさにすべての存在にそうした記号的な「札《タグ》」がつき、私たちの誰もが二者択一的な記号の呪縛から逃れられなくなる社会を暗示している。

そんななかにあって、ゴイティソーロは囲い込まれた場としての、あらゆるゲットーを拒絶した。ゲットー的な自閉的思考にたいしても否をつきつけた。すべての幻想的なカテゴリーとしての「われわれ」We の拒否。だが同時に、パレスチナでの思索は、彼に「連帯」の希望をも生み出していた。そこでいわれる「連帯」とは、「セクト」のことでも「味方」のことでもない。その「連帯」とは、すべての分類記号を取り払った人間に近づいてくる、究極の孤独と自由との上に築かれる、未知の共同性のことにちがいない。

そうした連帯においては、一人の人間として、別の一人の人間の生き方を理解し、尊重する、ということの他になにがあるだろうか。ゴイティソーロは分類され、どこかに帰属させられることを拒んだ。いかなる類にも属さないことによって、個の存在が認知されるもっとも過酷な限界に触れながら、類のなかにではなく、「世界」と「私」とが裸であるがままに接触する界面で、おのれの信ずる思想と倫理に忠実であろうとした。「文学」なる実践は、その孤絶の冒険のなかからしか生まれえないことを、ジュネとともに確信した。

五、「向こう側」への旅立ち

イスラム教徒やユダヤ人を国土から駆逐し、その遺産をなきものとして否定するカトリック・スペインへの呪詛。ホモセクシュアルを弾圧し、その尊厳を辱めつづける権力への呪詛。黒人奴隷を搾取して富を築いた自らの祖先への嫌悪。政治的・性的・倫理的境界を果敢に侵犯しつづける、おのれのなかの苦渋に充ちた挑戦と突き抜けた解放感。そしてそうした行為を実践するために練り上げられ、鍛え上げられた詩的で政治的で風刺的な言語。究極のアウトサイダーであり続けることへのアナキズム的歓喜と官能的な冒険。そうしたゴイティソーロの文学の精髄がすべて凝縮された、私がもっとも心惹かれる小説『土地なきファン』（一九七五）。この作品のなかで、ゴイティソーロは、彼の「反時代性」が読者を彼から遠ざけ、世界が彼を疎外してゆくリスクを全面的に背負う覚悟とともに、一つの決定的な宣言を行った。

『土地なきファン』の末尾に置かれたアラビア語にして五行の謎めいた手書き文字。これこそが、ゴイティソーロにとっての、読者への決別の宣言であり、読むことの禁止の指示にほかならなかった。それは、あたかも著者の側から本を唐突に閉じようとする宣言でもあった。もはやこれ以上、読者が無理解のままに彼を追いかけることをみずから拒否する、作家の最後通牒。ダリジャ（アラビア語モロッコ方言）による手書き文字として書かれたこの断片は、『土地なきファン』の末尾に置かれ、いっさいの翻訳も解説もないままに、「拒絶」そのもののメッセージとして、過激な沈黙を読者に向けて分泌していた。私にはそれが、読者による理解をついに拒絶するゴイティソーロの呪言のようにもみえた。

私を理解できない者は
ついて来るのをやめよ。
われわれの関係は終わった。
私は完全に向こう側へと立ち去った。
永遠の追放者たちとともに、
おのれのナイフを研ぎ澄ませながら。

(Goytisolo, "Prólogo", *Obras Completas III: Novelas (1966-1982)*, Barcelona: Galaxia Gutenberg, 2006, p.29)

二〇〇六年に著者自身によって大幅に改訂された『土地なきフアン』の、全集版での出版に合わせて書かれた序文のなかで、ゴイティソーロは、この謎の手書きアラビア語の断片の意味を読者に向けてこうはじめて明かした。もはや言うべき言葉はないだろう。まさにそれは、決定的な読者への拒絶の文言にほかならなかった。この絶望、この諦念とともに、ゴイティソーロは、反逆者たち、追放者たちが集う向こう側の世界へと旅立つことを決意したのである。ふところに忍ばせた批判と挑発のナイフを、営々と研ぎ澄ませながら。

「向こう側」へと去った詩人。その数少ない精神の系譜に、ゴイティソーロは連なろうとした。そこからあらたな挑発が始まり、到達不可能とも思われる認識の深みから、いまの世界を照らし出すあらたな思想が輝き出すことをどこかで信じながら。

思索や読書や執筆に没入する高踏的な作家的生活とはかけはなれた、カフェや映画館で庶民たちと喜怒哀楽を分かち合うマラケシュの日々。そんなゴイティソーロの日常の開放的な気分を映しだす断片が『シネマ・エデン』のなかにある。

夜の十一時、人気《ひとけ》のなかった街路が急にさわがしくなる。若者たちが連れ立って映画館から出てきたのだ。それは荒々しい、戦闘のような示威行動にも見える。待ってましたとばかりに、ゆで卵売りや、菓子売りや、タバコ売りなどが商売をはじめる。ケバブの移動屋台が、映画館から数メートルのところで煙の合図を送ると、腹を空かせた若者たちは屋台をいっせいに取り囲む。やがて大きな音楽を鳴らしていたカセット屋が店仕舞いすると、エデン座の客たちは静寂の闇のなかに散ってゆく。彼らはまた、生きることの無慈悲な現実に直面するのだ。たったいま目覚め、眠い目をこすっている子供のようにして。

(Juan Goytisolo, "Cinema Eden", *Cinema Eden*, Op.Cit., p.23)

ゴイティソーロは、この「シネマ・エデン」での華やいだフィルムの上映が終わり、深夜、映画館から街路へと沸き出してくる無名の群衆のひとりへと転生することを願いつづけた。そして彼ら群衆と同じく、ゴイティソーロもまた、「生きることの無慈悲」が現実に直面する悲哀を生き抜くために、マラケシュの地にとどまりつづけた。その無慈悲とはしかし誰にとっても、生きることの真実が生み出す真正なる非情のことであり、その豊かな非情のなかには、すべての愛と歓喜と快楽がもっとも深いかたちで組み込まれてもいたのである。

もはや、ゴイティソーロが何者であるかを定義づける必要はないであろう。彼は何者かでありつつ、何者でもない。彼がヨーロッパ人であるかモロッコ人であるかを問う必要もないであろう。一人の人間が、バルセロナに生まれ、マラケシュに死した。そのすべての屈折し、また純粋でもある軌跡のなかで、彼は何者かになり、また何者かであることに縛られることを拒んだ。

ゴイティソーロの死後二ヶ月ほどたった二〇一七年八月十七日、「バルセロナ」の繁華街の人込みのなかに、「モロッコ」系と想定される若者たちが運転する車両が突っ込むという出来事が起きた。そしてそのわずか五日前には、アメリカ、ヴァージニア州の大学都市シャーロッツヴィルで、人種差別に抗議するデモの群衆に向けて、白人至上主義者と称される者による車両が突入していた。二つの出来事の由来や意味を短絡的に結びつけることはできない。だがここで飛び交う異なったさまざまな「記号」のはざまの闇で、私たちが見定めねばならない真実はたしかに発光している。その真実には、五〇〇年を超える非寛容の歴史が堆積していることもおそらくまちがいないだろう。バルセロナとモロッコをむすぶ時の不可視の航跡のなかで考えつづけ、書きつづけたフアン・ゴイティソーロ。彼の遺した仕事がいまの私たちにとってかけがえのない財産である理由は、この真実を再発見するためである。

保育園で働く看護師の語りから考える多文化共生

梶原彩子

本稿は保育園看護師のライフストーリーから、外国人住民像（保育園の外国人住民から地域社会を生きる住民へ）、対応（職業観に基づく対応に一個人としての思いに基づいた個人レベルの対応を加えていく）への意識変化、多文化共生観の形成（個人レベルでなく制度やシステムに落とし込んだコミュニティーの在り方へ）を考察した。

はじめに

日本に住む外国人は総人口の約二パーセントとなり（法務省二〇一九）、地域社会において、外国人住民は珍しい存在ではなくなってきている。日本社会としても、外国人住民を地域社会の構成員と見なし共に生きていくという多文化共生社会の実現が目指されている。本稿では、保育園で働く看護師が、保育園という社会で外国人住民をどのように捉え、いかに関わってきたのか、そして、その経験から、どのような多文化共生観を形成しているのかを考察する。

一、背景と研究課題

（1）外国人住民の増加[1]

入管法が改正された一九九〇年以降、日系人を中心に日本に定住する傾向が強まるとともに、帯同家族や呼び寄せられる家族も増加した。定住化に伴い、外国人住民は様々なライフステージを日本社会で経験することになり、直面する問題も就労、教育、保育、福祉、司法、医療、防災など、多岐に

かじわら・あやこ——名古屋学院大学国際文化学部任期制講師。専門は現代日本語学（意味論）、日本語教育。主な著書に『すくすく日本語会話1』（共著、Wit&Wisdom、二〇〇八年）、論文に「程度性と百科事典的知識の活性化——カテゴリー帰属を表すヘッジ表現として働く程度副詞の名詞修飾」（『日本認知言語学会論文集』第一五巻、日本認知言語学会、二〇一五年）、「「ザ」の働きについて——百科事典的意味観からの考察」（『日本語用論学会第19回大会発表論文集』第一二巻、日本語用論学会、二〇一七年）などがある。

渡っている。地域社会は、このような問題に早くから向き合わざるを得ず、自治体や市民活動が中心となって、行政機関などの多言語化や外国人住民向けの日本語教室といったコミュニケーション支援、外国人住民への生活情報提供や対応機関との連携といった生活支援など、外国人住民との共生を模索してきた。

外国人住民の増加や多様化を受けて、国としても、外国人住民の生活環境などについて日本社会が一定の責任を負い、外国人住民が社会の一員として日本人と同様の公共サービスを享受し生活するための環境整備が議論されるようになり、二〇〇六年には、総務省が「国籍や民族などの異なる人々が、互いの文化的差異を認め合い、対等な関係を築こうとしながら、地域社会の構成員として共に生きていくような、多文化共生の地域づくりを推し進める必要性が増している」とした。以降、国レベルで多文化共生政策に向けた議論や提言がなされてきている。

このように、国として、外国人住民を社会の構成員として受け入れるための環境整備が議論されているものの、実質的に外国人住民を受け入れていくのはこれまでと同様、地域社会であり、地域社会の担い手である各個人であるとも言える。では、外国人住民との共生を目指すにあたって、地域社会において各個人にはどのような対応が求められていくのだろうか。

門美由紀は、外国人住民の生活支援にあたって配慮が必要な要素を「ことばの壁・制度利用の壁・心の壁・文化の壁・情報アクセスの壁・アイデンティティの壁」の六つに分け、指摘している。[2] このような複数の「壁」の存在によって、生活課題の解決が困難になり課題が複合化することも多いという。つまり、外国人住民が日本人と同じように公共サービスを享受するためには、サービスの提供者がこのような壁を理解し、考慮することが必要だと言える。しかし、外国人住民の受け入れに関して、体系的で具体的な対応指針や研修などが十分に整った現場というのはまだ少なく、現実的には、各担当者の対応となることが多い。では、現場の担当者は、どのように外国人住民の対応にあたっているのだろうか。

(2) 研究方法と研究課題

本稿では、外国人住民の受け入れ体制が整っていない現場で働く公共サービスの提供者が、外国人住民に対応した経験から多文化共生をどのように捉え、意味づけているのかを知ることを目的として、現場でどのように外国人住民を捉え、受け入れていったのかを見ていく。

研究方法としては、ライフストーリーを用いた。ライフストーリー研究は、ライフヒストリーの研究から派生したもので、他者の語りや文献資料などを用いて「対象となる個人の主観的現実を社会的、文化的、歴史的脈絡のなかに位置づけることを主眼として」いる。[3] ライフストーリーを語ることは、「自己をコミュニティや全体社会のでき事の時間的配列のなかに位置づけることであるという意味で、人びとが過去を歴史化しようとする試み」でもある。[4] 桜井厚は、ライフストーリーは、インタビューによって語り手が保持しているものとして取り出されるのではなく、話し手との相互行為によって構築されるとする。[5] 主に語り手によって語られ、でき事が筋によって構成されている「物語世界」と、メタ・コミュニケーションの次元で語り手と聞き手の社会関係を表現している「ストーリー領域」があり、ライフストーリー研究では、物語世界に対する評価や意味づけを聞き手と語り手がどのように行ったのか、ストーリー領域についての検討が不可欠であるという。

以上を踏まえ、本研究では、保育園看護師が聞き手である筆者との語りの相互作用を通して語るでき事（物語世界）と、それをどのように意味づけし評価するのか（ストーリー領域）を記述し、保育園看護師が、保育園という社会やその中の外国人住民をどのように捉え、対応していったのか、なぜそのような対応を選んできたのか、を検討したい。

二、調査協力者、調査方法

調査協力者であるまり子さん（仮名）は、六十代（二〇二〇年八月現在）の女性である。十年弱、手術室およびＩＣＵ（集中治療室）、循環器内科での臨床、管理業務や学生の受け入れおよび指導業務を経験し、結婚を機に退職した。子育てのため十年あまりの休職を経て、非常勤としてＡ市の福祉サービスセンターの相談業務についた。そこでは、介護保険制度導入前の対象者の把握、疾病および障がいのある人、生活困難者が行政サービスに繋がるための相談業務などを担い、行政と医療と福祉の連携に関わった。その後、Ｂ市の外郭団体で訪問看護の管理者として十年余り勤めた。定年退職後、Ａ市の保育園看護師として非常勤で働いている。

筆者とまり子さんは個人的によく知る間柄であり、長年に渡って付き合いがある。筆者は留学生の日本語教育や地域の日本語支援ボランティア養成に携わっており、普段からまり子さんにそのような話をしていた。まり子さんも保育園での勤務を始めてからは、職場での外国人住民との関わりについて、筆者に話をするようになった。インタビューは、計四回（二〇一九年九月二十一日、二〇一九年十二月十四日、二〇二〇年一月十九日、二〇二〇年八月九日）、一回一時間半から二時間程度、まり子さんの自宅で、外国人の子どもと保護者への対応に焦点を当てて、半構造化インタビューを行った。プライバシーを鑑み、インタビューデータの中で語られた氏名や団体は仮名を記載する。なお、まり子さんには研究の概要と目的、不参加や途中での参加辞退において不利益のないこと、プライバシーの保護、守秘義務、データの管理方法を説明した上で、インタビューの録音およびデータの使用の許可を書面にて得ている。

一回目のインタビュー（二〇一九年九月二十一日）では、まり子さんが保育園での業務として外国人住民とどのような関わりを持つ機会があるのか、どのようにコミュニケーションをとっているのかを中心に聞いた。二回目のインタビュー（二〇一九年十二月十四日）では、これまでのまり子さんのキャリアとそれが外国人住民への関わりにどのような影響を与えているのかをたずねた。三回目のインタビュー（二〇二〇年一月十九日）では、これまでの質問に加え、まり子さんが外国人住民との関わりをどのように捉え、どのように意味づけているのかを聞いた。二〇二〇年八月九日には、これまでのインタビュー内容をもとに、語りの意味を確認した。また、インタビュー前後の会話や態度などをメモしたフィールドノーツを作成した。

本研究では、分析資料としてインタビューを文字化したものと、フィールドノーツを用いた。分析の観点は、まり子さんが保育園看護師という仕事の中で、外国人住民をどのように捉え、いかに対応していったか、その関わりを自分の人生にどのように意味づけているのか、とした。

三、まり子さんのライフストーリー

まり子さんは、外国や外国人、国際交流といったものに特別に興味があったわけではなく、外国人との接点は主に仕事においてだった。初めての職場である手術室やＩＣＵでも外国人患者を受け入れていたこともあるが、医療通訳はおらず、英語ができる医師がほぼ英語でコミュニケーションをとっていた。英語が通じない場合には、日本語とその人の母語ができる人材を個人的に見つけたり、ジェスチャーなどを用いて視覚的に説明したりしていた。休職を経て復帰した次の訪問看護の職場でも外国人住民との関わりはほぼなかった。しかし、今の職場であるA市立保育園には多数ではないが、外国につながる子どもたち（未満児から園児まで）が常に一定数在籍している。ただし、その受け入れについて対応指針や研修などはなく、現場では各担当者が個別に対応している。

(1) 外国人住民とはどのような人たちか

保育園以前の職場では、まり子さんにとって外国人との関わりは、ごく稀に患者さんの中に外国人がいたことがあったという程度だった。患者や家族とのやりとりは主に英語で行われており、まり子さんが業務で外国人と関わるのは、術前管理、術前訪問であった。患者が安全に手術を終えて病棟に送り届けるための病状把握をし、患者の精神的な不安を解消するための最小限の会話を行った。一方で、保育園では、常に一定数の外国人住民との関わりがあり、業務としても、体調不良時のケア、アレルギーおよび感染症対策、与薬、保護者への声掛けや説明(投薬、登園可能状況、医療機関への受診、療養方法など)を行う。また、子どもが安全に園で生活を送ることを目的とした関わり方(子どもの事故やケガの予防、虐待の早期発見など)もある。そのため、保育園では、外国人住民へ関わり方が各家庭の多様な背景を踏まえたものとなり、より個別化している。

まり子さんは保育園で子どもたちの様子を観察しながら、保育園というのは、全ての子どもにとって初めての社会なのだと感じた。国籍を問わず、子どもたちは園での生活を通して、社会でどのようにふるまっていくか、社会でどのように自己表現して生きていくかを学び、成長していく。その成長を健康面からサポートするのが看護師の役割であると捉えているという。

外国人住民について言えば、園児は初め日本語がわからなくても一定期間を経て、保育士たちの指示を理解し、行動様式を身に着けていた。その様子は、日本人の園児が園に慣れていく様子と変わらない。未満児は、ぐずっている場合の原因が体調なのか、周囲が話す言葉のせいなのかなど、判断しにくい事例はあったが、体の状態という軸を基準に対処した。まり子さんにとって外国人住民は、それまでA市内で見かけることはあっても接したことがなかったが、保育園に来て初めて接する機会を持つようになった。

外国人の保護者とも、園児の病状、与薬状況、感染症や予防接種の情報伝達などについて、直接やりとりすることもあった。やりとりを通して、まり子さんは、外国人の保護者は一見つたないようであっても日本語が全くできない人はいないことに気づいたという。また、保育園の仕事を通して、断続的ではあったが、特定の外国人住民を数年通して見ていくことになった。縦断的に見ていると、子どもだけでなく保護者の社会生活の広がりや、社会生活と日本語能力の相関関係を感じた。社会生活と日本語が拡大していく様子について、まり子さんは次のように語った。

Q：（外国人住民との）やりとりとかって、どう。

A：保育園に来る外国人の親は日本語不自由でもゼロはいない。市役所に行く段階で、自分たちの言葉で住民票取って、申し込んで、手続きが進んで、保育園の持ち物用意します、で、（持ち物）もらうものはもらって…で来るから。社会システムに一度乗ってしまえば、日本語主流でだんだんわかってくるわけじゃん。市役所、保育園、家、で、車。運転して、通勤、今度は病院、病院が変わった…、って全部繋がってる。住めば住むほど、エリアも人との関わりも広がっていくから。（日本語の）体得は親の経験じゃないかな？

まり子さんはこの語りで、家、市役所、保育園の三点を結び、ジェスチャーで三角を描いた。そして、車、会社、病院のように点を増やし、点と点を結びながら円にしていった。外国人住民が行動範囲を拡大させることで、体験が積み重なり、日本社会での対処方法も身に付けていく。また、生活に必要な日本語もそこで自然習得されるとまり子さんは考えるようになった。

それは人間関係についても同じだという。特に、外国人の保護者（多くの場合は、母親）にとっては、子どもと同じように保育園が日本で初めての社会であるようだった。入園時には、子ども、担当保育士、看護師（まり子さん）との関わりしかなかった保護者の社会は、他の保護者との関わりによって、徐々に広がっていく。そうなると、当初は声掛けを通じて生活や子育てについて話を聞いていたまり子さんとの関わりは、徐々に薄くなっていった。まり子さんは、その状態を、外国人の保護者が自ら情報を得て、問題解決できるようになった良い状態として捉えていた。ただ、いつの間にか保育園に来なくなる外国人の保護者もいた。その人たちについては、次のように語った。

A：来たけど、ここ（保育園）に順応できない、同国籍の人がいないからって夜逃げのようにさっといなくなった。ここでは暮らせないって。入園の手続き、住宅の提供、送り迎えのサポーターの手配、すべて整えたけどコミュニティーがあるところにいなくなった。生活能力がないとかじゃなくて、同国籍のコミュニティーの中でしか生きられない人、だったんじゃないかな。接点ができる前に消えていく。（登園をやめる）届の存在も知らないんじゃないかな。全部後で風の便りで（聞いた）。

保育園も含めた地域社会で繋がりができず、いつの間にかいなくなっている外国人住民を見て、まり子さんは子どもを保育園に通わせ続けられる外国人住民というのは、ある程度日本社会に定着した人なのだと感じた。また、そのような外国人住民の多くは、生活の維持や向上への意欲が高く、子どもの健康管理へも意識が高く、学習機会が持てなくても生活や仕事の中で日本語を獲得してきた、たくましい人たちだと感じたという。このような経験から、まり子さんは、外国人住民には、行政機関（市役所）と繋がるステップが重要で、そこから、教育機関（保育園、小学校、中学校）や医療機関へと広がる、A市のコミュニティーに定着するためには日本語が必要で保護者の社会生活が広がると日本語も自然に体得する、このような社会生活の拡大や維持には外国人住民の資質も大切である、と考えるようになった。

同時に、保育園では、外国人住民の目の前にある課題のみを解決していくことに焦点が当てられていると感じるようになった。子どもの卒園後、帰国しても日本で育った子どもは現地の言葉ができない、逆に、日本の小学校や中学校に馴染めず進学を機に子どもだけが帰国する、などのケースもあるようだった。また、転園した子どもについても、単なる転居なのか、母国のコミュニティーがある地域に移ったのか、A市に定着しにくいと感じた理由があったのか、などの理由はわからない。まり子さんは機関や領域間の繋がりをベルトコンベアーに例えている。

Q：それは保育の枠だったり、もっと言えば市とか県とか、大きい枠組み？

A：そうだね。ベルトコンベアー式。市役所から乗ってしまえば、保育園、病院（に繋がっていく）。現場では、みんな一生懸命目の前のことを見て対処する。でも、自分の担当区間から先はわからないね、繋がってないから。

ベルトコンベアーのスタートは市役所で、そこから保育園や小学校へと繋がる。市役所、教育機関に繋がると、健康診断や予防接種などの医療的な情報も施行される。そうすると、保健所や病院などの他機関など、あらゆる側面からA市で暮らすための生活基盤が自動的に整っていく。保育園では、未満児から卒園するまで約五年子どもを見て、小学校へと送り出す。卒園時の外国人の子どもたちの日本語能力（理解、表出）には個人差があり、それは子どもの情緒や行動とも関連があるようだった。まり子さんは、個々の日本語能力や発達に関して段階的評価や、継続的かつ包括的な支援に繋がる枠組みの必要性を感じたが、それは個人でできることではない。そこで、まり子さんは、非常勤としての働き方の中で自分のできることをしようと考えるようになった。

(2) どのようなコミュニケーション方法が有効なのか

数年後、医療的に配慮が必要なマルコが入園したことで、日本語を母語としないマルコの保護者とのやり取りの必要性が高くなり「いろいろ試して、探っていく」機会が増えた。受け入れが決まったときのことをまり子さんは次のように語った。

Q：受け入れるってなったとき、「日本語通じないかも」とか、やりとりへの不安は。

A：保育園ナースの仕事での関わりでは、外国人への対応という面ではそんなに困ることはない。だから、外国人とか日本語が通じないとかいうことはあまり考えなかったな。それよりは、マルコの（健康）状態の把握、どんな医療的なケアが必要で、私が何をすべきなのか、受け入れるために何を準備するか。国の方針とか、ニーズが高まっているってこともあって、そういう、病気や障がいのある人も（親からの）希望があったら受け入れるというのがもう社会的な背景としてついているから（受け入れるという当然の流れ）。

まり子さんは、医療的に配慮が必要な子どもへの教育機会の保障という受け入れの社会的背景は意識したが、マルコや保護者が外国人ということや医療的ケアに不安はなかった。しかし、感染症にり患すると原疾患が悪化するリスクが高いため、保護者との情報共有が大切だと考え、言語的な壁を超えるための事前準備として、保護者の母語の翻訳アプリ（文字入力後に翻訳文が表示されるもの）と無料公開されている多言語保育園ガイドブックを用意した。

最初は、挨拶・簡単な会話から「看護職というよりは関わるものとして」アプローチしていった。徐々に感染症や通院の話もしながら、保護者がまり子さんの言うことをどの程度理解しているのか、行動に基づいて確認した。例えば、「定期受診後、処方の変更があったら、変更の内容を教えてくださいね」と伝え、翌日にまり子さんに伝えるという行動がなければ、理解されなかったと判断した。伝え方を変えて「処方箋ありますか。明日持ってきてね」など、どのような言い方をすれば相手が理解しやすいか、少しずつ試していった。それでも行動として現れなければ、翻訳アプリを使って保護者の母語で見せたり、英語に言いかえたり書いてみたりした。医療的な語彙は、日本語よりも英語の方が推測してもらえることが多く、言うよりも書いて見せることが効果的であることがわかったという。

マルコの保護者は日本語での簡単な会話はできたが、読み書きはひらがなに限られていた。そのため、感染症情報や日々の体調についての伝達、医療機関の受診状況、服薬状況の把握を掲示物や日誌を通して行うのは困難だった。ただ、マルコには中学生の兄弟がおり、保護者の表現では「くすり、のんだ」となる内容も、兄弟が書くと「薬は飲んでいます。薬も増えました。」のように情報の量が増え、正確性が上がる。そのため、内服情報は、登園時の保護者との短い会話から引き出したり、伝達したい内容を確認の意味で兄弟あてに日誌に記載したりして、正確な情報把握に努めた。しかし、家族間でも常に情報共有できているわけではなく、情報伝達にはタイムラグを前提として時間的余裕を持って伝え、家族に会うたびにリマインドするようにした。次第に、保育士たちもどんな情報がマルコにとって必要かを理解していき、保育士も含めた情報伝達の連携が取れていったという。一方で、「インフルエンザが流行っているし、マルコの調子も悪そうだから、今は人が多いところはやめた方がいい」と伝え「オッケー」と言われても、保護者から週末ショッピングモールに行ったという話を聞くこともあり、そのようなときは、日本語の理解の問題なのか、価値観の問題なのか把握できないこともあった。

感染症情報は、まり子さんが個別で母語に翻訳し、保護者に手書きのメモを渡していた。まり子さんの立場上、SNSやメールなどで保護者と個別のやりとりが認められていなかったためである。書き写す分、通常業務に作業が追加されることになり、時には時間外労働となったが、他での時間調整を管理者と交渉できる関係性だったこともあり、特に不満はなかった。しかし、まり子さんがこのような配慮をしているからこそ、誤薬がないということを管理者が把握していないこともあり、保育と看護の根底にある職業的な役割の差を感じたこともあった。

マルコの保護者とのコミュニケーション経験から、まり子さんは日本語を母語としない人に確実に情報伝達するためには、日本語は一つの言い方だけでなく複数の言い方を試す、話すだけでなく書いてみる、視覚的な情報を使う、子どもに関わる複数人（母親だけでなく父親、兄弟など）に伝える、医療的な専門用語は翻訳アプリを使うか英語で書いて見せるといった方法を複数組み合わせて使うことが有効であると考えるようになった。

(3) 一個人として、大切にしていることは何か

まり子さんは保育園看護師として働く上で、外国人に限らず、全ての保護者がまり子さんの説明を理解・納得した上で行動し、子どもが元気で楽しく過ごせる、ということが一番大切だと考えていた。保護者が理解・納得した上で取る行動と理解と納得の裏付けがない行動は異なるからである。例えば、感染症のリスクを理解し、感染したら子どもがどのよう

な状況になるのかを納得すると、保護者は慎重に行動するようになる。それは、保護者の感染症への理解を促し、自律的な行動にも繋がる。特に、医療的な配慮の必要なマルコの場合は、感染症情報を保護者が確実に理解し、納得することが大切であると考えたため、まり子さんは時間外労働となっても確実に伝わる方法をとった。この選択については、次のように語った。

Q：（時間外労働は）言葉の問題をクリアするために現場の負担が増えたということ？

A：本来ならしなくていい仕事だよね。まあ…他の看護師だったらやらない人もいる。人による。その人にとっては（やる、やらないの）ラインがあるから。悪くなったら入院するから、別にいい。私は（保護者の）不安や心配、（体調が悪くなって）子どもが辛い状態になるよりは、楽しく生活できるのに繋がるのが一番いい、（私の説明を保護者が）わかるのが一番いいかな、と思って。まあ、看護師だからではなく、人間として？（笑）…楽しいのが一番いいじゃん。元気で楽しく過ごさせてあげたい、ということです。

手間はかかっても保護者の理解と感染症予防を重視した対応は、保護者の心配や不安を減らすこと、子どもが楽しく園に通うことを優先させたいという個人としての考え方に基づいていた。子どもが元気であることを保護者と共有する喜びは、まり子さんの仕事のモチベーションでもあり、自身のアプローチには看護的裏付けがあり、確信もあった。しかし、看護師という仕事においては、何を優先するかによって他者との関わり方に多様なアプローチがあることも理解していた。自分自身の仕事のやり方については、まり子さんは次のように語っている。

A：やらない看護師さんが悪いわけじゃないし、やる私が特別いいわけでもない。むしろ、時間内にあがらなければならない、それを守らない私の方がダメ（笑）？…みたいな評価になるかもしれないな（笑）。そればっかりじゃあないけど。なぜやったか…、（時間外労働に）保育園ナースとしての理屈をつけようと思ったらいくらでもつけられるんだよ。心身ともに健全であることに繋がる一つの大事なアプローチだから。悪いことではないよ。

まり子さんは保護者の理解と納得を得たいという考えだったが、負担や労働時間を考えると、このやり方が一〇〇パーセント正しいわけではないとも感じた。しかし、このアプローチの大切さを実感したことがあったという。ある時、マルコが救急搬送され、医師が保護者から検査の許可をもらおうとしたが、保護者はなぜサインを求められているのかわからず、混乱するばかりであった。その様子をまり子さんは次のように語った。

A：保護者はちんぷんかんぷんで全然わかっていないっていうのが見ててわかる。先生（医師）は（検査名）したいんだけど、幼児だし、（副作用）もあるしっていうので、親の許可を（ください）、って説明するんだけど、許可をもらえるまでが非常に難しかった。先生（医師）はコミュニケーションをする発想がない。親がわかっているのか、を見る経験値もない。それはリアルにわかったから、ちょっと（サポーターと）繋げて説明してもらったらすんなりわかって「オッケー」って。やっと進んだ…っていうのは実際に体験した。非常に大事だけど、そういう、コミュニケーションをするために何がこの（マルコの）お父さんに必要か、という考えとか術は周りにないわけ。

保護者は状況も医師の説明も理解していなかったが、医師は保護者が検査の内容がわからないのだと理解していた。そのため、医師は日本語で同じ説明を繰り返し、保護者は理解できないまま承諾署名に至らなかった。まり子さんは、母語と日本語が話せて支援をしてくれる存在がいるかを保護者に確認し、その人を交えて話すことを医師に提案した。保護者はすぐに支援者に電話をかけ、スピーカーフォンで支援者に医師の説明を通訳してもらうと、保護者は即納得し、同意した。

諸検査終了後、医師から帰宅の指示が出てもマルコの症状が収まらないため、保護者は帰宅への不安を訴えた。そこで、保護者の代わりに、まり子さんが再度主治医に緊急事態の確認をした。投薬の説明、病院の手続きと支払い、次の受診の日程、帰宅後にどのようになったら病院にすぐに連れていく必要があるか、などについて、まり子さんは翻訳アプリを用いたり、英語や日本語の簡単な単語で言い換えたりしながら、病院からの説明と指示を保護者が理解できているか確認し、保護者の次の行動を整理して示した。数日後、マルコの保護者が日本人的に「お世話になりました」と伝えてきた際には、お礼を言うという社会的な場面と日本語的な表現が結び付いていることに驚き、入園時と比べて保護者が日本社会で経験を積み重ね、徐々に社会生活を広げてきた背景を実感した。

後日、状況をふりかえったところ、マルコが病院に搬送されたという園からの連絡が保護者にうまく伝わらず、保護者が保育園に来てしまい、そこから病院に向かったために到着が遅れ、保護者も非常に混乱していたという。このことから、まり子さんは日本語が母語でない人に対しては、相手が状況説明を理解しているか、適切な行動に移せるかという確認が重要であることを実感した。理解の確認は、マルコの保護者のような人たちであれば日本語でも十分に可能であると考えている。だから、方法論ではなく、確認のポイントとして抑えるべきことを意識できているかなど、接する側の個人レベルの意識が深く関係しているのだと思ったという。

行動確認を通して、相手の理解を判断しようとする意識は、まり子さんが看護師として、学生指導、精神障がいや認知機能に衰えがある人たちと接した経験、疾病・障がいがある人たちが自宅で療養しながら生活するためにどうするかに寄り添った経験などが影響を与えている。相手がだれであっても相手の理解を確認しながら対応することは、それまではまり子さんは当たり前のことだと思っていたが、マルコの事例を通して、まり子さんは、相手の理解と納得を尊重するというのが自分らしいアプローチであること、また、手間はかかるが間違ってはいない、ということを再認識した。

(4) 自分にとっての多文化共生は何か

前述したマルコの受け入れの後、まり子さんの職場環境に変化があった。それに伴って相手の理解と納得を尊重したいというまり子さんの思いも変化してきたという。以前は、園内の看護に関わる領域はまり子さんが担い、同僚や保護者、園児たちもまり子さんを看護師として認識していた。しかし、環境の変化によって、看護業務よりも保育の補佐的な仕事がふられるようになり、職場内の役割が曖昧化した。そのことで、まり子さんは園内での自身の看護師としての位置づけが曖昧に感じられるようになり、モチベーションが上がりにくくなった。今は、相手の理解と納得を大切にするという、個人的に大切にしてきた思いに基づいた対応が難しいと感じている。まり子さんは、マルコに行った対応をふりかえりながら、それは仕事へのモチベーションや周囲の理解があったからできたのかもしれないと語った。

Q：前に「今後外国人住民が増えてもナースとしては対応できる」っていうような話を…

A：(笑)。私、そんなことを言った…それは撤回だな。前はできたけど、(今は) 同じようなことはできない。前は、看護の領域で、私は看護師さんで、園児も保護者も看護師さんだと (認識してくれていた)。でも、今はそうじゃない。(その時は)「腑に落ちてのOK」とそれがないOKは私にとっては違ったから、相手が納得するまで説明を…って思ってたけど、それはやらなくても責められない。ここは日本だから。今はどうするかな…、頑張れるかもしれないけど、やれないってなったら…しんどい。非常勤だし。

マルコの保護者への対応と同様に、外国人の保護者の理解と納得を大切にした場合、まり子さんの個人的な負担が増す。しかし、現在の職場環境では、管理者や同僚の理解が得られない。そのため、保護者の理解と納得を大切にした、個に合わせた対応ではなく、多数派に合わせた一律的な対応になりそうだという。このことは、まり子さんにとっては極めて残念なことだが、立場上諦観している部分もある。個に合わせた対応のイメージについて、まり子さんは以前の職場環境下で経験したムスリムの受け入れ準備を例に挙げた。特に、給食担当者は宗教的な配慮をしながら食をどのようにサポートできるか考えていた。まり子さんはその対応を見ながら、子どもの一つの特性に合わせて各担当が連携して対応にあたるという点で、アレルギー児の受け入れと似ていると感じた。アレルギー対応では、給食部門の担当者は調理方法や除去食を考えて調理を行う。保育士は誤食が起きないように配膳し、食事の見守りを行う。看護師はアナフィラキシーショックの予防と対応を担当する。結局ムスリムの子どもは入園しなかったが、配慮が必要な要素のある子どもの受け入れが決まれば、個別的に必要な支援を考えて対処していく現場の意識を感じたという。

まり子さんは、職場環境の変化による自分の変化と過去の経験を踏まえて、保育園で外国人住民を受け入れることについて、次のように語った。

A：世の中は、多文化共生とか言ってるけど、現場は担当ごとに「A市にいるから受け入れる」「状況的にここまでする」「今は難しいから最低限」…ただそれだけ。各自が目の前の自分の仕事をしていくだけだし、それでいいとも思う。アレルギーがある子には、私なら看護、先生たちは保育、給食の人たちは食。外国人っていうのは要素の一つで、日本語全然だめってなったらそこで考える。前に、ムスリムの子が来るってなったときも、食事どうする？ってなってたけど、結局来なくなって、給食の方はほっとしてた。でも、それは外国人だから嫌だっていうことではない。アレルギーと同じで、注意する要素が増えるから必要なステップが増えるねってだけ。それだけのこと。（多文化共生っていうのは）外国人っていうのも個別の要素として受け入れる、そういうことなんじゃないかな？その要素に対して、みんなが自分の仕事の軸で対応にあたれる…みたいな。

まり子さんは、アレルギー対応が必要かどうか、といった一つの配慮が必要な要素のように、子どもや保護者の国籍や母語を踏まえた上で、各担当者が自分の専門軸で、個別対応に取り組めるということが保育園における多文化共生だと語った。外国人住民の受け入れには、日本語での情報伝達や文化的背景など、各方面からの配慮が必要になるが、関わる人が各々の専門軸を通して子どもの多様な背景を踏まえ、個に合わせた対応を可能とする環境を整えることが必要だ、と職場環境の変化を経て考えるようになった。半数以上が外国人という他地域での現場の混乱と苦労も聞いているため、外国人住民が多数派という状況下で個に合わせた支援が現場に求められるのであれば、職場環境の改善も必要だと考えている。

個に合わせた支援が必要にも関わらず、その負担や責任が個人に押し付けられてしまうと、個人のモチベーションが下がり、結果として、画一的で最低限の対応が取られるようになるのではないかと感じているという。また、個に合わせた支援を可能にする環境が整わないまま、個人の負担を前提として外国人住民をただ受け入れた状態が「多文化共生」とラベリングされるのではないかという懸念も持つようになった。まり子さんにとって、個人を犠牲した、個に合わせた支援で成り立つ社会は多文化共生社会ではない。まり子さんの考える保育園の多文化共生は、現場の個々人がボトムアップ的に形成していくものであり、制度的な保障の下で、多様な子どもたちに対して、関わる人たちが各自の専門軸を基に、その子にあった支援を個別に提供していけることである。

四、外国人住民像と対応意識の変化

まり子さんが保育園という社会の中で、どのように外国人住民を捉え、どのように外国人住民に対応してきたのか、意識の変化を考察する。要素となるカテゴリーを【　】で、それらを構成する概念を下線で示す。

まり子さんは保育園での仕事を始め、保育園とは子どもにとっての初めての社会であり、社会でのふるまいや自己表現の方法を学び、成長していく場であるという【保育園観】を形成していった。まり子さんにとって保育園は、子どもの日常的な健康管理、専門性を活かした医療・看護的な相談、判断・対応など、看護師として業務遂行する場であった。

外国人住民については、保育園に常に一定数在籍している人たちであり、保育園看護師としての業務の中では、各家庭の多様な背景を踏まえて個別的な対応が必要な人たちである、と保育園での業務を通して【外国人住民観】を形成していった。外国につながる子どもの名前を覚えていくにつれて、その保護者も「〇〇のお父さん／お母さん」と呼ぶようになり、保育園の外国人住民は名前で呼ぶ身近な存在となっていった。また、保育園では数年を通して子どもと保護者を見ていくことになり、子どもたちは保育園という社会での生活ですぐに日本語と行動様式を習得していき、保護者は、不自由であっても日本語でのコミュニケーションはでき、徐々に社会生活を拡大させていき、それに伴い日本語能力も上がっていくといった、保護者たちの社会生活への気づきがまり子さんの【外国人住民観】に重ねられていった。

日本の社会生活という枠から外国人住民を見ると、日本語がゼロの状態に近い人でも市役所に繋がることをきっかけにA市で暮らすための生活基盤が整っていくこと、保育園に繋がれば子どもたちは日本語を習得していくこと、日本の社会と繋がりのない保護者も保育園を通して人間関係を構築していくことから、外国人住民を日本社会に繋げる窓口としての【行政サービスの役割】を再認識し、同時に、保育園は行政サービスの一つであり、外国人住民と日本社会が繋がる場でもある、という【保育園観】を再形成していた。

一方で、外国につながる子どもたちは、全員日本語を習得しているように見えても、卒園時の言語能力と発達・情緒には個々に違いがあり、外国人の保護者の中にも、生活・教育意欲が高く、社会生活の拡大を通して徐々に問題を自己解決できるようになって自立していく人たちと、保育園や地域社会に定着せず、いつの間にかいなくなる人たちがいたことから、まり子さんは自身の【外国人住民観】を個別化・多様化させていった。

そして、行政サービスの縦割り、地域社会への定着に困難のある外国人や子どもの言語能力と発達への評価を行政機関同士が把握・連携して支援に繋げられるシステムがないといった、受け入れ体制自体についての【問題意識】も持つようになった。しかし、そのような問題は年齢や非常勤という立場のまり子さんには【個人レベルでは対応できないこと】である。そのため、非常勤という自分の立場でできる最大限の対応をすると【一個人としての思い】に基づいて、多様な外国人住民に合わせた対応を模索していった。

数年後、医療的な配慮が必要な外国人の子どもが入園したため、その保護者には正確な情報把握や情報伝達が必要となった。そのため、複数の言い方で伝える、視覚的な情報も使う、日本語がわかる兄弟を通して確認する、医療的用語は翻訳アプリを使うか英語で書いて見せる、などの方法を複数組み合わせて使う、といった【コミュニケーションの試行錯誤】を続け、まり子さんと保護者間で【効果的なコミュニケーション方法を確立】していった。この保護者との関わりでは、保護者の不安や心配を解消したい、子どもが園で楽しく生活できるのがいいというまり子さんの【一個人としての思い】から、時間外に翻訳アプリを用いて手書きのメモを作成する、緊急時に保護者の不安をくみ取り、病院や医師との橋渡し役となる、などの【個人レベルの対応】も行った。手間はかかったが、この経験を通して、まり子さんは、看護師としても個人としても、保護者の理解と納得を大事にしたい、自分のアプローチ方法は間違ってはいない、相手が状況説明を理解しているか、適切な行動に移せるかの確認がとても重要である、という【看護師としての職業観】【一個人としての思い】を再認識した。

しかし、その後、職場環境が変わり、看護師としての役割に加えて保育の補佐的役割がふられるようになり、看護師としての専門性が曖昧な場、周囲の理解が得られない場、という【保育園観】が加わった。そのため、以前のようには、外国人の保護者の理解と納得を大事にする、という【一個人としての思い】【看護師としての職業観】に基づいた【個人レベルの対応】はできないかもしれないという【あきらめ】を感じている。

同時に、現状では個に合わせた支援が【個人レベルの対応】とされてしまい、個人の責任や負担となってしまう側面があることに気づいた。まり子さんは、外国人であることは配慮が必要な一つの要素であると捉え、各担当者が自分の専門軸で安心して、個に合わせた支援に取り組めることが保育園における多文化共生であり、その実現には制度的な保障が必要であるという【多文化共生観】を形成している。また、ただ外国人を受け入れた状態が多文化共生とラベル付けされてしまうのではないかという【懸念】も持っている。

このライフストーリーから、対応指針などが決まっていない現場で働く公共サービスの提供者が、次のような段階を経て、外国人住民を捉え、受け入れていったことが明らかになった。

(1) 外国人住民像の変化——保育園の外国人住民から地域社会を生きる住民へ：保育園看護師としての業務を通して、園内での位置づけを通して外国人住民を捉えるが、個別的な関わりを通して【外国人住民観】が多様化していく。また、彼らの社会生活への気づきが積み重なるにつれて、外国人住民を通して地域社会を捉えるようになり、地域社会における保育園という【行政サービスの役割】への気づきや外国人住民受け入れへの【問題意識】から、自身の【保育園観】が変容する。

(2) 対応への意識変化——看護師としての職業観に加え個

人としての思いに基づいた対応も：外国人住民との関わりを通して【個人レベルでは対応できないこと】にも気づく。しかし、周囲の理解や保護者との共感に支えられ、個人としてできる範囲で【コミュニケーションの試行錯誤】をし、【効果的なコミュニケーション方法を確立】させていくなど、【看護師としての職業観】だけでなく【一個人としての思い】に基づいた【個人レベルの対応】をとっていく。

（3）保育園というコミュニティーの再考――保育園における多文化共生とは何か：職場環境の変化により【保育園観】が変容したことで、【一個人としての思い】【看護師としての職業観】に基づいた【個人レベルの対応】に【あきらめ】を感じる。対応変化の要因が自分自身の【保育園観】の変容に拠ることへの気づきから、配慮が必要な要素のある子どもたちに対して、個に合わせた支援に取り組むことが【個人レベルの対応】となってしまわないような制度作りが必要である、という【保育園観】【多文化共生観】を形成していく。

まず、（1）では、最初は、子どもと保護者にとって、保育園がどのような場であるのか、コミュニティーとしての保育園を捉え、保育園内での看護師としての自身の役割を認識する。保育園というコミュニティーにおいては、まず、外国人住民を配慮が必要な要素のある存在として認識するが、外国人住民と地域社会との繋がりを意識したり、外国人住民を通して地域社会を考えたりすることで、徐々に、地域社会に暮らす生活者、として捉えるようになる。次に、（2）では、看護師として、他のやり方を選択することもできたが、一個人的としての思いや看護師としての職業観に基づいて、相手の理解と納得を尊重するやり方を選び、個に合わせた対応となっていく。（3）では、職場環境の変化によって、相手の理解と納得を尊重する自身のやり方や個に合わせた対応をあきらめる。この姿勢の変化への気づきから、保育園の現状が、配慮が必要な要素のある子どもたちへの個に合わせた支援が前提とされながらも、それが組織的な対応ではなく個人レベルの対応となっている部分があることに気づく。保育園という社会が多文化共生社会となるには、個への支援の取り組みを働く個人の対応として丸投げにせず、社会的な制度に落とし込むことが必要だと認識し、保育園という社会での多文化共生観を形成している。

ここまで、保育園という行政サービスの枠組みで非常勤として働く一人の看護師が、外国人住民を生活者として捉え、保育園看護師としての職業観だけでなく一個人の思いに基づいて、ことばの壁、文化の壁、心の壁などの壁をいかに解消してきたのか、個人として多文化共生をどう捉えているのかを見てきた。本章で見てきたのは一人の語りに過ぎないが、地域社会を構成する一個人が、外国人住民を同じ社会の構成員として捉え、言語的な壁を踏まえた上で寄り添い、公共サービスを提供する方法を模索した個人の語りでもある。

野崎志帆は、日本で包括的な地域社会を構想していく上で、市民社会における個人の権利や人権の視点で見直し、外国人や外国につながる人びとを、日本人と同じ権利をもつ構成員と見なすことが必要になるとする。(6)これまで主流であった「同質性」を前提とした「同じ扱い」をすれば平等であるとの考え、から「差異」を前提とした「異なる扱い」(合理的配慮)への視点の転換が必要であり、そのような視点は、日本人の間にもある「考慮されるべき差異」の見直しや日本に暮らす全ての人の人権を考えることにも繋がると述べている。このような考え方はまり子さんの語りにも見られる。「アレルギーと同じで、注意する要素が増えるから必要なステップが増えるねってだけ。それだけのこと。」と、個々の差異をどのように受け入れ、合理的配慮をしていくか、必要なステップを考え対応していくという点で共通している。まり子さんの語りの通り、「外国人っていうのも個別の要素として受け入れ」「その要素に対して、みんなが自分の仕事の軸で対応にあたれる」社会をつくるために、個に合わせた支援が働く個人の負担とされてしまわないような社会制度づくりも望まれている。

おわりに

本稿では、外国人住民の受け入れの対応指針や研修などがない現場で働く看護師のライフストーリーから、保育園という社会において、外国人住民をどのように捉え、いかに関わってきたのか、そして、その経験から、どのような多文化共生観を形成してきたのかについて考察した。考察の結果、保育園の外国人住民から地域社会を生きる住民へ、という外国人住民像の変化があり、言語的な壁などを乗り越えるために、看護師としての職業観に基づいた対応に加えて、一個人としての思いに基づいた、個人レベルでの対応も行っていく、という対応への意識変化という段階を経ていたことがわかった。しかし、職場環境の変化によって一個人としての対応に限界を感じ、個人としての対応を前提とし、責任を個人に負わせるコミュニティーの在り方ではなく、制度やシステムに落とし込んだコミュニティーの在り方を保育園の多文化共生と捉えるようになっていったことがわかった。

注

（1）国籍やアイデンティティなどから、実態に即した適切な表現でない可能性があるが、本稿では、外国人、外国人住民、外国人の保護者といった表現も用いている。
（2）門美由紀「エスニシティに配慮したソーシャルワーク実践――充実に向けての取り組みと課題」（『ソーシャルワーク研究』四二（二）、二〇一六年）。
（3）桜井厚『インタビューの社会学』（せりか書房、二〇〇二年）五九頁。
（4）桜井厚『現代社会学ライブラリー7　ライフストーリー論』（弘文堂、二〇一二年）一〇四頁。
（5）同前。
（6）野崎志帆「国の施策と各地の対応」（公益財団法人とよなか国際交流協会編『外国人と共生する地域づくり――大阪・豊中の実践から見えてきたもの』明石書店、二〇一九年）。

あとがき

本書は、名古屋学院大学研究助成「宗教と民族の対立・交流の現代歴史学的研究」（研究期間：二〇一七〜二〇年度、研究代表者：鹿毛敏夫）による研究成果の一部である。人文系研究への予算が削られる昨今の学問的情勢のなか、この学際共同研究の意義を理解し、当大学の課題研究の一つとして助成採択いただいたことに、まずはお礼申し上げたい。

ここに、多分野の研究者が集った本研究グループによる四年間の研究軌跡を記しておきたい。

［二〇一七年度］

・第一回全体会議（六月十四日）

・第一回講演会・ワークショップ（十二月二日）

・村井章介（歴史学）「鎌倉北条氏と南宋禅林——無象静照をめぐる人びと」

・第一回研究報告会（一月十日）

・佐伯奈津子（地域研究）「インドネシア・アチェ州におけるイスラーム刑法適用と人権」

・鹿毛敏夫（歴史学）「十六世紀日本の戦国大名権力とイエズス会・中国明朝——その相互認識」

［二〇一八年度］

・第二回全体会議（六月十七日）

・第二回研究報告会（六月十七日）
・黒柳志仁（宗教学）「ヨーロッパ社会における脱宗教（ライシテ）について」
・メイヨー・クリストファー（歴史学）「文学と歴史の接点における戦国の記憶形成」
・第一回共同学際調査（ミャンマー、八月二十四〜二十八日）
・第二回講演会・ワークショップ（十一月二十四日）
・今福龍太（文化人類学）「亡命作家の軌跡：西欧キリスト教世界の対岸から——バルセロナ、サラエヴォ、マラケシュ」
・第二回共同学際調査（長野県岡谷市、三月六〜七日）

［二〇一九年度］

・第三回全体会議（六月二十九日）
・第三回研究報告会（六月二十九日）
・宮坂清（文化人類学）「インド・ラダックのチベット仏教ナショナリズム」
・梶原彩子（現代日本語学）「日本人の外国人受容プロセス——保育所における看護師の職業意識の変容から」
・第三回共同学際調査（オーストリア、九月二〜八日）
・第三回講演会・ワークショップ（十二月一日）
・井上順孝（宗教社会学）「ボーダレス化する世界と日本の宗教文化」

［二〇二〇年度］

・研究成果執筆活動（四月〜八月）
・第四回共同学際調査（愛知県名古屋市、十一月十八日）
・成果論集編集活動（十月〜三月）

右記の他に、二〇一六年度には本研究の前身研究グループによる研究報告会（十二月二十一日）を開き、人見泰弘「ビルマ系難民と祖国の民政化――移民トランスナショナリズムの視点から」、および吉田達矢「近代の名古屋と「回教圏」との関係に関する研究――「印度」との関係についての中間報告」をもとに、学際的議論も行った。

近年に編まれた『キリスト教と寛容――中近世の日本とヨーロッパ』（慶應義塾大学出版会、二〇一九年）の編者の一人、野々瀬浩司氏は、同書の終章「全体の総括と寛容の問題を理解するための視角」において、宗教的寛容の概念が時代性や地域性において個別の意味をもつものであり、また、他者への敵意を抑える気持ちと結びつく寛容が、常に不寛容に転換しうる危うさを有する側面を強調する。その上で、宗教的寛容の問題を、思想史のみでなく、哲学・政治学・社会学・宗教学・文学等から学際的に分析することの有効性を指摘している。

十三世紀鎌倉時代の渡海僧の活動や、十六世紀戦国大名の国家外交権意識という歴史学的事象から、二十一世紀現代の移民・難民・亡命あるいはマイノリティの問題、宗教ナショナリズムの動向と暴力・戦争、そして多文化共生の地域づくりの課題に至るまで、地球上の「異宗教」と「多民族」が表出する分析課題の裾野は広い。本書の論者十二名が織りなす多分野融合によるこの実験的考察が、宗教と民族の共存への指針をわずかでも示すものとなり得ているならば、望外の喜びである。

二〇二一年六月六日

研究代表者　**鹿毛敏夫**

256 元朝の歴史 ─モンゴル帝国期の東ユーラシア

櫻井智美・飯山知保・森田憲司・渡辺健哉　編

254 東アジアの歌と文字

真下厚・遠藤耕太郎・波照間永吉　編

255 東アジアにおける知の往還

大学共同利用機関法人 人間文化研究機構
国文学研究資料館・
高麗大学校グローバル日本研究院　共編

アジア遊学既刊紹介

執筆者一覧（掲載順）

鹿毛敏夫　　村井章介　　土屋勝彦
吉田達矢　　人見泰弘　　井上順孝
宮坂　清　　佐伯奈津子　黒柳志仁
メイヨー・クリストファー
今福龍太　　梶原彩子

【アジア遊学 257】

交錯する宗教と民族
交流と衝突の比較史

2021年7月5日　初版発行

編　者　鹿毛敏夫
制　作　株式会社勉誠社
発　売　勉誠出版株式会社
〒101-0061　東京都千代田区神田三崎町 2-18-4
TEL：(03)5215-9021(代)　FAX：(03)5215-9025
〈出版詳細情報〉 http://bensei.jp/

印刷・製本　㈱太平印刷社
ISBN978-4-585-32503-1　C1320